La Conducta del Creyente

Morris Williams

Vida

La misión de EDITORIAL VIDA es proporcionar los recursos necesarios a fin de alcanzar a las personas para Jesucristo y ayudarlas a crecer en su fe.

La conducta del creyente

Miami, Florida 33166-4665
2ª Edición

Publicado originalmente bajo el título: *Believer Behavior*

Nota: Sexta impresión de la primera edición

Traductor: *René Arancibia M.*
Diseño interior: *Eugenia Chinchilla Calvo*
Diseño de cubierta: *Janio Monge*

ISBN 0-8297-0915-0

Categoría: Comentarios bíblicos

Contenido

PRÓLOGO

Hay quienes dicen que a toda persona debiera permitírsele hacer lo que es correcto a sus propios ojos. «La conducta correcta e incorrecta», dicen ellos, «es un asunto de opinión personal». Eso es lo mismo que decir que a un estudiante debiera permitírsele escribir las preguntas para sus exámenes. ¿Le parece estúpido? Sí, pero no es más estúpido que decir que a cada persona debiera permitírsele comportarse como le plazca.

Otros dicen que lo que es correcto y lo que es incorrecto debiera determinarlo el jefe del Estado, pero esto significaría que lo correcto y lo incorrecto estaría sujeto a cambios cada vez que un nuevo líder llegara al poder. Sería lo mismo que permitir que cada maestro estableciera exámenes sin utilizar libro de texto. ¡El estudiante estaría obligado a estudiar al maestro en lugar de un libro de texto con el fin de asegurarse de que sus respuestas eran correctas! De igual modo, también, lo que fuera «correcto» para un maestro resultaría «incorrecto» para otro maestro. No, necesitamos buscar una base que no cambie para la conducta aceptable.

Todavía hay otros que contienden que lo correcto y lo incorrecto debiera ser determinado por lo que una mayoría de la gente acepta como buena conducta. Una especie de «conducta por votación» de la justicia, la «norma» reflejará el carácter de quienes la establecen. El hombre pecaminoso no está calificado para decir lo que es correcto e incorrecto.

La conducta correcta e incorrecta debe ser determinada por algún otro que no sea aquellos cuya conducta está siendo examinada. Ese «alguien» debe ser una autoridad en lo que a justicia se refiere y debe estar libre de cambios y de injusticia. Tendremos que mirar más allá del hombre para hallar nuestra respuesta.

¿Quién es, entonces, la autoridad sobre la conducta? La respuesta es, «Dios».

¿Cómo sabemos qué es conducta correcta? La respuesta es: «La Palabra de Dios».

¿Cómo podemos llegar a ser justos? La respuesta es: «Por el poder del Espíritu de Dios».

Este libro sobre *LA CONDUCTA DEL CREYENTE* es un estudio de Primera y Segunda a los Corintios, y está basado en las cuatro conclusiones anteriores.

Morris Williams

INTRODUCCIÓN

Este es un libro acerca de la conducta del creyente. ¿Qué es lo que entendemos por «un creyente»? La persona que cree que Jesús es el Cristo, el Hijo del Dios viviente. Cuando Pedro hizo su confesión en Mateo 16:16, dijo: «Tú eres el Cristo, el Hijo del Dios viviente». Jesús replicó mediante la declaración de que él haría de esta confesión el FUNDAMENTO de su IGLESIA. De este modo, JESÚS es el fundamento de la Iglesia, y aquellos que creen que él es el Hijo de Dios son la Iglesia que está edificada sobre ese fundamento.

¿Cómo debieran comportarse los creyentes? Las cartas de Pablo a los Corintios nos dicen CUÁL debiera ser la conducta del creyente. Nos dicen POR QUÉ un creyente se comporta correctamente. Nos dicen también CÓMO es que puede conseguirlo. Es importante que sepamos esto, porque diez mandamientos... el pertenecer a una iglesia... el ser bautizados o el participar de la comunión no son las cosas que hacen que un creyente se comporte como es debido. ¡Absolutamente no! La conducta del creyente es el resultado de algo más o, para ponerlo con mayor corrección, de «ALGUIEN» más... y ese «ALGUIEN» es JESUCRISTO. Al levantarse de los muertos y al conquistar la muerte, Jesús hizo posible que todos los que creyeran en él llegaran a ser hijos de Dios, y se comportaran como hijos de Dios.

De este modo, ¡la FE en JESÚS es el FUNDAMENTO de la conducta del creyente!

Pablo escribió acerca de QUIÉN fue Jesús antes de escribir acerca de CUÁL debiera ser la conducta del creyente. La razón de esto es que la conducta piadosa tiene su iniciación con el conocimiento del Hijo de Dios.

Pablo habló mucho de su ministerio y de su autoridad como un apóstol de Jesucristo. ¡Una y otra vez, en Corintios y en sus otras epístolas, él llamó la atención al derecho que Dios le había concedido de decir a los creyentes lo que debieran hacer! Esto, también, es importante por cuanto los escritos de Pablo, junto con los escritos de otros apóstoles y de los profetas del Antiguo Testamento, son la BIBLIA... la infalible e inequívoca PALABRA DE DIOS... la cual es la única autoridad para la fe y práctica para el creyente. ¡La Biblia es el FUNDAMENTO ESCRITO del creyente, del mismo modo que JESUCRISTO es su FUNDAMENTO VIVIENTE!

Esto es ilustrado de manera vívida en Efesios 2:19-22 donde se habla de los creyentes que forman en conjunto un «templo santo» edificado sobre el

FUNDAMENTO de los APÓSTOLES y PROFETAS siendo JESUCRISTO mismo la PIEDRA PRINCIPAL de ESQUINA.

«Así que ya no sois extranjeros ni advenedizos, sino conciudadanos de los santos, y miembros de la familia de Dios, edificados sobre el fundamento de los apóstoles y profetas, siendo la principal piedra del ángulo Jesucristo mismo, en quien todo el edificio, bien coordinado, va creciendo para ser un templo santo en el Señor; en quien vosotros también sois juntamente edificados para morada de Dios en el Espíritu».

Hallamos la misma verdad en 1 Corintios 3: 9-11, y podemos ilustrarlo de este modo:

Esta ilustración nos enseña tres cosas:

1. Que la conducta del creyente *debe estar basada en una fe personal en Jesucristo, la PALABRA VIVA.*

LA CONDUCTA DEL CREYENTE

LA PALABRA DEMOSTRADA

«Sois... edificio de Dios» (1 Co 3:9).

«Nuestras cartas sois vosotros escritos en nuestros corazones, conocidos y leídos por todos los hombres; siendo manifiesto que sois carta de Cristo» (2 Co 3:2-3).

LA BIBLIA... LA PALABRA ESCRITA

«Yo... puse el fundamento» (1 Co. 3:10).

«Edificados sobre el fundamento de los apóstoles y profetas» (Ef 2:20).

JESUCRISTO... LA PALABRA VIVA

«Nadie puede poner otro fundamento que el que está puesto, el cual es Jesucristo» (1 Co 3:11).

«Siendo la principal piedra del ángulo Jesucristo mismo».

2. Que la conducta del creyente *debe manifestarse conforme a la Biblia, la PALABRA ESCRITA.*

3. Que la conducta del creyente *es la PALABRA DEMOSTRADA a un mundo incrédulo...* un testimonio a la resurrección de la PALABRA VIVA y al poder transformador de su PALABRA ESCRITA.

Esta es la ilustración que usaremos a través de este libro. Cada lección en la conducta del creyente estará basada sobre estas tres verdades importantes. Los primeros tres capítulos serán un estudio de la PALABRA VIVA. El cuarto capítulo será un estudio de la PALABRA ESCRITA. Luego, el resto de los capítulos será un estudio de la conducta del creyente, la PALABRA DEMOSTRADA, la cual tiene como su FUNDAMENTO la PALABRA VIVA y la ESCRITA.

Sección uno

JESUCRISTO: LA PALABRA VIVIENTE

1 CORINTIOS. . . UNO

JESUCRISTO «de ellos y nuestro»

1 Corintios 1:1-9

Pablo, llamado a ser apóstol de Jesucristo por la voluntad de Dios, y el hermano Sóstenes (2) a la iglesia de Dios que está en Corinto, a los santificados en Cristo Jesús, llamados a ser santos con todos los que en cualquier lugar invocan el nombre de nuestro Señor Jesucristo. Señor de ellos y nuestro (3) Gracia y paz a vosotros, de Dios nuestro Padre y del Señor Jesucristo (4) Gracias doy a mi Dios siempre por vosotros, por la gracia de Dios que os fue dada en Cristo Jesús; (5) porque en todas las cosas fuisteis enriquecidos en él, en toda palabra y en toda ciencia; (6) así como el testimonio acerca de Cristo ha sido confirmado en vosotros, (7) de tal manera que nada os falta en ningún don, esperando la manifestación de nuestro Señor Jesucristo; (8) el cual también os confirmará hasta el fin, para que seáis irreprensibles en el día de nuestro Señor Jesucristo. (9) Fiel es DIOS, por el cual fuisteis llamados a la comunión con su Hijo Jesucristo nuestro Señor.

A. *La Iglesia de Dios*

Pablo escribió su carta a «la iglesia de Dios que está en Corinto» (v. 2). ¿Se hallaba la Iglesia únicamente en Corinto? ¿Era esa la ciudad en donde se hallaba ubicada, y en ninguna otra parte? ¿Sus miembros eran tan solamente ciudadanos corintios? ¡Por supuesto que no! La iglesia «en Corinto» era tan solo una parte de la Iglesia de Cristo. La Iglesia existe en dondequiera que hay gente que cree que Jesús es el Cristo, el Hijo del Dios viviente, y que han confesado que Dios le ha levantado de los muertos.

La Iglesia es llamada por muchos nombres. Algunos de estos nombres son geográficos. Algunos son nacionales. Otros son denominacionales. A veces es llamada la iglesia que está en Corinto; en Nueva York, en Calcuta, en Lima, en Nairobi, etc. Algunas veces sus nombres son nacionales. En ese caso sería la iglesia que está en Nigeria, en México, en Francia, en Rusia, etc. A veces sus nombres son denominacionales, tales como los Bautistas, los Católicos, las Asambleas de Dios, los Metodistas, los Presbiterianos, los Luteranos, etc.

¿Cómo es posible que todas estas gentes y organizaciones puedan ser llamados la «Iglesia»? ¿Cómo pueden ser una sola Iglesia si es que se hallan en tantos lugares diferentes y usan nombres tan diferentes? La respuesta es que la unidad de la Iglesia de Jesús es una unidad espiritual. Cualquier hombre puede llegar a ser un miembro de la Iglesia si cree en su corazón que Jesús es el Cristo, el Hijo del Dios viviente, y si confiesa con su boca que Dios le levantó de los muertos (Romanos 10:9-10). Un creyente, es un creyente, no importa dónde viva ni a qué organización o nación pertenezca. «Pertenecer» a la Iglesia significa pertenecer a Jesucristo.

Pablo reconoció que había creyentes en muchos lugares. Él sabía también que los creyentes interpretan las Escrituras de diferentes modos. Pero lo que más importa es que él sabía que toda persona que acepta a Cristo, como su Salvador «pertenece» a la Iglesia de Cristo. Él sabía que lo que une a todo creyente con los demás es el hecho de que todos son discípulos y seguidores del Señor Jesucristo. Por esa razón es que él dijo: «Señor de ellos y nuestro».

Esta verdad respecto de quién pertenece a la Iglesia que Jesús tiene en proceso de construcción debe estar muy clara en nuestras mentes al comenzar nuestro estudio de la conducta del creyente. Gran parte de la mala conducta entre los creyentes proviene de argumentaciones sobre interpretaciones de la Palabra de Dios y respecto de cuál grupo de creyentes es la «verdadera» Iglesia. Las organizaciones a menudo desean que todos los creyentes sean «nuestros». ¡Los Bautistas quieren que todos los creyentes sean Bautistas, y las Asambleas de Dios desean que todos los creyentes sean, Asambleas de Dios! A causa de esta actitud, algunos grupos de creyentes no quieren confraternizar con creyentes que pertenezcan a otras congregaciones y organizaciones. ¡Ellos hablan de los demás como «ellos», y no «nosotros»! Sin embargo, Pablo muestra que esto es erróneo. Los creyentes pertenecen a la Iglesia sin importar con qué grupo de gente adoren, o a qué denominación pertenezcan. Si aceptan a Jesús como su Señor... están entonces en el FUNDAMENTO de CRISTO, la PALABRA VIVA, y son parte de la Iglesia que Jesús edifica.

Algo como esto:

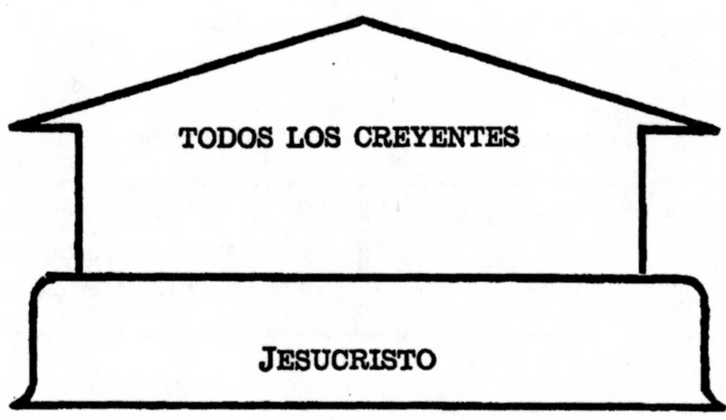

Todos los que creen en Jesucristo pertenecen a su Iglesia. Todos los que no creen en Jesucristo están perdidos. Esto significa que hay solamente dos clases de personas en el mundo: creyentes y no creyentes. Cuando Dios mira a los hombres, ve a aquellos que están sobre el FUNDAMENTO de fe en JESUCRISTO, y los llama «salvos». Ve a aquellos que rehúsan creer en JESUCRISTO y los llama «perdidos» por cuanto han puesto su edificio sobre otros fundamentos.

Podemos ilustrarlo de este modo:

Nótese que el pertenecer a una iglesia o a una organización eclesiástica no constituye a una persona en un cristiano. Es posible pertenecer a una «iglesia» y aun así ser un perdido. El creer en Jesucristo es lo que lo hace a uno un cristiano. Un miembro de iglesia que no cree que Jesús es el Cristo, el Hijo del Dios viviente, es un pecador. ¡Él está tan perdido como la persona que está en incredulidad y que no es miembro!

En las dos cartas que estudiaremos, Pablo trata con la salud espiritual de la iglesia de Corinto. Al corregir la conducta errónea de sus miembros individuales, él procuraba fortalecer todo el cuerpo de creyente. Sabía que la unidad y la pureza de una iglesia dependen de la obediencia de cada creyente de ella a Cristo. Por esto es que Pablo hace referencia, una y otra vez, al señorío de Jesús, y apremia a aquellos que son tentados a seguir a los hombres para que reconozcan y se sujeten a Cristo, el FUNDAMENTO de la Iglesia.

La conducta de un creyente y la disposición de un creyente a trabajar con otros creyentes dependerá enteramente de si Jesucristo es el fundamento de su vida. Esta es la razón por la cual Pablo exaltaba constantemente a Cristo, y usted notará que él mencionó al Señor en cada uno de los primeros diez versículos del capítulo uno.

B. *Los llamamientos de Dios*

El llamado de Dios es a la persona de Jesucristo. El Señor llama a los hombres a él... y luego los envía.

No hay otro Nombre bajo el cielo dado a los hombres en el cual podamos ser salvos. No hay otro fundamento que pueda colocarse sino aquel que ya está puesto, el cual es Jesucristo. De este modo, cualquiera que rehusa reconocer a Cristo como Señor y Salvador no puede ser salvo. Sin embargo, cualquiera que crea... no obstante su raza, cultura, educación o posesiones, *es llamado.* «Todo aquel que invocare el nombre del Señor, será salvo» (Romanos 10:13). «Porque no hay acepción de personas para con Dios» (Romanos 2:11). Estos versículos muestran que no existe elección predeterminada de quién va a ser salvo y quién se perderá. *¡Dios se ha propuesto salvar a todos los que invocan su nombre,* y no se arrepentirá de su propósito ni cambiará de parecer!

En el versículo 1 Pablo dice que fue «llamado a ser apóstol». Por supuesto que él primeramente había sido llamado a Cristo, y luego fue llamado a ser apóstol. Del mismo modo como el llamado de Pablo a Cristo estaba sujeto a su disposición para llegar a ser un apóstol. *El pudo haber rehusado.* Sin embargo, si hubiese rehusado, ello no habría cambiado el propósito de Dios para él, ni se hubiese arrepentido Dios de su llamado, aun cuando hubiese sido rechazado.

En el versículo 2, los santificados son «llamados a ser santos». Todos los creyentes son enteramente santificados en la salvación. Esto es por cuanto la justicia que recibimos en la salvación no es nuestra. Es la justicia de Dios que se nos imputa, y él nos juzga como si fuésemos sin mancha o tacha. . . ¡absolutamente santos! Pero, al habérsenos imputado la justicia de Dios, somos llamados a «llegar a ser» en la práctica aquello con que se nos acredita en cuanto a *posición*. Somos llamados a ser «conformados a la imagen del Hijo de Dios» (Romanos 8:29). Ahora, es posible que el creyente rehúse este llamamiento. Pero, el hecho de que el creyente rehúse llegar a ser semejante a Cristo no cambia el propósito de Dios para él, ni se arrepentiría Dios de su objetivo predestinado para todos los creyentes. «Irrevocables son los dones y el llamamiento de Dios» (Romanos 11:29).

En el versículo 9, todos los creyentes son «llamados a la comunión con su Hijo Jesucristo nuestro Señor». Dios desea que todos los hombres crean y sean salvos, y él llama a todos los creyentes a la comunión de su Hijo. La comunión es una cosa maravillosa, y es el privilegio de todo creyente. Sin embargo, se cumple únicamente por medio de una estrecha relación con el Señor y con los demás creyentes. El creyente que pasa su tiempo en diversiones mundanas, que está preocupado de las cosas materiales, y que se acompaña principalmente de incrédulos, se desvincula de la comunión del Hijo de Dios. Nunca conocerá el gozo de ella. Su experiencia con Dios será difusa e insatisfactoria. Esto no cambiará el propósito de Dios para él. Dios todavía llama a todos los creyentes a esta comunión. ¡Pero la comunión se convertirá en una realidad tan solo si el creyente responde al llamado!

C. El Testimonio de Cristo

Pablo dice : «En todas las cosas fuisteis enriquecidos en él, en toda palabra y en toda ciencia; así como *el testimonio acerca de Cristo ha sido confirmado en vosotros*, de tal manera que nada os falta en ningún don» (1 Corintios 1:5-7).

Es evidente que aquí Pablo habla respecto a los dones espirituales, y su referencia a que el testimonio de Cristo ha sido confirmado en los creyentes corintios habla de la «señal» por medio de la cual se daba a conocer la «plenitud» del Espíritu. Los capítulos 12 y 14 ponen en claro que los creyentes de Corinto ponían énfasis en la *confirmación* por lenguas, ¡pero que habían fracasado en cuanto a conformarse a la imagen de Cristo!

Las cosas no estaban bien en Corinto. Los creyentes corintios se enorgullecían grandemente de sus dones espirituales, especialmente del hablar en lenguas. Pero eran carnales, y sus vidas habían llegado a ser «como metal que resuena, o címbalo que retiñe» (1 Corintios 13:1). Pablo estaba a punto de escribirles acerca de esta conducta carnal, y de urgirles para que se desarrollaran espiritualmente «de gloria en gloria» (2 Corintios 3:18).

Esto no significa que Pablo despreciaba el hablar en lenguas o que lo prohibía. ¡No, en absoluto! Obviamente lo aceptaba como la señal por medio de la cual se reconocía el bautismo con el Espíritu Santo. Jesús había dicho que enviaría al Espíritu Santo (Juan 7:37-39; 14:25-26; 7:7-14; Hechos 1:8) y en cada caso en que se derramó el Espíritu, hubo una señal (la que no siempre se menciona específicamente) de *confirmación* que acompañaba a la plenitud (Hechos 2:1-4; 4:31, 8:14-18; 9:17; 10:44-48; 19:1-7).

Pablo, además de señalar a las lenguas como la evidencia inicial del bautismo con el Espíritu Santo, habló de ellas como un don espiritual (1 Corintios 12:10), como un don provechoso y edificante, un don que él mismo ejercitaba. «Doy gracias a Dios que hablo en lenguas más que todos vosotros» (1 Corintios 14:18), ¡Pablo era pentecostal!

Sin embargo, el poner la meta de uno en los dones y manifestaciones espirituales no es suficiente. *¡La confirmación debe conducir a la conformidad!* Los *dones* del Espíritu no deben ensombrecer al *fruto del Espíritu*. La confirmación es una cosa continuada, que debe demostrarse por una vida ungida y santa. Jesús nunca pretendió que el crecimiento espiritual del creyente cesara una vez que su bautismo fuera confirmado por las lenguas, Jesús, el Bautizador, «os confirmará hasta el fin, para que seáis irreprensibles en el día de nuestro Señor Jesucristo» (1 Corintios 1:8). El «fin» del cual se habla aquí no es el «día de nuestro Señor Jesucristo». ¡El llegar a ser «irreprensibles» es dicho «fin», es decir, conformidad a la imagen de Jesucristo! Por consiguiente, debemos permitirle al Señor que nos confirme hasta el «fin» que tiene en mente para nosotros. ¡Jamás debemos detenernos en nuestro crecimiento espiritual hasta que nos hayamos conformado a la imagen de Jesús! Con miras a este «fin» escribió Pablo los dos libros de Corintios. ¡Se proponía corregir la conducta carnal de ellos y lograr que en ellos se produjeran las virtudes permanentes de fe, esperanza y amor!

UN SEÑOR... «¿Está dividido Cristo?»

1 Corintios 1:9-16

10 **Os ruego, pues, hermanos, por el nombre de nuestro Señor Jesucristo que habléis todos una misma cosa, y que no haya entre vosotros divisiones, sino que estéis perfectamente unidos en una misma mente y en un mismo parecer.** 11 **Porque he sido informado acerca de vosotros, hermanos míos, por los de Cloé, que hay entre vosotros contiendas.** 12 **Quiero decir, que cada uno de vosotros dice: Yo soy de Pablo; y yo de Apolos; y yo de Cefas; y yo de Cristo.** 13 **¿Acaso está dividido Cristo? ¿Fue crucificado Pablo por vosotros? ¿O fuisteis bautizados en el nombre de Pablo?** 14 **Doy gracias a Dios de que a ninguno de vosotros he bautizado, sino a Crispo y a Gayo,** 15 **para que ninguno diga que fuisteis bautizados en mi nombre.** 16 **También bauticé a la familia de Estéfanas; de los demás, no sé si he bautizado a algún otro.**

A. *«Que habléis todos una misma cosa»* (1 Corintios 1: 10).

¿Deben los creyentes estar de acuerdo en todo? ¿No hay un lugar para opiniones diferentes? La respuesta es: «¡Por supuesto que hay lugar para divergencias de opiniones dentro de la Iglesia!» Pedir que los creyentes estén de acuerdo en todo sería pedir lo imposible. Pablo dijo: «Uno cree que se ha de comer de todo; otro, que es débil, come legumbres» (Romanos 14:2). ¡Respecto a unos y otros, él dijo: «¡Recibíos ... pero no para contender sobre opiniones!»

¿En qué habían de estar, entonces, los creyentes «perfectamente unidos»? El contexto hace que la respuesta aparezcan con claridad. *Las divisiones que había entre ellos eran sobre A QUIÉN HABÍAN DE SEGUIR.* Algunos eran seguidores de Pablo. Otros eran seguidores de Apolos, otros seguían a Pedro, y había todavía otros que se separaban de los seguidores de Pablo, Apolos y Pedro, los cuales decían que eran seguidores de Cristo. Pablo los reprende a todos, incluso a aquellos que contendían por el hecho de que eran «de Cristo». Su respuesta a los sectarios «de Cristo» fue: «¿Está dividido Cristo?» Y a aquellos que hacían de Pablo su ídolo les preguntó: «¿Fue crucificado Pablo por vosotros?»

Los creyentes habían de estar «perfectamente unidos en una misma mente y en un mismo parecer». Esto es, ellos debían de estar perfectamente unidos EN SU *RECONOCIMIENTO DE QUIÉN ERA CRISTO.* No tenía que haber muchos señores. Debía haber un solo Señor. *En esto era en lo que tenían que ser de una misma mente y de un mismo parecer.* ¡Cuando el creyente hace de Cristo su Señor, no será un *seguidor del hombre!* Una de las grandes causas de divisiones entre creyentes son los ministros que edifican la obra de Dios alrededor de sí mismos. Mientras que Pablo en un lugar dijo: «Sed imitadores de mí, así como yo de Cristo», él meramente puso su vida como un ejemplo, y en ninguna manera buscaba la lealtad de ellos para sí. *Su único interés era que ellos hicieran de Cristo su Señor, así como él lo había hecho su Señor.* Pablo tenía tanto cuidado en exaltar a Cristo que evitó deliberadamente bautizar a aquellos que creyeron bajo su ministerio, «para que no se diga que fuisteis bautizados en mi nombre» (versículo 15). ¡Debiéramos ser de la misma gente y del mismo parecer como Pablo!

CRISTO CRUCIFICADO: «...Poder de Dios»

1 Corintios 1:17-25

17 Pues no me envió Cristo a bautizar, sino a predicar el evangelio; no con sabiduría de palabras, para que no se haga vana la cruz de Cristo. 18 Porque la palabra de la cruz es locura a los que se pierden; pero a los que se salvan, esto es, a nosotros, es poder de Dios. 19 Pues está escrito: Destruiré la sabiduría de los sabios y desecharé el entendimiento de los entendidos. 20 ¿Dónde está

el sabio? ¿Dónde está el escriba? ¿Dónde está el disputador de este siglo? ¿No ha enloquecido Dios la sabiduría del mundo? 21 Pues ya que en la sabiduría de Dios, el mundo no conoció a Dios mediante la sabiduría, agradó a Dios salvar a los creyentes por la locura de la predicación. 22 Porque los judíos piden señales, y los griegos buscan sabiduría; 23 pero nosotros predicamos a Cristo crucificado, para los judíos ciertamente tropezadero, y para los gentiles locura; 24 mas para los llamados, así judíos como griegos, Cristo poder de Dios, y sabiduría de Dios. 25 Porque lo insensato de Dios es más sabio que los hombres, y lo débil de Dios es más fuerte que los hombres.

A. *«El mundo no conoció a Dios mediante la sabiduría»*. (1 Corintios 1:21).

El mundo le asigna un gran valor al poder y a la sabiduría. Mediante estas dos cosas los caudillos del mundo buscan controlar la conducta humana y establecer la paz y la armonía entre los hombres. Pero contemplan su fracaso al pretender hacerlo mediante la sabiduría y el poder. ¿Qué es lo que sucede? ¿ Por qué este fracaso? *Se han apartado de la Biblia y de la creencia en el Dios vivo.*

A un mayor aumento de su conocimiento, más grande ha sido su escepticismo. «El mundo no conoció a Dios mediante la sabiduría» (versículo 21). Cómo es que han de venir, entonces, la paz y la armonía», Pablo responde.

B. *«La locura de la predicación»* (1 Corintios 1:21).

«Agradó a Dios salvar a los creyentes por la locura de la predicación (versículo 21). ¿Qué es lo que hace que la predicación sea locura? Que la predicación sea locura o no depende de dos cosas:

1. Qué es lo que se predica, y
2. Qué es lo que el oyente cree de lo que se predica.

Pablo predicó a «Cristo crucificado». ¿Qué era lo que sus oyentes creían respecto del mensaje de la crucifixión?

1. Para los judíos su predicación fue una piedra de tropiezo.
2. Para los griegos su predicación era locura.
3. ¡Para los «llamados» su predicación fue «Cristo poder de Dios, y sabiduría de Dios»!

¿En qué manera era la predicación de «Cristo crucificado» una piedra de tropiezo para los judíos? El tropezadero estaba en la universalidad del mensaje. Los judíos se consideraban los «elegidos», el pueblo escogido por Dios. A los gentiles los consideraban como proscritos. La única manera en que un gentil podría posiblemente salvarse según el modo judío de pensar, era haciéndose prosélito y abrazando la religión judía. De modo que, cuando Pablo predicaba que una persona podía llegar a ser hijo de Dios por fe. . . cuando él decía que una persona no necesitaba circuncidarse . . . era entonces cuando su predi- cación se convertía en una piedra de tropiezo. *¡Los judíos no podían aceptar el hecho de que la fe en Jesucristo, sin obras, era toda la «conducta» que necesitaba una persona para llegar a ser un hijo de Dios!*

Los griegos consideraban que la predicación de Pablo era locura. Ellos se consideraban a sí mismo sabios y prudentes. *Les parecía que cualquier hombre, por medio de sabiduría y comprensión mundana podía llegar a saber todo lo que se puede conocer de Dios.* Les gustaba discutir de temas religiosos filosóficos, y miraban con desprecio a los hombres sencillos e ignorantes. Se mostraban escépticos respecto a las cosas invisibles y eternas. *Entonces llegó Pablo con su predicación del Cristo crucificado y del Cristo resucitado.* Los griegos escucharon mientras Pablo declaraba que Jesús era el Hijo de Dios, y que fue crucificado, sepultado, y que resucitó después de tres días.

¡Esto era demasiado para creerse! Declararon que la predicación de Pablo era «locura», que eran los desvaríos de un loco (Hechos 17:32). En su filosofía no había lugar para la fe. No creían que la conducta de una persona puede cambiar como resultado de su creencia en el milagro de la resurrección de Cristo de los muertos.

Es importante recordar que Dios no se opone a la sabiduría y al conocimiento. Dios se opone únicamente a la «sabiduría» que rehusa creer en la verdad de la crucifixión y la resurrección de Cristo. Es a esas personas «sabias» que rehúsan creer, a quienes Dios dice: «Destruiré la sabiduría de los sabios y desecharé el entendimiento de los entendidos» (1 Corintios 1:19). La sabiduría de los hombres no puede salvar a los hombres. ¡El Cristo crucificado y resucitado sí puede hacerlo! ¡De este modo, «lo insensato de Dios es más sabio que los hombres» (1 Corintios 1:25), y agradó a Dios salvar a los creyentes por la locura de la predicación!

CRISTO GLORIFICADO. «A fin de que nadie se jacte en su presencia»

1 Corintios 1:26-31

26 **Pues mirad, hermanos, vuestra vocación, que no sois muchos sabios según la carne, ni muchos poderosos, ni muchos nobles;** 27 **sino que lo necio del mundo escogió Dios, para avergonzar a los sabios; y lo débil del mundo escogió Dios, para avergonzar a lo fuerte;** 28 **y lo vil del mundo y lo menospreciado escogió Dios, y lo que no es, para deshacer lo que es,** 29 **a fin de que nadie se jacte en su presencia.** 30 **Mas por él estáis vosotros en Cristo Jesús, el cual nos ha sido hecho por Dios sabiduría, justificación, santificación y redención;** 31 **para que, como está escrito: el que se gloría, gloríese en el Señor.**

A. «Ni muchos poderosos, ni muchos nobles» (1 Corintios 1: 26).

¿Por qué no son llamados muchos poderosos y nobles? ¡La verdad es que no muchos de los poderosos y nobles claman! Si lo hicieran, Dios, que no hace acepción de personas, les salvaría. ¡El no quiere que nadie perezca! Pero él ha elegido el camino por el cual ha de salvar a los hombres, y ese camino es mediante la fe en Cristo, quien murió y resucitó para nuestra justificación. A causa de que los poderosos y los nobles no se humillan es que se privan de la salvación y del llamamiento de Dios. Desean toda la gloria para sí mismos, y rehúsan llegar a ser, «débiles» y «necios» en fe para que puedan ser salvos. Desean mantener su orgullo y su poder, y al mismo tiempo desean ser salvos. Pero esto es imposible. Por consiguiente, son confundidos y deshechos (versículos 27-28).

B. «El que se gloria, gloríese en el Señor» (1 Corintios 1:31).

«Lo necio, lo débil, lo vil, lo menospreciado, lo que no es» estas son las cosas que Dios ha escogido para avergonzar a los sabios...

lo fuerte... lo que es». ¿Por qué? ¿Por qué ha escogido Dios avergonzar a los sabios y a los poderosos de este mundo? ¡La respuesta es obvia! «¡A fin de que nadie se jacte en su presencia... para que... el que se gloría, gloríese en el Señor!»

Los hombres están siempre procurando reducir a Cristo a su propio nivel. Rehúsan reconocer que él es Dios. Rehúsan confesar: «¡Tú eres El Cristo, el Hijo del Dios viviente!» Por consiguiente, Dios ha hecho que el SEÑORIO DE JESUCRISTO sea el FUNDAMENTO sobre el cual se edifica su IGLESIA, y tan solo aquellos que CREEN en él y se someten a su señorío pueden ser llamados HIJOS DE DIOS.

1 CORINTIOS. . . DOS

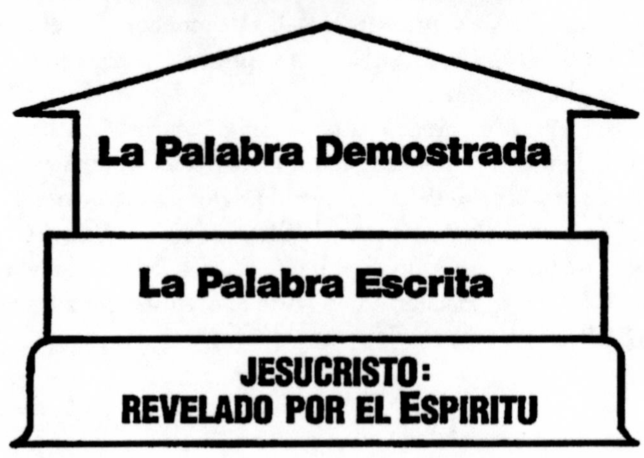

JESUCRISTO...«El testimonio de Dios»

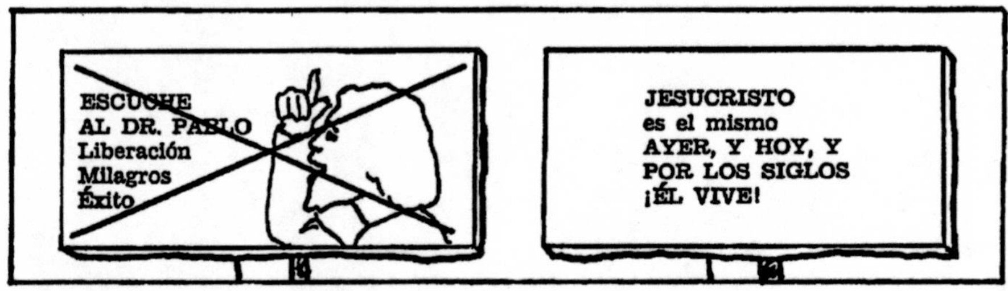

1 Corintios 2:1-5

Así que, hermanos, cuando fui a vosotros para anunciaros el testimonio de Dios, no fui con excelencia de palabras o de sabiduría. 2 Pues me propuse no saber entre vosotros cosa alguna sino a Jesucristo, y a éste crucificado. 3 Y estuve entre vosotros con debilidad, y mucho temor y temblor; 4 y ni mi palabra ni mi predicación fue con palabras persuasivas de humana sabiduría, sino con demostración del Espíritu y de poder, 5 para que vuestra fe no esté fundada en la sabiduría de los hombres, sino en el poder de Dios.

El «testimonio de Cristo» tenía relación con la venida del Espíritu Santo. El «testimonio del Espíritu Santo» es acerca de Jesucristo (Juan 16:13-14). El *«testimonio de Dios» es también respecto a Jesús.* Pablo tenía la determinación de que su predicación fuese también un testimonio acerca de Jesús, y que nada que él hiciera fuera un impedimento para que sus oyentes vieran «a Jesucristo y a éste crucificado» (versículo 2).

Pablo era un hombre educado. Pudo haber usado palabras difíciles para impresionar a la gente con su predicación. Pudo haber exhibido sus títulos junto a su nombre. Pudo haberse jactado de las cosas que había hecho. Pudo haber usado «palabras persuasivas de humana sabiduría» (versículo 4). *Pero no lo hizo. ¡Ni debiéramos hacerlo nosotros!* Los anuncios de nuestras cruzadas no debieran exaltar al evangelista o al pastor. No debiéramos dar largos testimonios de nuestras experiencias a menos que estemos seguros de que ellas traen gloria a Cristo. Nuestra predicación no debiera hacer que la gente se asombre de nuestro ingenio, ni que se maraville de nuestra oratoria. Más bien, lo que tenemos que decir debiera ser «con demostración del Espíritu y de poder» (versículo 4) de modo que la fe de nuestros oyentes «no esté fundada en la sabiduría de los hombres, sino en el poder de Dios» (versículo 5).

Es interesante oír que un hombre educado como Pablo diga: «Estuve entre vosotros con *debilidad*, y mucho *temor* y *temblor*» (versículo 3). Es obvio que Pablo no era uno de los partidarios del «poder del pensamiento positivo». El éxito de Pablo no se debía a su habilidad de palabra. No se debía a confianza en sí mismo, o a una proyección de su personalidad. ¡No! ¡Absolutamente no! Pablo desvió deliberadamente la atención de sí mismo y proclamó a Cristo. La erudición y la habilidad natural pueden ser grandes ventajas en el ministerio, pero pueden ser también grandes impedimentos para lograr una plena dependencia del Espíritu Santo. El éxito verdadero no es una cuestión de «¿puedo hacerlo?» sino más bien de «¿puedo hacerlo de tal forma que glorifique a Dios?» Pablo podía haber impresionado a sus oyentes con su educación. Pudo haber usado «palabras persuasivas», pero si hubiera hecho eso, habría creado un club «de Pablo» . . . y él rehusó hacer eso. ¡Una vez más, nos mostraríamos sabios al ser seguidores de Pablo en este aspecto!

JESUCRISTO... «Sabiduría de Dios»

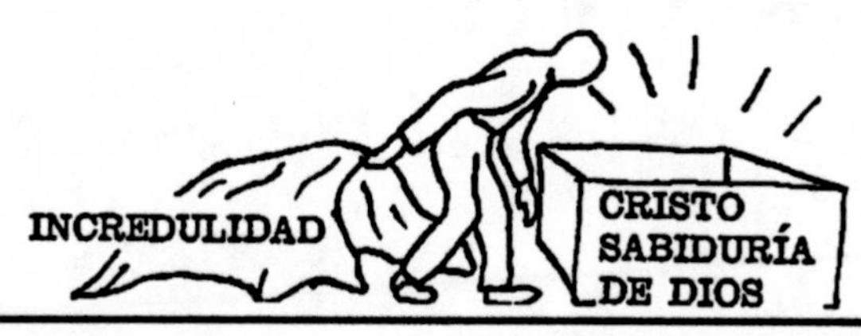

LA FE QUITA
LA CUBIERTA
DEL MISTERIO

1 Corintios 2:6-9

6 Sin embargo, hablamos sabiduría entre los que han alcanzado madurez; y sabiduría, no de este siglo, ni de los príncipes de este siglo, que perecen. 7 Mas hablamos sabiduría de Dios en misterio, la sabiduría oculta, la cual Dios predestinó antes de los siglos para nuestra gloria, 8 la que ninguno de los príncipes de este siglo conoció; porque si la hubieran conocido, nunca habrían crucificado al Señor de gloria. 9 Antes bien, como está escrito: Cosas que ojo no vio, ni oído oyó, ni han subido en corazón de hombre, son las que Dios ha preparado para los que le aman.

Pablo dijo: «Mas hablamos sabiduría de Dios en misterio». ¿Acerca de qué misterio hablaba Pablo? Él hablaba respecto al plan de Dios para la redención del hombre mediante la crucifixión y resurrección. ¡La sabiduría oculta es la verdad acerca de Jesús!

Esta verdad está oculta únicamente para aquellos que rehúsan creerla. Cristo es la «sabiduría de Dios» . . . la que ninguno de los príncipes de este siglo conoció; porque si la hubieran conocido, nunca habrían crucificado al Señor de Gloria» (versículo 7).

Esta sabiduría es para «los que han alcanzado madurez» (versículo 6). Es para «los que le aman» (versículo 9). El creyente es «maduro» o perfecto... no en la práctica, sino en proposición. Dios denomina perfecto al creyente a causa de que él ha imputado la justicia de Cristo a todos los que tienen fe. Así, la verdad respecto de Jesús... el glorioso plan de Dios... las cosas «que Dios ha preparado» . . . todas ellas son para que las conozcamos. ¡Y qué cosas maravillosas son éstas! «Cosas que ojo no vio, ni oído oyó, ni han subido en corazón de hombre» (versículo 9).

Mientras más conozcamos de Jesús, mayor es la probabilidad de que nuestra conducta será lo que debiera ser. ¡El conocer a Jesús no tan solamente nos hace «sabios para la salvación» sino que también nos hace sabios en nuestro caminar! ¡Cristo es el FUNDAMENTO de un caminar prudente!

JESUCRISTO... «Por el Espíritu de Dios»

1 Corintios 2:10-16

10 Pero Dios nos las reveló a nosotros por el Espíritu; porque el Espíritu todo lo escudriña, aun lo profundo de Dios. 11 Porque ¿quién de los hombres sabe las cosas del hombre, sino el espíritu del hombre que está en él? Así tampoco nadie conoció las cosas de Dios, sino el Espíritu de Dios. 12 Y nosotros no hemos recibido el espíritu del mundo, sino el Espíritu que proviene de Dios, para que sepamos lo que Dios nos ha concedido, 13 lo cual también hablamos, no con palabras enseñadas por sabiduría humana, sino con las que enseña el Espíritu, acomodando lo espiritual a lo espiritual. 14 Pero el hombre natural no percibe las cosas que son del Espíritu de Dios, porque para él son locura, y no las puede entender, porque se han de discernir espiritualmente. 15 En cambio el espiritual juzga todas las cosas; pero él no es juzgado de nadie. 16 Porque ¿quién conoció la mente del Señor? ¿Quién le instruirá? Mas nosotros tenemos la mente de Cristo.

Es muy importante comprender el papel del Espíritu Santo en la vida del creyente. Los pentecostales han sido criticados por dar énfasis excesivo al Espíritu Santo, y por descuidar la verdad acerca de Jesús.

Sin embargo, Jesús mismo, cuando dio testimonio respecto del Espíritu Santo dijo: «Él me glorificará; porque tomará de lo mío, y os lo hará saber» (Juan 16:14). Una vez más, en Hechos 1:8, Jesús dijo a sus discípulos: «Recibiréis poder, cuando haya venido sobre vosotros el Espíritu Santo, y me seréis testigos. . .» ¡ Las palabras no podían ser más claras! ¡El testimonio del creyente resulta ser más poderoso con la venida del Espíritu Santo! No debe extrañar que Pablo dijera:

«No os embriaguéis con vino, en lo cual hay disolución; antes bien sed llenos del Espíritu» (Efesios 5:18).

El Espíritu Santo glorifica a Jesús. Por consiguiente, un creyente que está «lleno» del Espíritu testificará acerca de Jesús. El espíritu del hombre conoce las «cosas del hombre», pero las «cosas de Dios» ningún hombre las conoce sino el Espíritu de Dios (versículo 11). La razón por la cual hemos de ser bautizados es «para que sepamos lo que Dios nos ha concedido» (versículo 12).

Tenga presente, por favor, que un creyente nacido de nuevo tiene el Espíritu de Dios en él y es guiado por el Espíritu de Dios. Todo hijo de Dios puede conocer las cosas de Dios, pero, mientras más conozca de estas, mayor será la medida en que se rinda al Espíritu de Dios que está en él. El creyente que dice: «Puedo saber todo lo que es posible saber respecto a las cosas de Dios sin ser bautizado con el Espíritu de Dios» es un satisfecho de sí mismo y un desobediente.

¡Qué cosa más maravillosa es ser lleno del Espíritu! Cuando estudiamos la Palabra de Dios, el Espíritu llega a ser nuestro maestro y nos revela «lo profundo de Dios» (versículo 10). Algunos creyentes leen la Palabra de Dios día tras día, pero, no comprenden plenamente lo que leen. Luego, estos mismos creyentes, cuando son bautizados en el Espíritu Santo, encuentran que la Biblia se convierte en un libro nuevo para ellos, y verdades que nunca han visto antes les son reveladas por el Espíritu Santo. El entendimiento del creyente es vivificado por el Espíritu Santo el cual hace vivir la PALABRA ESCRITA y nos revela a la PALABRA VIVIENTE. La conducta del creyente llega a ser entonces una DEMOSTRACIÓN de lo que ha aprendido del Espíritu Santo respecto de la PALABRA ESCRITA y de la PALABRA VIVA. ¡Sed llenos del Espíritu!

El hombre natural «no percibe las cosas que son del Espíritu de Dios... porque se han de discernir espiritualmente» (versículo 14). Esto significa que una verdadera comprensión y apreciación de la cruz es posterior a la salvación más bien que anterior a ella. Como usted puede ver, la creencia no es necesariamente comprensión. La salvación es creer un misterio. Es aceptar por fe, aquello que no se ha comprendido del todo. El Espíritu convence al mundo de la pecaminosidad de la incredulidad, de lo inadecuado de la justicia del hombre para salvar, y del juicio del príncipe de este mundo mediante la muerte de Cristo en la cruz (Juan 16:8-11). El pecador es convencido por el Espíritu Santo de suficiente verdad como para salvarse, pero la revelación plena del misterio de Cristo queda para ser revelada al creyente mediante la morada interna del Espíritu.

El hombre espiritual «juzga todas las cosas» (versículo 15), pues su maestro es el Espíritu Santo, el cual todo lo escudriña» (versículo 10). Mientras mayor es su entrega a su Maestro, mejor será el juicio del hombre espiritual. El hombre natural puede juzgar únicamente las cosas del mundo natural. Él nada sabe del mundo espiritual. Las cosas espirituales le son ajenas. Le hacen sentirse incómodo porque no puede comprenderlas.

¿Qué puede hacerse entonces, para que el hombre natural comprenda las cosas espirituales? Hay un lenguaje que el hombre natural puede comprender. Es el lenguaje del amor. Aun el peor de los pecadores puede notar cuando se le ama. Por consiguiente, las cosas de Dios son comunicadas al hombre natural mediante la conducta de amor del hombre espiritual. A medida que el hombre espiritual «habla la verdad en amor» al hombre natural, el Espíritu Santo le convencerá de pecado, de justicia, y de juicio. El creyente debiera no tan solamente testificar con palabras, sino que debiera ser un testigo, es decir, ¡debiera DEMOSTRAR cómo es Cristo mediante su conducta semejante a Cristo!

El mundo no debiera ser capaz de indicarnos con un dedo acusador. No debiéramos ser juzgados «de nadie» (versículo 15). ¡Qué maravilloso es estar motivados de tal manera por el amor, y dirigidos por el Espíritu de tal modo, que no demos ocasión para que el mundo nos reprenda! «Por sus frutos los conoceréis» (Mateo 7:16-20) se dijo respecto de los profetas falsos, ¡pero también el creyente es conocido por su «fruto»! El mundo debiera poder ver nuestras buenas obras, y glorificar a nuestro «Padre que está en los cielos» (Mateo 5:16).

Pablo concluye el capítulo dos mediante una pregunta: ¿Quién conoció la mente del Señor? ¿Quién le instruirá? ¿Quién conoce la mente del Señor? ¡El Espíritu Santo, por supuesto! Pablo acababa de hablar respecto al Espíritu, y dijo que él es quien revela las cosas «que ojo no vio, ni oído oyó» porque el Espíritu «todo lo escudriña, aun lo profundo de Dios». De modo que, la respuesta a la pregunta de Pablo es: «¡El Espíritu conoce la mente del Señor, y está por tanto, calificado para instruir al hombre espiritual!»

Es mediante el Espíritu que podemos tener la mente de Cristo. ¡Aleluya!

1 CORINTIOS. . . TRES

CRISTIANOS CARNALES

Corintios 3:1-7

**De manera que yo, hermanos, no pude hablaros como a
espirituales, sino como a carnales, como a niños en Cristo.
2 Os di a beber leche y no vianda, porque aún no erais
capaces, ni sois capaces todavía, 3 porque aún sois carnales; pues
habiendo entre vosotros celos, contiendas y disensiones, ¿no sois
carnales, y andáis como hombres? 4 Porque diciendo el uno: Yo
ciertamente soy de Pablo; y el otro: Yo soy de Apolos, ¿no sois
carnales? 5 ¿Qué, pues, es Pablo y qué es Apolos? Servidores por
medio de los cuales habéis creído; y eso según lo que a cada uno
concedió el Señor. 6 Yo planté, Apolos regó; pero el crecimiento
lo ha dado Dios. 7 Así que ni el que planta es algo, ni el que riega,
sino Dios que da el crecimiento.**

«Hermanos», dijo Pablo, «no pude hablaros como a espirituales». ¡Cuán profunda tristeza hay en esas palabras!

¿Qué había sucedido? ¿Qué habían hecho los creyentes corintios? Habían cesado de crecer espiritualmente. Se habían entregado a disputas y divisiones. ¡Habían llegado a ser carnales! No estaban perdidos, pero se habían convertido en carnales. Por hacer caso del hombre, ya no tenían la mente de Cristo. Al sucumbir a la envidia, rencillas y divisiones, ¡ya no andaban como hijos de Dios, sino como hombres!

Un hecho que lo hace pensar a uno es que la característica del cristiano carnal es que camina como los hombres «naturales». Llega a ser «juzgado por el hombre» por cuanto no se comporta de manera diferente al mundo. Este manifiesta envidia... así sucede con él. El mundo riñe... él también. El mundo divide a los hombres en razas, naciones, estructuras sociales, y condiciones económicas... así hace él. El mundo manifiesta prejuicio y avaricia... él también lo hace.

Un hecho que lo hace a uno pensar es que a los cristianos carnales no se les puede enseñar verdades espirituales profundas, están mentalmente prejuiciados y egoístamente basados. ¡Son insensibles a la revelación espiritual! Tienen que alimentarse con leche espiritual. No pueden digerir la carne espiritual. Son carnales.

¿Qué es lo que se quiere decir con el término «carnalidad»? Muy a menudo se denomina «carnales» a cosas tales como el vestuario, el cabello, las joyas, y los deportes. Ahora, todas estas cosas pueden ser indicativas de carnalidad, pero ellas en sí mismas no son carnalidad.

La carnalidad tiene que ver con la *mente*. Cuando el Espíritu instruye al creyente, él tiene «la mente de Cristo». Pero, cuando el creyente permite que su *pensamiento* se vuelva maligno, ya no tiene la mente de Cristo. Ya no escucha más al Espíritu, sino a su propia mente y voluntad. El resultado es *pensamiento no espiritual*, la mente carnal, lo cual es «enemistad» contra Dios; porque no se sujeta a la ley de Dios, ni tampoco puede (Romanos 8:7).

Los corintios se consideraban una iglesia espiritual. Ellos tenían todos los dones del Espíritu en operación. Eran generosos con su dinero, asistían regularmente a la iglesia. Y, sin embargo, eran carnales. ¡Eran carnales porque estaban entrometiéndose con el FUNDAMENTO mismo de su existencia espiritual! *¡En lugar de reconocer que Cristo era su Fundamento, se habían convertido en seguidores de los hombres y disputaban respecto a quién debían seguir!* «Porque diciendo el uno:

Yo ciertamente soy de Pablo; y el otro: Yo soy de Apolos, ¿no sois carnales?» (versículo 4).

Luego dice Pablo: «¿Qué, pues, es Pablo, y qué es Apolos? Servidores por medio de los cuales habéis creído». ¿Servidores de qué? ¿Creyeron en qué? Pablo ministraba a «Cristo crucificado», ¡y era en Cristo en quien ellos habían creído!

Por consiguiente, ni Pablo ni Apolos eran el FUNDAMENTO de los creyentes corintios. Estaban en un error al pensar de sí mismos como seguidores de Pablo y de Apolos, ¡y el error era doble al contender sobre el asunto! Al reconocer a Cristo como el FUNDAMENTO de su fe y de su práctica, los corintios podían estar en acuerdo, más bien que en desacuerdo. No hay lugar para contenciones entre aquellos cuyo FUNDAMENTO es la confesión de que Jesús es «el Cristo, el Hijo del Dios viviente».

EL PERITO ARQUITECTO Y EL FUNDAMENTO

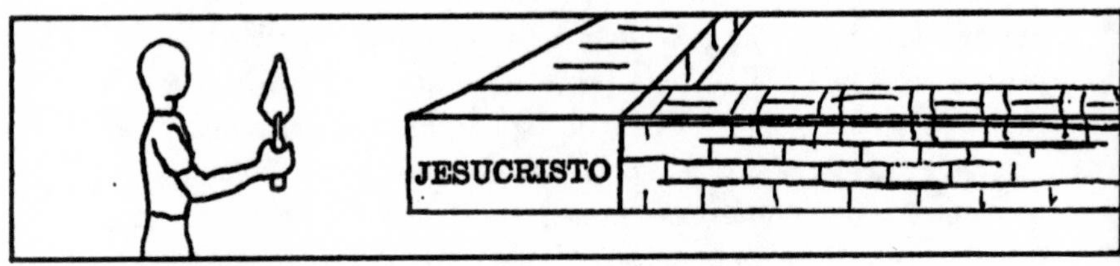

1 Corintios 3:8-11

8 y el que planta y el que riega son una misma cosa; aunque cada uno recibirá su recompensa conforme a su labor. 9 Porque nosotros somos colaboradores de DIOS, y vosotros sois labranza de Dios, edificio de Dios. 10 Conforme a la gracia de Dios que me ha sido dada, yo como perito arquitecto puse el fundamento, y otro edifica encima; pero cada uno mire cómo sobreedifica. 11 Porque nadie puede poner otro fundamento que el que está puesto, el cual es Jesucristo.

En el versículo 6 Pablo dice que *él plantó y que Apolos regó*.

En el versículo 7 Pablo dice que ni *él ni Apolos son algo*.

En el versículo 8 Pablo dice que *él y Apolos son uno*.

Al declarar que él plantó y que Apolos regó, Pablo mostró la diversidad de ministerios de los miembros del Cuerpo de Cristo, lo que estudiaremos más adelante.

Con su declaración de que ni él ni Apolos son algo, Pablo pone énfasis en el *señorío de Jesucristo*. Él y Apolos eran únicamente obreros. Es Dios quien debe recibir la gloria. Nosotros recibiremos nuestra gloria cuando hayamos «terminado nuestra obra», pero aquí en este mundo es Cristo quien ha de ser exaltado. Aquí no es el obrero quien ha de ser exaltado.

Cuando declara que él y Apolos son uno, *Pablo reprende a los cristianos por sus divisiones y disputas*. Pablo y Apolos eran uno. Ambos reconocían que era Dios quien daba el crecimiento. Ambos concordaban en que todo hombre recibirá su recompensa de Dios conforme a su labor, y ambos creían que Cristo es el único FUNDAMENTO de la Iglesia. El razonamiento de Pablo era este: Si él y Apolos, por quienes los corintios habían creído, eran uno en reconocer a Cristo como Señor, seguramente los corintios, que habían llegado a Cristo por medio del ministerio de ellos, seguirían el ejemplo de ellos y aceptarían a CRISTO como el FUNDAMENTO de su fe y práctica.

Pablo se denominó a sí mismo el «perito arquitecto». A pesar de que insistía en que él no era el fundamento, era enfático para declarar que su autoridad provenía de Dios, y que su enseñanza era verdad sobre la cual ellos podían edificar. Pablo dice: «Yo coloqué el fundamento». No es prerrogativa del creyente escoger lo que desea creer, o a quien desea seguir. EL FUNDAMENTO «ya está puesto» y no existe otro. Pablo, como perito arquitecto, tenía un mandato de Dios para declarar cuál era el FUNDAMENTO, y para declarar cuál era la clase de conducta que había de edificarse sobre él.

Pablo advierte: «Cada uno mire cómo sobreedifica». La autoridad para la conducta del creyente es la Palabra de Dios tal como fue escrita por los apóstoles y los profetas, es decir: ¡la BIBLIA!

EL JUICIO DEL CREYENTE

1 Corintios 3:12-15

12 y si sobre este fundamento alguno edificare oro, plata, piedras preciosas, madera, heno, hojarasca, 13 la obra de cada uno se hará manifiesta; porque el día la declarará, pues por el fuego será revelada; y la obra de cada uno cual sea, el fuego la probará. 14 Si permanece la obra de alguno que sobreedificó, recibirá recompensa. 15 Si la obra de alguno se quemare, él sufrirá pérdida, si bien él mismo será salvo, aunque así como por fuego.

Todo creyente será juzgado por las obras que haya hecho en calidad de cristiano. Pablo compara las obras del creyente con tres cosas que *no pueden ser* consumidas por el fuego, esto es, el oro, la plata y las piedras preciosas. El menciona entonces otras tres cosas que *sí pueden ser* consumidas por el fuego, y dice que, si el creyente edifica sobre el FUNDAMENTO con estas cosas, su obra se quemará y «Él sufrirá pérdida, si bien él mismo será salvo, aunque así como por fuego» (v. 15).

En el día del juicio la obra de todo hombre será probada por fuego (v. 13). Este es lenguaje simbólico, pero la prueba es algo muy cierto. El fuego indica que el juicio será intenso y total. Nada quedará oculto. ¡Piense en ello! ¿Está usted dispuesto a que todo lo que hace en público y en secreto se dé a conocer en aquel día? ¿Está usted dispuesto a que sus motivos lo mismo que sus *hechos* se den a conocer?

En aquel día el creyente será juzgado, no solamente por AQUELLO que ha hecho, sino POR LA RAZÓN por la cual lo ha hecho. Es posible que un hombre haya ganado muchas almas para Cristo, pero, también que toda su vida de trabajo sea considerada como heno, madera y hojarasca a causa de que todo lo hizo para ensalzar su propio nombre y para recibir la alabanza de los hombres. Tal hombre se salvaría, pero no recibiría recompensa. ¡Sería salvado «como por fuego»! Las obras de los cristianos carnales serán quemadas.

¿Qué es lo que representan la «madera, heno y hojarasca»? Representan las obras que se hacen para *gloria personal*. Representan una *motivación equivocada al dar*. Representan *prejuicio racial*. Representan *pecados cometidos en lo íntimo del corazón*. Representan la *envidia y el orgullo*, sí, y aun el *rencor* que algunos creyentes llevan consigo de por vida. Representan la *autocompasión* y la *debilidad espiritual*. Representan las *divisiones* y *rencillas*. Estas forman la carnalidad de la cual habla Pablo en 1 Corintios 3:1-3

Ahora, los creyentes que construyen con madera, heno y hojarasca no necesariamente hacen abandono de fe. Ellos creen que Jesús es el Cristo, el Hijo del Dios viviente. Ellos aceptan la Biblia como la inequívoca e infalible Palabra de Dios. Pero, no actúan como Jesús, y no hacen lo que dice su Palabra. ¡Están edificando sobre el FUNDAMENTO con material que no resistirá la prueba de fuego!

Pablo puso en lista la idolatría, las enemistades, los pleitos, los celos, las iras, las contiendas, las disensiones y las envidias junto con el adulterio, la fornicación, la inmundicia, la lascivia, la hechicería, las herejías, los homicidios, borracheras, y orgías en Gálatas 5:19-21. El dijo que los que hacen tales cosas no heredarán el Reino de Dios. *Esto señala claramente el terrible peligro en que se halla el cristiano carnal.* El *incrédulo* que hace estas cosas no está en el FUNDAMENTO de fe en Cristo, y por consiguiente está perdido. El *creyente* que hace estas cosas está sobre el FUNDAMENTO y, si muriera, sufriría pérdida, pero él mismo «será salvo, aunque así como por fuego».

¿Significa esto que el cristiano carnal está eternamente seguro? *No, no lo está.* Una práctica deliberada y continuada del pecado por parte del creyente destruirá la fe que sostiene. Cuando la fe de un hombre se desvanece, será un «réprobo», es decir, ¡estará perdido! No tan solo sus obras se quemarán, sino que él mismo enfrentará los fuegos del infierno.

EL TEMPLO DE DIOS ES USTED

1 Corintios 3: 16-23

16 ¿No sabéis que sois templo de Dios, y que el Espíritu de Dios mora en vosotros?

17 Si alguno destruyere el templo de Dios, Dios le destruirá a él; porque el templo de Dios, el cual sois vosotros, santo es.

18 Nadie se engañe a sí mismo; si alguno entre vosotros se cree sabio en este siglo, hágase ignorante, para que llegue a ser sabio.

19 Porque la sabiduría de este mundo es insensatez para con Dios; pues escrito está: El prende a los sabios en la astucia de ellos.
20 y otra vez: El Señor conoce los pensamientos de los sabios, que son vanos.
21 Así que, ninguno se gloríe en los hombres; porque todo es vuestro:
22 sea Pablo, sea Apolos, sea Ceras, sea el mundo, sea la vida, sea la muerte, sea lo presente sea lo por venir, todo es vuestro,
23 y vosotros de Cristo, y Cristo de Dios.

Rara vez se ven los fundamentos. Cuando usted camina por las calles de una gran ciudad, los edificios que ve no son los fundamentos. Esto no significa que no haya fundamentos. Los fundamentos son absolutamente esenciales, pero son la parte oculta de la estructura.

Del mismo modo sucede con el cristiano. Su vida está edificada sobre el Cristo invisible. El mundo no ve el fundamento del creyente. Ni conocen ellos la Biblia, que es la que establece las normas para la conducta del creyente. Lo que el mundo efectivamente ve es al creyente mismo. Él es el edificio que sobresale de la tierra, y si el mundo ha de ser convencido de la realidad de Cristo y del poder de su Palabra, ello dependerá de lo que vean en la conducta del creyente.

Esta es la razón por la que es tan importante que la vida del creyente sea santa y no carnal. Muchos cristianos cometen el error de ir por la vida con debilidades y pecados diariamente. Su vida es un testimonio muy pobre. Por consiguiente, el mundo, que no puede ver a Cristo y que no cree la Palabra de Dios, rehusa creer que Cristo puede salvar del pecado y cambiar la vida de un hombre. ¡Por cuanto no ven cambio en la vida del creyente, no tienen confianza en que Cristo pueda cambiar y salvar la de ellos!

No es de extrañarse que Pablo diga: «¡Si alguno destruyere el templo de Dios, Dios le destruirá a él!» ¡Qué tremenda advertencia para los cristianos carnales! Fumar, beber licores intoxicantes, comer en exceso, trabajar en exceso, no reposar lo necesario, marcar el cuerpo con tatuajes obscenos, rehusar mantener limpios nuestros cuerpos. . . todas estas cosas contaminan el Templo de Dios. ¿Cómo podremos demostrar la vida y el poder de Cristo si es que hacemos estas cosas?

El creyente no debiera hacer nada que causara vergüenza a su Salvador. Ni debiera violar la Palabra de Dios. No debiera preguntar:

«¿Qué es lo que *deseo* hacer?» sino más bien, su pregunta debiera ser: «¿Qué es lo que la Palabra de Dios dice que yo debería hacer?» ¡Luego debiera *pedirle a Cristo*, la Palabra viva, que le hiciera capaz de obedecer la Palabra escrita!

Pablo concluye el capítulo tres mediante una nueva referencia a la práctica carnal de seguir a los hombres. El mundo sigue a los hombres, pero no vamos a ser semejantes al mundo. El modo de vida de los cristianos les parece una necedad a los «sabios» de este mundo. Seguir a un Señor invisible, y edificar sobre los escritos de apóstoles y profetas les parece falto de sentido. No desean ser guiados por los escritos de hombres del pasado. Piensan que el hombre moderno ha aprendido mucho más que los apóstoles y profetas, y en su «sabiduría» llegan a ser necios y rechazan a Dios. «El Señor conoce los pensamientos de los sabios, que son vanos» (v. 20). Cuando los hombres eligen seguir a los hombres antes que a Cristo, es como el ciego que guía al ciego. «Así que», dice Pablo, «ninguno se gloríe en los hombres».

¡Qué maravillosos son los tres últimos versículos de este capítulo! «¡Todo es vuestro!» ¿Todas las cosas? ¡Sí, todas las cosas! Pablo, Apolos, Cefas, el mundo, la vida, la muerte, las cosas venideras, todas ellas son para bendición y bienestar del creyente. ¿Por qué? ¡Porque el creyente tiene a CRISTO, la PALABRA VIVIENTE, como su FUNDAMENTO! Es su fe en Cristo lo que ha provocado toda la diferencia. Ya no sigue más al hombre. Ya no le teme a la muerte. Conoce lo que es la vida. Tiene gozo en el presente. Tiene esperanzas en la vida venidera. Pablo, Apolos y Cefas son ministros mediante los cuales ha creído, son los que le han señalado el FUNDAMENTO en donde ha hallado roca sólida y vida eterna en Jesucristo, la PALABRA VIVIENTE e Hijo del DIOS VIVIENTE. ¡Aleluya!

«De pie estoy sobre Cristo, la roca firme, ¡Todo otro terreno es arena movediza!»

Sección dos

LA BIBLIA LA PALABRA DE DIOS

1 CORINTIOS. . . CUATRO

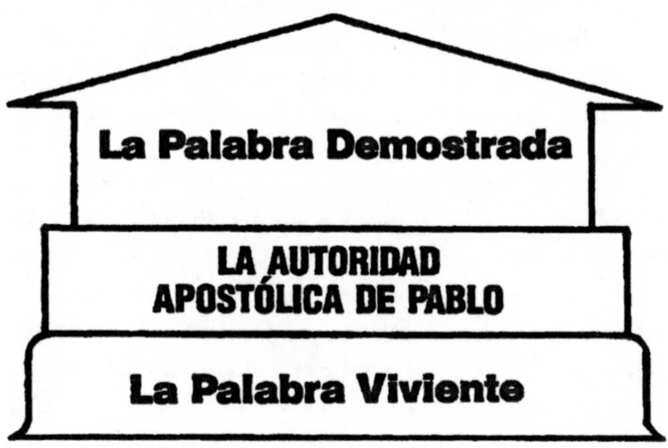

AUTORIDAD APÓSTOLICA

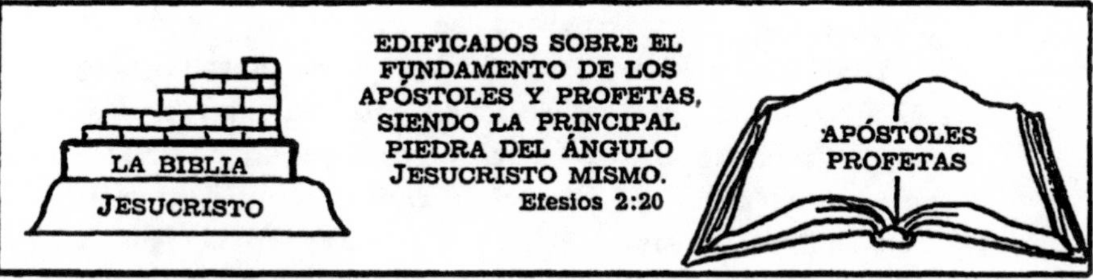

1 Corintios 4:1-6

Así, pues, ténganos los hombres por servidores de Cristo, y administradores de los misterios de Dios.

2 Ahora bien, se requiere de los administradores, que cada uno sea hallado fiel.

3 Yo en muy poco tengo el ser juzgado por vosotros, o por tribunal humano; y ni aun yo me juzgo a mí mismo.

4 Porque aunque de nada tengo mala conciencia, no por eso soy justificado; pero el que me juzga es el Señor.

5 Así que, no juzguéis nada antes de tiempo, hasta que ¡venga el Señor, el cual aclarará también lo oculto de las tinieblas, y manifestará las intenciones de los corazones; y entonces cada uno recibirá su alabanza de Dios.

6 Pero esto, hermanos, lo he presentado como ejemplo en mí y en Apolos por amor de vosotros, para que en nosotros aprendáis a no pensar más de lo que está escrito, no sea que por causa de uno, os envanezcáis unos contra otros.

Pablo escribió con autoridad apostólica, autoridad que le fue dada por Dios. Él dijo: «Así, pues, téngannos los hombres por servidores de Cristo, y administradores de los misterios de Dios» (1 Corintios 4:1). *La Biblia es la inequívoca e infalible Palabra de Dios*, y los escritos de Pablo se hallan en la Biblia. Ha habido muchas traducciones de las cartas originales (autógrafas) y, en cada una, la fraseología varía de acuerdo con los traductores, pero las cartas originales (autógrafas) fueron escritas por hombres que estaban bajo la inspiración del Espíritu Santo, y no contenían errores. Los hombres que escribieron eran falibles, pero lo que escribieron era infalible. «Toda la Escritura es inspirada por Dios» (2 Timoteo 3:16). Tenemos que creer lo que la Biblia dice respecto a sí misma, o tenemos que constituirnos en jueces de lo que vamos a creer y de lo que no vamos a creer de la Biblia. Ya puede usted imaginar lo que sucedería si cada hombre se convierte en juez de lo que va a creer en la Biblia. ¡Pronto las Escrituras perderían su significado, y el hombre sería juez de la Palabra de Dios en lugar de que la Palabra de Dios fuese juez del hombre!

¿Qué sucedería si cada hombre confeccionase su propia regla para medir? ¿Y qué si no hubiese leyes científicas que fuesen confiables y seguras? ¿Cómo sería si el sol se elevara cada mañana de acuerdo con la hora que a cada uno se le ocurriera? «Pero», dice usted, «¡eso es ridículo e imposible!» Cierto, pero tan ridículo e imposible como eso es que el hombre se constituya en juez de lo que es verdad. Pablo lo establece con mucha claridad en Romanos 3:3-4 cuando habla del plan de Dios para la salvación. «¿Pues qué, si algunos de ellos han sido incrédulos? ¿Su incredulidad habrá hecho nula la fidelidad de Dios? De ninguna manera; antes bien sea Dios veraz, y todo hombre mentiroso».

He aquí algunas Escrituras que testifican de la autoridad apostólica de Pablo y de los otros apóstoles y profetas:

1 Corintios 9: 17: «*La comisión me ha sido encomendada*».

Efesios 2:20-22: «*Edificados sobre el fundamento de los apóstoles y profetas, siendo la principal piedra del ángulo Jesucristo mismo*, en quien todo el edificio, bien coordinado, va creciendo para ser un templo santo en el Señor; en quien vosotros también sois juntamente edificados para morada de Dios en el Espíritu».

Apocalipsis 21:14: «Y el muro de la ciudad tenía doce cimientos, y sobre ellos los doce nombres de los *doce apóstoles* del Cordero». (Lo que demuestra que los doce apóstoles son considerados por Dios como distintos y separados de otros apóstoles posteriores. Eran distintos en que fueron escritores de la Santa Biblia, en que fueron hombres que estuvieron con el Señor, y fueron divinamente inspirados para escribir las Escrituras.)

2 Timoteo 3:14-17: «Pero persiste tú en lo que has aprendido y te persuadiste, *sabiendo de quién has aprendido*; y que desde la niñez has sabido las *Sagradas Escrituras*, las cuales te pueden hacer sabio para la salvación por la fe que es en Cristo Jesús. Toda la Escritura es inspirada por Dios, y útil para enseñar, para redargüir, para corregir, para instruir en justicia, a fin de que el hombre de Dios sea perfecto, enteramente preparado para toda buena obra».

2 Pedro 1:19-21: «Tenemos también la palabra profética más segura, a la cual hacéis bien en estar atentos como a una antorcha que alumbra en lugar oscuro, hasta que el día esclarezca y el lucero de la mañana salga en vuestros corazones; entendiendo primero esto, que ninguna profecía de la *Escritura* es de interpretación privada, *porque nunca la profecía fue traída por voluntad humana, sino que los santos hombres de Dios hablaron siendo inspirados por el Espíritu Santo*».

2 Pedro 3:15-16: «... Como también *nuestro amado hermano Pablo, según la sabiduría que le ha sido dada*, os ha escrito, casi en todas sus epístolas, hablando en ellas de estas cosas; entre las cuales hay algunas difíciles de entender, las cuales los indoctos e inconstantes tuercen, como también las otras Escrituras, para su propia perdición».

Añádase a las anteriores Escrituras la obvia autoridad que ejercía Pablo sobre las iglesias que fundaba. El jamás dudó del derecho que tenía de decirles cómo debían comportarse, *y estableció con toda claridad que sus palabras eran palabras de Dios, y no suyas*. En unas pocas ocasiones él dijo claramente que esas eran sus palabras, pero el mismo hecho de haberlo mencionado en esas raras ocasiones, prueba, sin lugar a dudas, que en todas las demás ocasiones él estaba divinamente inspirado, y que hablaba bajo la dirección del Espíritu Santo.

EJEMPLO APÓSTOLICO

«SED IMITADORES DE MÍ... ASÍ COMO YO DE CRISTO»

CREYENTE APÓSTOL CRISTO

1 Corintios 4:7-16

7 Porque ¿quién te distingue? ¿o qué tienes que no hayas recibido? Y si lo recibiste, ¿por qué te glorías como si no lo hubieras recibido?

8 Ya estáis saciados, ya estáis ricos, sin nosotros reináis. ¡Y ojalá reinaseis, para que nosotros reinásemos también juntamente con vosotros!

9 Porque según pienso, Dios nos ha exhibido a nosotros los apóstoles como postreros, como a sentenciados a muerte; pues hemos llegado a ser espectáculo al mundo, a los ángeles y a los hombres.

10 Nosotros somos insensatos por amor de Cristo, mas vosotros prudentes en Cristo; nosotros débiles, mas vosotros fuertes; vosotros honorables, mas nosotros despreciados.

11 Hasta esta hora padecemos hambre, tenemos sed, estamos desnudos, somos abofeteados, y no tenemos morada fija.

12 Nos fatigamos trabajando con nuestras propias manos; nos maldicen, y bendecimos; padecemos persecución, y la soportamos.

13 Nos difaman, y rogamos; hemos venido a ser hasta ahora como la escoria del mundo, el desecho de todos.

14 No escribo esto para avergonzaros, sino para amonestaros como a hijos míos amados.

15 Porque aunque tengáis diez mil ayos en Cristo, no tendréis muchos padres; pues en Cristo Jesús yo os engendré por medio del evangelio.

16 Por tanto, os ruego que me imitéis.

En esta sección del capítulo 4, Pablo compara la conducta de los corintios con la conducta de los apóstoles. Él reconoce que ellos han sido bendecidos con muchos dones espirituales, pero les recuerda que estos son dones de Dios y no algo que ellos han adquirido mediante su propia sabiduría o fuerza (v. 7). Lo que tienen es lo que han recibido. Por consiguiente, no debieran ser orgullosos, sino dispuestos a recibir sus instrucciones. Después de todo, él había sido quien les llevó el mensaje acerca de Jesús en primer lugar. ¡Ellos debían prestar atención y obedecer, no tan solamente porque él era un apóstol y porque tenía autoridad para decirles cómo debían comportarse, sino porque él era padre espiritual de ellos! El «sin nosotros reináis» (v. 8) no debía aplicarse a sus vidas.

En el v. 9 Pablo apela a la conciencia de los corintios. Los corintios estaban «saciados» y «ricos», satisfechos con ellos mismos y viviendo en forma holgada. Los apóstoles estaban «sentenciados a muerte». Los corintios vivían como reyes, sin sacrificio. Los apóstoles ministraban con gran costo personal y con sufrimiento.

Es posible vivir una vida carnal y estar todavía sobre el FUNDAMENTO. Pero, el hombre o la mujer que desean ser usados por Dios, tienen que pagar un precio de negación a sí mismos. Pablo no aprobaba el estilo de vida de los corintios. En efecto, él estaba reprochándolos. Era como si estuviera diciéndoles: «Tal vez ustedes logren salvarse con su modo de vivir fácil y descuidado, pero jamás serán usados por Dios en la forma en que él desea usarlos. Jamás cumplirán ustedes todo lo que Dios desea hacer por su intermedio, pues no están dispuestos a pagar el precio y a obedecer la Palabra de Dios».

Siempre habrá quienes tomen el camino fácil. Pero, gracias a Dios, hay otros que están dispuestos a ser despreciados, a ser considerados débiles, a no tener lugar fijo de morada, a trabajar con sus manos, a bendecir cuando son maldecidos, a manifestar paciencia cuando se les persigue, a interceder en favor de sus detractores, y a ser considerados como el desecho de todas las cosas.

Los cristianos deben cuidarse de los que defienden el pensamiento de «reinar (como reyes)». Existen muchos apóstoles de esta doctrina en la actualidad. Ellos dicen que por el hecho de ser hijos del Rey, debiéramos vivir como reyes. Estas personas prometen a los cristianos riquezas y comodidad. Señalan a sus propias riquezas y a su modo placentero de vida, y dicen: «Sed imitadores de mí». Reclaman ser «instructores en Cristo». Los que les siguen, al oír aquello que desean creer, acumulan dinero y posesiones y luego se refieren a estos como prueba de la bendición de Dios y de la aprobación de lo que están haciendo. ¡Qué vergüenza!

El éxito y prosperidad material no son una medida de conducta justa. «Deseo que tú seas prosperado en todas las cosas» (3 Juan 2), fue lo que escribió un prisionero que vivía en la helada isla de Patmos. Él era un hombre próspero, y deseaba que aquellos a los cuales escribía pudiesen ser tan prósperos como él, pero es evidente que la prosperidad de la que estaba hablando nada tenía que ver con los bienes materiales que un hombre posee. «Mi Dios, pues, suplirá todo lo que os falta», escribió un hombre que tenía en sus espaldas las marcas de los azotes recibidos, que se hallaba en la cárcel, que tenía un solo traje, y que padecía de un aguijón en la carne que no le dejaba. ¡Este era el hombre que recomendaba que su Dios podría suplir todas las necesidades de ellos tal como había suplido las de él! ¡Qué diferencia entre la escala de valores de Pablo con la de aquellos que abogan por «reinar como reyes»!

La oración de Pablo jamás fue para ser saciado, sino que más bien a «fin de conocerle, y el poder de su resurrección, y la participación de sus padecimientos». Jesús sufrió. Pablo sufrió. Los grandes hombres de fe en el pasado sufrieron. ¿Por qué, entonces, los creyentes de la actualidad habían de esperar «reinar como reyes»? La respuesta es obvia. No debiéramos esperar tal cosa. Pablo pleitea con los corintios: «Os ruego que me imitéis». Seamos seguidores de Pablo así como Pablo lo fue de Cristo.

¿Significa esto que el creyente no debiera esperar tener prosperidad, o placer? Bueno, todo depende de lo que queramos decir por «prosperidad» y «placer». Pablo tuvo prosperidad, pero no prosperidad material. ¡Sus riquezas fueron de otra clase! Pablo tuvo placer, pero sus placeres no fueron de índole carnal. De modo, que la respuesta a nuestra pregunta es esta: «Sí, Dios desea que los cristianos prosperen, ¡de la manera que Pablo prosperó! Sí, Dios desea que los creyentes tengan placer, ¡tal como los apóstoles tuvieron placer!»

CORRECCIÓN APÓSTOLICA

¿POR LA LEY
O POR EL AMOR?

1 Corintios 4:17-21

17 Por esto mismo os he enviado a Timoteo, que es mi hijo amado y fiel en el Señor, el cual os recordará mi proceder en Cristo, de la manera que enseño en todas partes y en todas las iglesias.

18 Mas algunos están envanecidos, como si yo nunca hubiese de ir a vosotros.

19 Pero iré pronto a vosotros, si el Señor quiere, y conoceré, no las palabras, sino el poder de los que andan envanecidos.

20 Porque el reino de Dios no consiste en palabras, sino en poder.

21 ¿Qué queréis? ¿Iré a vosotros con vara, o con amor y espíritu de mansedumbre?

Pablo concluyó el capítulo 4 con la promesa de que usaría su poder apostólico si fuese necesario. No se trataba de que él quisiese hacerlo. Él hubiera preferido que los corintios reconocieran su mala conducta y que obedecieran sin «vara». Pero, también deseaba que ellos supieran que aunque le resultaba difícil corregir el mal proceder de ellos, estaba preparado para hacerlo.

Como primer paso, Pablo envió a Timoteo «el cual os recordará mi proceder en Cristo». Él les recordó que su propia vida era una DEMOSTRACIÓN de la conducta correcta del creyente. También, él no les pedía que hicieran lo que no requería de otros. Lo que él tenía para decirles era lo «que enseño en todas partes y en todas las iglesias». La verdad es verdad para todos los creyentes en cualquier lugar. Mientras que las costumbres y culturas varían de lugar en lugar, las verdades permanentes de la Palabra de Dios nunca cambian, y se acomodan a todos los hombres en todo lugar.

Algunos en Corinto no creían que Pablo realmente iría y usaría su autoridad apostólica, pero Pablo dijo severamente: «Iré ... si el Señor quiere, y conoceré, no las palabras, sino el poder de los que andan envanecidos» (v. 9).

Pablo no trató con liviandad el pecado en la iglesia. Ni debiéramos hacerlo nosotros. Pablo rogó a los corintios. Deseaba llegar a ellos con amor y en un espíritu de mansedumbre, pero si eso no resultaba, estaba totalmente dispuesto a ir a ellos con una vara. Hay lugar para la disciplina apostólica en la iglesia hoy, pero debiera estar fundamentada en la inequívoca e infalible PALABRA ESCRITA, la BIBLIA. Debiéramos asegurarnos de que nuestras reglas son realmente reglas BÍBLICAS, y no el producto de nuestras tradiciones o cultura. Diremos más respecto de esto en los capítulos que siguen y que conciernen a la conducta del creyente.

Hemos estudiado ahora cuatro capítulos de Primera de Corintios, capítulos que nos hablan del FUNDAMENTO de la conducta del creyente. En los primeros tres capítulos Pablo habló de Jesucristo, la PALABRA VIVIENTE. En el capítulo cuatro habló del derecho que Dios le había dado para decir a los creyentes la manera en que debían comportarse. Lo que él dijo ha llegado a ser parte de la BIBLIA, la PALABRA ESCRITA.

Este FUNDAMENTO es la base para todo lo que tenemos que decir respecto a la conducta del creyente en los siguientes veinticinco capítulos.

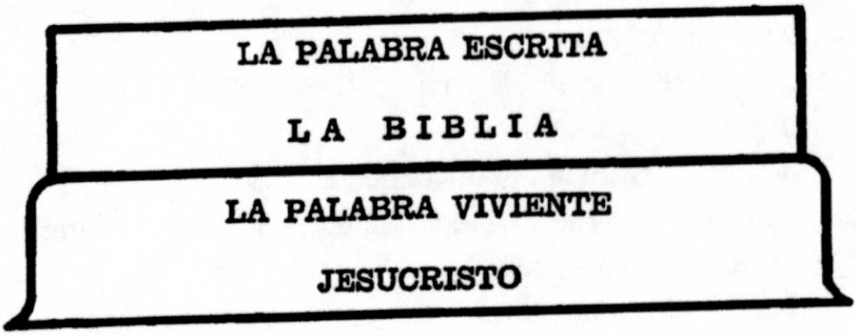

LA PALABRA ESCRITA

LA BIBLIA

LA PALABRA VIVIENTE

JESUCRISTO

Sección tres

LA CONDUCTA DEL CREYENTE
LA PALABRA DEMOSTRADA

1 CORINTIOS. . . CINCO

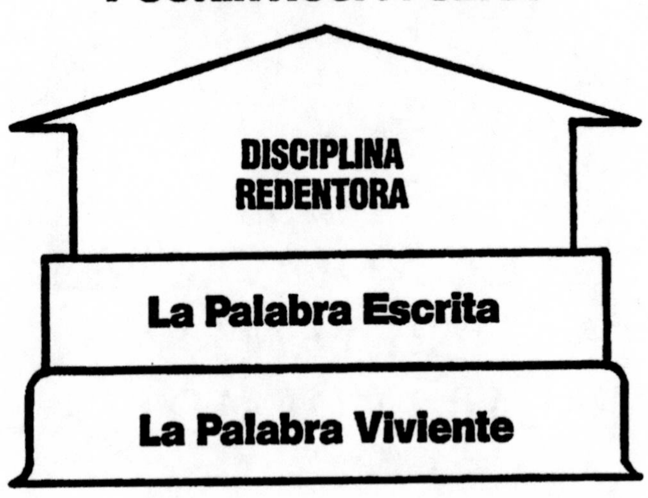

EL PROBLEMA

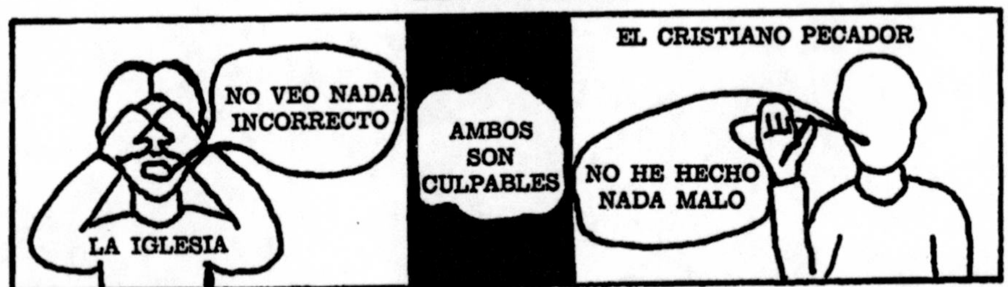

1 Corintios 5:1-2

De cierto se oye que hay entre vosotros fornicación, y, tal fornicación cual ni aun se nombra entre los gentiles; tanto que alguno tiene la mujer de su padre.
2 Y vosotros estáis envanecidos. ¿No debierais más bien haberos lamentado, para que fuese quitado de en medio de vosotros el que cometió tal acción?

Una gran vergüenza había sobrevenido a la iglesia de Corinto. Uno de los creyentes estaba viviendo en pecado, y en un pecado de tal naturaleza que ni siquiera los paganos lo practicaban. ¡Un hombre había tomado a la esposa de su padre y vivía con ella! ¡Imagínense! ¡Qué reproche para Cristo, la PALABRA VIVIENTE! Esto privaba de significado las reclamaciones de la iglesia en cuanto a que las Escrituras eran su FUNDAMENTO.

Pero había aún otro pecado presente en la iglesia. No se trataba de pecado en el hombre, sino en la congregación. Los creyentes no parecían afligidos por el pecado que había en su medio. Parecían dispuestos a tolerar el problema. Los dirigentes de la iglesia no adoptaron medidas correctivas de ninguna naturaleza.

¡El segundo pecado era tan grave como el primero, y Pablo trató con ambos! El primero era un pecado de lascivia. El segundo era el de indiferencia ante el pecado. La indiferencia al pecado es tan mala como el pecado de lascivia. Cualquiera de ellos puede destruir nuestro testimonio respecto a Cristo y a su Palabra.

El hombre que vivía con la mujer de su padre estaba en una de estas dos situaciones:

a. Cohabitaba con su propia madre (posiblemente después de la muerte de su padre).

b. Su padre tenía varias esposas y él había tomado a una que no era su madre.

La Biblia no nos dice de cuál de estos casos se trataba y no vamos a procurar decirlo nosotros. Lo que diremos es que, cualquiera hubiese sido el caso, ¡era absolutamente malo y pecaminoso!

EL PROCEDIMIENTO

1. Corintios 5: 3-8

3 Ciertamente yo, como ausente en cuerpo, pero presente en espíritu, ya como presente he juzgado al que tal cosa ha hecho.
4 En el nombre de nuestro Señor Jesucristo, reunidos vosotros y mi espíritu, con el poder de nuestro Señor Jesucristo,
5 el tal sea entregado a Satanás para destrucción de la carne, a fin de que el espíritu sea salvo en el día del Señor Jesús.

6 No es buena vuestra jactancia. ¿No sabéis que un poco de levadura leuda toda la masa?

7 Limpiaos, pues, de la vieja levadura, para que seáis nueva masa, sin levadura como sois; porque nuestra pascua, que es Cristo, ya fue sacrificada por nosotros.

8 Así que celebremos la fiesta, no con la vieja levadura, ni con la levadura de malicia y de maldad, sino con panes sin levadura, de sinceridad y de verdad.

Pablo juzgó el caso, aun hallándose ausente. Tenía derecho para juzgarlo por cuanto era apóstol de Dios. Pronunció su juicio «en el nombre de nuestro Señor Jesucristo» y «con el poder de nuestro Señor Jesucristo» (1 Corintios 5:4). Lo que *Pablo* les dijo que hicieran era lo que *Dios* les estaba pidiendo que hicieran, y debían hacerlo de inmediato. Dilatar el juicio era destruir las vidas de muchos dentro de la iglesia.

Aquí está el juicio de Pablo: «El tal sea entregado a Satanás para destrucción de la carne, a fin que el espíritu sea salvo en el día del Señor Jesús» (1 Corintios 5:5).

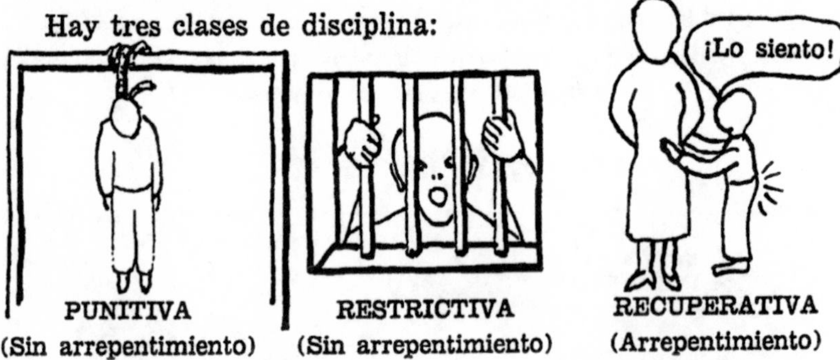

La disciplina que inflige una penalidad por las malas acciones es «PUNITIVA». No requiere del ofensor que se arrepienta. Demanda un ojo por un ojo, y un diente por un diente. Es como pagar una multa. Cuando se ha pagado la multa, la ley queda satisfecha, y el malhechor está libre. Libre, pero su carácter no ha cambiado. Su temor de tener que pagar otra multa es lo único que le impide repetir la ofensa. Un hombre castigado de este modo «paga su deuda a la sociedad», pero, es el mismo hombre de antes.

El castigo que aísla a un hombre de tal manera que no pueda dañar a los que le rodean es «RESTRICTIVO». Las prisiones se hacen para castigar y para proteger. Un homicida es un peligro para la sociedad. Se le pone en prisión como castigo, pero se le pone también allí para proteger al público de sus malas acciones. Las prisiones protegen a los hombres inocentes de los malvados. Ahora, un hombre que es puesto en prisión no necesariamente se arrepiente. Ni llega a ser mejor una persona por el hecho de haber estado en la cárcel. (Efectivamente, a menudo empeora.) Pero las prisiones son necesarias para que tengamos paz y seguridad en el país.

La disciplina que tiene como propósito cambiar y adiestrar al delincuente es «RECUPERATIVA». Los padres castigan a sus hijos para «darles su merecido» por sus maldades. Eso es una acción «punitiva». Pero el padre, por cuanto ama a su hijo, desea enseñarle a no repetir sus acciones. Por eso, después que lo ha castigado, lo aconseja, le demuestra su amor, y si es un cristiano, ora con él. Eso es una acción «recuperativa».

La disciplina por la cual abogaba Pablo era *recuperativa*. Debían quitar al malhechor de su medio, entregarlo a Satanás para la destrucción de la carne, *para que su espíritu fuese salvo en el día del Señor Jesús*. ¡Se trataba de disciplina con propósito! ¡Gloria a Dios! La esperanza de Pablo era que, aun cuando la disciplina fuese severa y humillante para el hombre, le condujera al arrepentimiento, de modo que su espíritu pudiese salvarse.

¿Qué quería decir Pablo cuando dijo: «El, tal sea entregado a Satanás para destrucción de la carne»? Esto fue lo que quiso decir: Al dejar al tal hombre excluido de la comunión con la iglesia era como lanzarlo de vuelta a Satanás y a la vida pasada que había vivido antes de ser salvo. Una vida semejante conduce a la destrucción de la carne. Como ustedes ven, el hombre que vive en adulterio pierde su reputación y su pureza. Su cuerpo a menudo contrae enfermedades. Va de mal en peor. ¡Qué cosa más terrible es ser entregado en manos de Satanás!

Tal vez usted pregunte: «¿Por qué no le mantuvieron en la iglesia y trataron de ayudarle?» Puede que esta fuese la excusa que estaban dando los corintios por no hacer nada respecto al hombre que vivía con la esposa de su padre. (¡Siempre es más fácil no hacer nada que hacer algo!) Pablo dijo: «¿No sabéis que un poco de levadura leuda toda la masa?» (v. 6). En otras palabras, la presencia del hombre en la asamblea, sin haber experimentado reproche, haría que los demás tomaran el pecado livianamente. Algunos aun pudieran seguir el ejemplo del hombre. El único modo de salvar el cuerpo, si un pie infectado amenaza destruirlo, es amputar el pie. Mejor es perder el pie que destruir la vida del cuerpo entero. «Limpiaos, pues, de la vieja levadura», dijo Pablo, «para que seáis nueva masa» (v. 7). Al poner aparte al hombre, la congregación podía mantener su norma de santidad y exaltar a Cristo, «nuestra pascua» (v. 7), quien fue sacrificado para hacer posible que los creyentes vencieran el pecado y se comportaran en forma debida.

LA PREVENCIÓN

1 Corintios 5:9-13

9 Os he escrito por carta, que no os juntéis con los fornicarios;
10 No absolutamente con los fornicarios de este mundo, o con
los avaros, o con los ladrones, o con los idólatras; pues en tal caso
os sería necesario salir del mundo.
11 Más bien os escribí que no os juntéis con ninguno que
llamándose hermano, fuere fornicario, o avaro, o idólatra, o
maldiciente, o borracho o ladrón; con el tal ni aun comáis.
12 Porque ¿qué razón tendría yo para juzgar a los que están
fuera? ¿No juzgáis vosotros a los que están dentro?
13 Porque a los que están fuera Dios juzgará. Quitad, pues, a
ese perverso de entre vosotros.

¿Cómo habían de evitar los corintios esta clase de pecado en el futuro? ¿Cómo pueden los creyentes en la actualidad mantener su pureza? La respuesta es esta: Mantener relaciones con la clase apropiada de gente (1 Corintios 5:9).

Pablo dijo: «No os juntéis con los fornicarios» (v. 9). Luego explica lo que quiere decir. No se refería a los *inconversos* que eran fornicarios. El mundo está lleno de fornicarios, de avaros, de extorsionadores y de idólatras. El cristiano no puede evitar el contacto con ellos.

Pero los inconversos no son los que acarrean vergüenza para la Iglesia. Los inconversos no conocen a Jesús. No aceptan la Biblia como la guía para sus vidas. El seguir a Cristo es algo extraño para ellos. En cambio, siguen los placeres del cuerpo y, como los animales, hacen aquello que les agrada.

Es el «hermano» que es fornicario, o avaro, o idólatra, o maldiciente, o borracho, o ladrón, quien avergüenza a Cristo y a su Palabra. Es el cristiano pecador el que hace que el mundo desprecie a la Iglesia. «Pero», dice usted, «¿cómo puede ser que los creyentes hagan tales cosas?» La respuesta es esta: Por cuanto son carnales. Por cuanto no permiten ser llenados por el Espíritu Santo y ser dirigidos por él.

Cuando los creyentes hacen tales cosas y rehúsan arrepentirse, la iglesia tiene tan solo un curso de acción a tomar: los creyentes tienen que sujetarse al juicio de sus hermanos en la fe. La iglesia debería juzgar al creyente que está en pecado y que está «dentro» y expulsarlo.

Pablo dijo que él nada tenía que hacer en cuanto a juzgar a los que están «afuera». Esto no quiere decir que los que están «afuera» no serán juzgados. ¡Ciertamente no! Dios les juzgará. El juicio de los inconversos no es tarea que le corresponde al creyente. Una práctica que es común por parte de los creyentes hacia los inconversos necesita ser corregida. A menudo, «los que están afuera» son reprendidos y juzgados desde el púlpito. Cuando un inconverso entra a la iglesia, el ministro aprovecha la ocasión para «predicarle». El resultado es que el pecador no vuelve, por cuanto se ha disgustado por lo que ha oído y por la forma en que ha sido humillado abiertamente. Cuánto mejor es predicar del amor de Dios, y, cuando es necesario, señalar cosas pecaminosas, hacerlo de tal manera que el inconverso no se aleje del Señor.

Finalmente, repitamos que, *cuando la iglesia disciplina a un creyente, debiera hacerse en calidad de una acción recuperativa.* Jamás debiéramos disfrutar al disciplinar a la gente. Más bien debiéramos lamentarlo, por cuanto el cristiano que peca acarrea vergüenza sobre toda la Iglesia y sobre Cristo. Deberíamos aprender que cuando un creyente ha sido restaurado, ello glorifica a DIOS y salva a un «hermano» de la perdición.

«Hermanos, si alguno de entre vosotros se ha extraviado de la verdad, y alguno le hace volver, sepa que el que haga volver al pecador del error de su camino, salvará de muerte un alma, y cubrirá multitud de pecados» (Santiago 5:19, 20).

1 CORINTIOS. . . SEIS

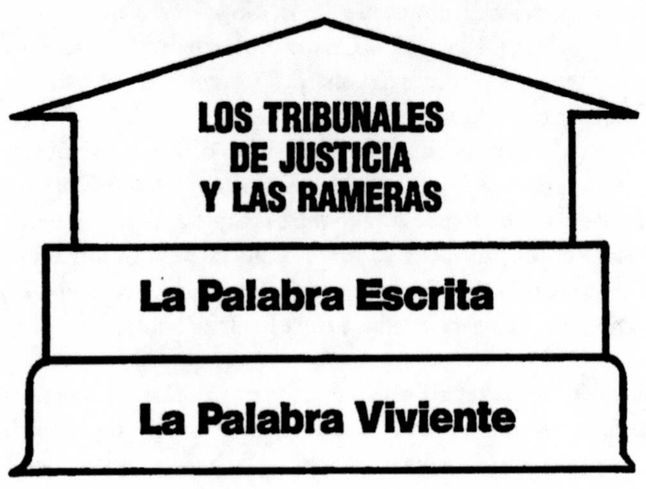

EL CREYENTE Y EL TRIBUNAL

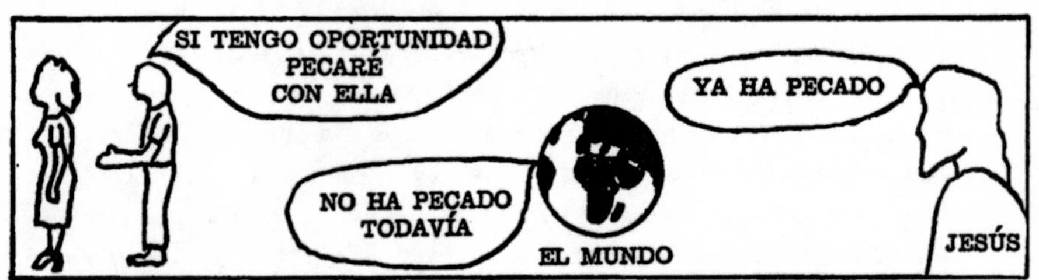

1 Corintios 6:1-8

¿Osa alguno de vosotros, cuando tiene algo contra otro, ir a juicio delante de los injustos, y no delante de los santos?
2 ¿O no sabéis que los santos han de juzgar al mundo? Y si el mundo ha de ser juzgado por vosotros, ¿sois indignos de juzgar cosas muy pequeñas?
3 ¿O no sabéis que hemos de juzgar a los ángeles? ¿Cuánto más las cosas de esta vida?
4 Si, pues, tenéis juicios sobre cosas de esta vida, ¿ponéis para juzgar a los que son de menor estima en la iglesia?
5 Para avergonzaros lo digo. ¿Pues qué, no hay entre vosotros sabio, ni aun uno, que pueda juzgar entre sus hermanos,
6 sino que el hermano con el hermano pleitea en juicio, y esto ante los incrédulos?

7 **Así que, por cierto es ya una falta en vosotros que tengáis pleitos entre vosotros mismos. ¿Por qué no sufrís más bien el agravio? ¿Por qué no sufrís más bien el ser defraudados?**
8 **Pero vosotros cometéis el agravio, y defraudáis, y esto a los hermanos.**

Es sorprendente que una iglesia conocida por sus dones espirituales pudiera ser conocida también por su carnalidad y por su vida desenfrenada. Luego veremos que los dones espirituales no son garantía de buena conducta. ¡Algunos de los creyentes de más «éxito» se cuentan entre los más carnales! Esto parecía ser cierto en el caso de los corintios.

Los creyentes corintios, en sus rencillas y divisiones, habían llegado al punto de pleitear ante los tribunales de los incrédulos. ¡Permitían que los pecadores fuesen jueces de sus disputas! Esta es otra cosa que la Biblia dice que es absolutamente incorrecta. Los santos han de juzgar a los santos. Pablo dijo que en el tiempo del fin los santos juzgarían al mundo, «y si el mundo ha de ser juzgado por vosotros, ¿sois indignos de juzgar cosas muy pequeñas?» (6:2). Las diferencias entre los creyentes son pequeñas en comparación con el juicio del mundo. ¡Qué equivocado es entonces permitir que el mundo juzgue a los creyentes! Además de juzgar al mundo, los creyentes juzgarán también a los ángeles (1 Corintios 6:3). De modo que, en las cosas que pertenecen a esta vida, los creyentes deberían ser los jueces y no los pecadores. «Si, pues tenéis juicios sobre cosas de esta vida, ¿ ponéis para juzgar a los que son de menor estima en la iglesia ?» (v. 4). No es que Pablo les aconseje usar a los de menor estima en la iglesia en calidad de jueces. Simplemente dijo eso para avergonzarlos. «¿No hay entre vosotros sabio ... que pueda juzgar entre sus hermanos?» (v. 5).

Muchos creyentes responden a la pregunta de Pablo con un «¡No!» Declaran que no pueden conseguir un juicio justo de parte de los hermanos en la fe. Opinan que los abogados profesionales son más competentes para manejar los asuntos legales. «Después de todo», dicen: «los creyentes no conocen muy bien la ley». ¿Tienen razón en lo que dicen? ¿Qué clase de justicia puede recibirse en un tribunal eclesiástico?

La verdad es que la justicia mundana y la justicia cristiana son dos cosas diferentes. Cuando el mundo juzga, se fija en la evidencia comprobatoria. No condenará a un hombre a menos que pueda demostrarse sin lugar a dudas que efectivamente cometió la acción. Por lo mismo, el mundo jamás condenará a un hombre por codiciar la mujer de su prójimo... mientras no la toque. El mundo no condenará a un hombre por aborrecer mientras no haga daño a aquel a quien aborrece. Algunos creyentes desean ser juzgados de acuerdo a estas normas mundanas. No creen que el desear hacer mal sea motivo suficiente para ser enjuiciados. Creen que debieran ser castigados únicamente si son sorprendidos en el hecho. Por esto es que prefieren ser juzgados por pecadores. Pero esto demuestra lo carnales que pueden ser los cristianos en su modo de pensar. No creen que sea correcto que a un hombre se le juzgue por sus motivos, lo que prueba en verdad que no están preparados para aceptar el juicio de Dios en el día final, por cuanto él no va a juzgar por las apariencias externas sino conforme al corazón.

En el versículo 7 Pablo dice algo sorprendente. Dice que el creyente debería permitir ser defraudado antes que comparecer a los tribunales con su hermano. Dice que los corintios están absolutamente equivocados al pleitear entre sí, ya sea en los tribunales eclesiásticos o en los de los incrédulos. ¡Cómo! ¿Está mal celebrar juicios en la iglesia? Sí, eso es exactamente lo que dice Pablo. Es mejor sufrir menoscabo en sus derechos que pleitear con su hermano. Es mejor presentar la otra mejilla que demandar ojo por ojo en el tribunal de la iglesia. Jesús dijo que si alguien toma nuestra túnica, debiéramos darle también la capa. Si un discípulo de Jesús puede hacer esto por el pecador, ¿cuánto más debiera estar dispuesto a hacer por su hermano? Debiéramos devolver bien por mal, no solamente al mundo, sino también a nuestros hermanos. No es de sorprenderse que el cristiano carnal no quiera que la iglesia juzgue su caso. No está dispuesto a obedecer la ley de Jesús. La justicia del creyente es justicia de «segunda milla». Es la justicia del perdón. «Pero vosotros cometéis el agravio, y defraudáis, y esto a los hermanos» (v. 8). *Jamás debiera haber litigios dentro de la iglesia, ¡y no los habrá si amamos a los hermanos!*

¿Por qué, entonces, es que Pablo dijo que ellos debieran juzgar sus pleitos dentro de la iglesia, más bien que en los tribunales de los incrédulos? Él lo dijo porque ellos eran carnales. Los cristianos carnales no están dispuestos a perdonar. Los cristianos carnales son egoístas. Los cristianos carnales exigen que sus derechos sean respetados. Por consiguiente, ya que insistían en «tener un pleito», Pablo dijo que debería llevarse a cabo en la iglesia y no en los tribunales de los incrédulos. Pero esta no era la mejor manera. La mejor manera era perdonar. Es la vía espiritual, una vía que los cristianos carnales rechazan.

¿Qué podemos decir respecto de los incrédulos que llevan a los creyentes ante la corte? Bueno, eso es diferente. Nosotros no debiéramos llevar al incrédulo a la corte, pero si el incrédulo nos lleva a nosotros a la corte *deberíamos ir y manifestar un espíritu de amor y perdón*. A menudo, los discípulos fueron llevados a la corte. Jesús estuvo en la corte. Pero ni los discípulos ni Jesús «defendieron sus derechos». Ellos defendieron el evangelio que predicaban, y estuvieron dispuestos a ir a la cárcel por Cristo, pero jamás procuraron conseguir algo de la corte para sí mismos. Fueron hasta allí únicamente cuando se les obligó a ir. Jamás llevaron ellos a un incrédulo a la corte.

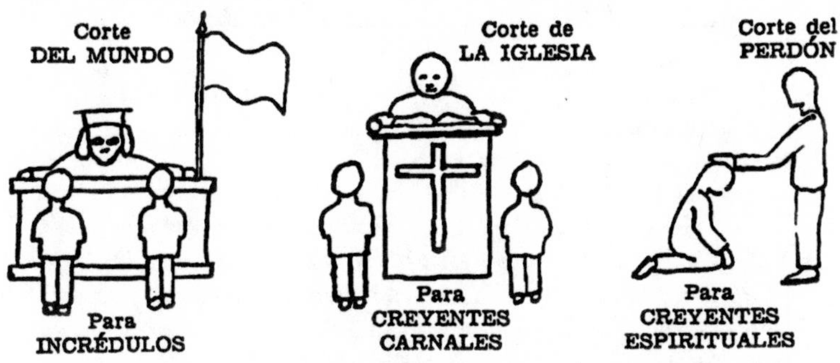

Cuando las cortes le ordenan a un creyente que haga algo contrario a la Biblia, el creyente debería rehusar obedecer a las cortes, pero debiera aceptar, sin protesta, la pena por la desobediencia que esta dice que debe pagar. «Es necesario obedecer a Dios antes que a los hombres», dijeron los apóstoles, ¡y obedientemente fueron con los soldados hasta la cárcel! No llevaron a cabo manifestación de protesta alguna. No resistieron el arresto. Estaban dispuestos a morir por sus convicciones, y así fue como murieron muchos de ellos. ¡Oh, que los creyentes de la actualidad fuesen como los apóstoles! Hay tanto terrorismo y violencia, y buena parte de lo mismo se hace en nombre del cristianismo. Pero este no es el camino de Dios. El cristiano debiera hablar en favor de la justicia. Nunca debiera defender o participar de injusticias. Pero tras haber hablado la verdad, y haber obedecido la Palabra de Dios, debería aceptar cualquier penalidad que le imponga la ley del país.

El creyente debiera obedecer todas las leyes del gobierno, excepto aquellas que son contrarias a la Escritura. Dios honra las leyes del hombre, y espera que todos los creyentes observen la ley. Debiéramos obedecer los límites de velocidad. Debiéramos pagar nuestros impuestos. Debiéramos honrar a aquellos a quienes se debe honrar. Al proceder de este modo, estaremos glorificando a Cristo, el FUNDAMENTO de nuestra vida y conducta.

EL REINO DE DIOS

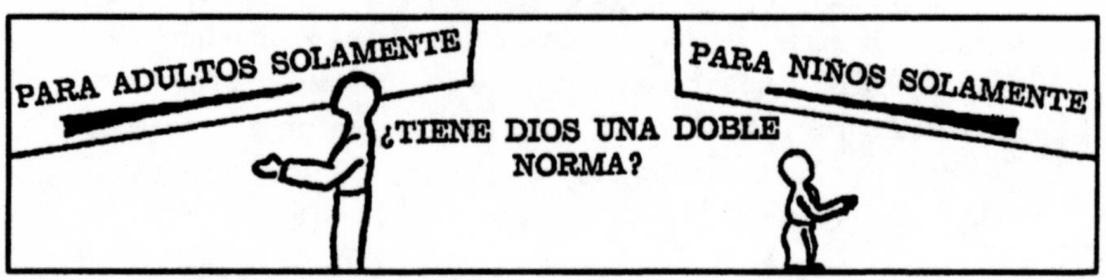

1 Corintios 6:9-11

9 ¿No sabéis que los injustos no heredarán el reino de Dios? No erréis; ni los fornicarios, ni los idólatras, ni los adúlteros, ni los afeminados, ni los que se echan con varones,

10 Ni los ladrones, ni los avaros, ni los borrachos, ni los maldicientes, ni los estafadores, heredarán el reino de Dios.

11 Y esto erais algunos; mas ya habéis sido lavados, ya habéis sido santificados, ya habéis sido justificados en el nombre del Señor Jesús, y por el Espíritu de nuestro Dios.

Pablo acababa de hablar respectoa acudir a la ley. Él sintió la necesidad de señalar la diferencia entre la actitud del creyente y la actitud del mundo. El creyente debiera mirar las cosas de manera diferente a como las mira el que no cree, por cuanto los incrédulos son ciudadanos de este mundo, pero los creyentes son ciudadanos del Reino de Dios. Los creyentes no tan solo miran las cosas de manera diferente sino que se comportan diferentemente también. Fornicación, idolatría, adulterio, afeminamiento, homosexualidad, robo, codicia, borrachera, y extorsión, todas estas son características de los reinos de este mundo. El mundo no encarcela a un hombre por causa de fornicación si es que su compañera se le ha unido voluntariamente. No pone en la cárcel a los idólatras, o a las lesbianas, o a los homosexuales cuando ambas partes están de acuerdo en cuanto a participación. Interviene solamente cuando alguien es obligado a tomar parte contra su voluntad. Se le llama a esto nueva libertad, nueva moralidad, ¡pero es iniquidad, algo sumamente malo! No puede tolerarse en el Reino de Dios. El mundo no condena la codicia. Pasa por alto la borrachera. Se goza en la sensualidad y la promiscuidad. Habla de conducta de «adultos» que no es para niños, *lo que no es otra cosa sino la aprobación de placeres inmorales en suciedad de mente.* Conducta de tal naturaleza no tiene lugar en el Reino de Dios, y Pablo recuerda a los corintios que estas eran actividades de su vida anterior, pero que son cosa del pasado. «Mas ya habéis sido lavados, ya habéis sido santificados, ya habéis sido justificados en el nombre del Señor Jesús y por el Espíritu de nuestro Dios» (1 Corintios 6:11).

LO LÍCITO Y LO CONVENIENTE

«TODAS LAS COSAS ME SON LICITAS... MAS YO NO ME DEJARE DOMINAR DE NINGUNA»

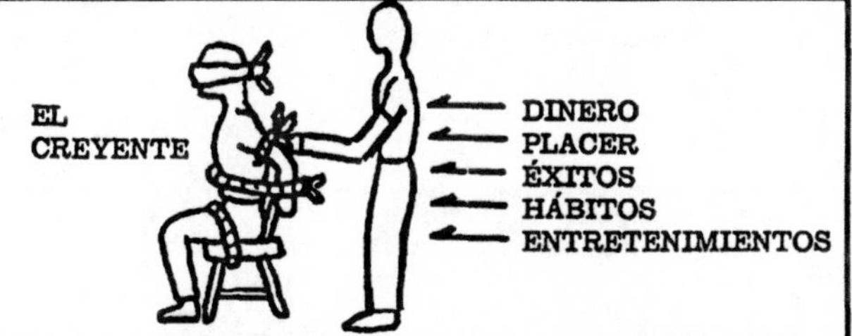

1 Corintios 6:12-13

12 **Todas las cosas me son lícitas, mas no todas convienen; todas las cosas me son lícitas, mas yo no me dejaré dominar de ninguna.**

13 **Las viandas para el vientre, y el vientre para las viandas; pero tanto al uno como a las otras destruirá Dios. Pero el cuerpo no es para la fornicación, sino para el Señor, y el Señor para el cuerpo.**

En seguida Pablo habla de cosas que un cristiano podría hacer pero que no debiera hacer. No vamos a tomar tiempo para hablar de todas ellas aquí, pues se hablará de ellas más adelante en este libro. Pero ellas tratan con cosas que hacen tropezar a nuestro hermano, y cosas de las cuales podemos prescindir. Algunas de ellas no contravienen ley alguna que Dios nos haya dado en su Palabra, pero el hacerlas significaría un obstáculo para nuestro crecimiento y testimonio cristiano, y aun cuando son «legales» no son convenientes.

Hay otras cosas que, si las hacemos, se convierten en hábitos que nos someten a su dominio. Pablo menciona las «carnes» como una de ellas. Ahora, no hay nada de malo en comer, pero si nos convertimos en esclavos de nuestro apetito, luego somos esclavos del alimento, y Pablo dijo que esto no conviene, y que él no se dejaría dominar de ninguna de estas cosas (1 Corintios 6:12).

Lo mismo podría decirse respecto a los deportes y de varios juegos que hombres y mujeres juegan. Pueden ser lícitos, pero si toman demasiado de nuestro tiempo y de nuestro pensamiento, entonces nos convertimos en cautivos de ellos. Muchos cristianos son cautivos de la ropa fina, del juego, del alimento, y de las entretenciones. No quebrantan ley alguna, pero gastan tanto tiempo en cosas innecesarias que no tienen tiempo para las cosas que son más importantes. Lo mismo puede decirse de la radio y de la televisión. El cristiano no debiera estar en esclavitud de ninguna de estas cosas. Si puede mantenerlas en el lugar apropiado, no son malas, pero cuando permite que le controlen, se convierten en monstruos que destruyen la vida espiritual.

EL CUERPO Y LA FORNICACIÓN

1 Corintios 6:14-20

14 y Dios, que levantó al Señor, también a nosotros nos levantará con su poder.

15 ¿No sabéis que vuestros cuerpos son miembros de Cristo? ¿Quitaré, pues, los miembros de Cristo y los haré miembros de una ramera? De ningún modo.

16 ¿O no sabéis que el que se une con una ramera, es un cuerpo con ella? Porque dice: Los dos serán una sola carne.

17 Pero el que se une al Señor, un espíritu es con él.

18 Huíd de la fornicación. Cualquier otro pecado que el hombre cometa, está fuera del cuerpo; mas el que fornica, contra su propio cuerpo peca.

19 ¿O ignoráis que vuestro cuerpo es templo del Espíritu Santo, el cual está en vosotros, el cual tenéis de Dios, y que no sois vuestros?

20 Porque habéis sido comprados por precio; glorificad, pues, a Dios en vuestro cuerpo y en vuestro espíritu, los cuales son de Dios.

Pablo habla una vez más acerca de la fornicación. Parece que este es un pecado que al apóstol le merece especial atención. Es un pecado común a toda la humanidad, y es un pecado contra el cuerpo, que es el templo del Espíritu Santo. Del mismo modo como los espíritus malignos buscan tener un cuerpo en el cual habitar, así también el Espíritu Santo habita en los cuerpos de los hombres. El cuerpo es, por consiguiente, la habitación del Espíritu de Dios, y Dios desea que el creyente guarde su cuerpo exclusivamente para este propósito. Esa es la razón por la que el pecado de fornicación es tan grave. «El cuerpo no es para la fornicación, sino para el Señor, y el Señor para el cuerpo» (1 Corintios 6:13). Por esta razón el creyente debe «huir de la fornicación» (1 Corintios 6:18).

En este capítulo Pablo no habla acerca del matrimonio. Es en el próximo capítulo donde habla del matrimonio. Pero aquí él habla de la relación sexual entre gente no casada, o entre una persona casada con otra que no lo es. Pero lo que tiene que decir incluye también el adulterio, porque la palabra «fornicación» incluye toda relación ilícita.

El apóstol dice que nuestros cuerpos son miembros de Cristo. Son sagrados y dedicados a Dios. «¿Quitaré, pues,» pregunta Pablo, «los miembros de Cristo y los haré miembros de una ramera?» (1 Corintios 6:15). ¡Dios no lo permita! Unirse a una ramera es llegar a ser una carne y un cuerpo con ella. La intención de Dios fue que un hombre y una mujer llegaran a ser una carne y un cuerpo, pero por la vía del matrimonio. El hecho de que gente no casada se unan en una carne y un cuerpo es uno de los más grandes males. ¿Por qué? Porque «cualquier otro pecado que el hombre cometa, está fuera del cuerpo; mas el que fornica, contra su propio cuerpo peca» (1 Corintios 6:18). Nuestros cuerpos no nos pertenecen. Pertenecen a Dios. Cometer fornicación es tomar aquello que pertenece a Dios, aquello por lo cual Dios pagó el gran precio de su Hijo unigénito, y unirlo pecaminosamente a otro cuerpo. No tenemos derecho de hacerlo. Nuestros cuerpos no son nuestros. Cuando llegamos a estar unidos al Señor llegamos a ser un espíritu con él (1 Corintios 6:17). «Glorificad, pues, a Dios en vuestro cuerpo y en vuestro espíritu, los cuales son de Dios» (1 Corintios 6:20).

1 CORINTIOS. . . SIETE

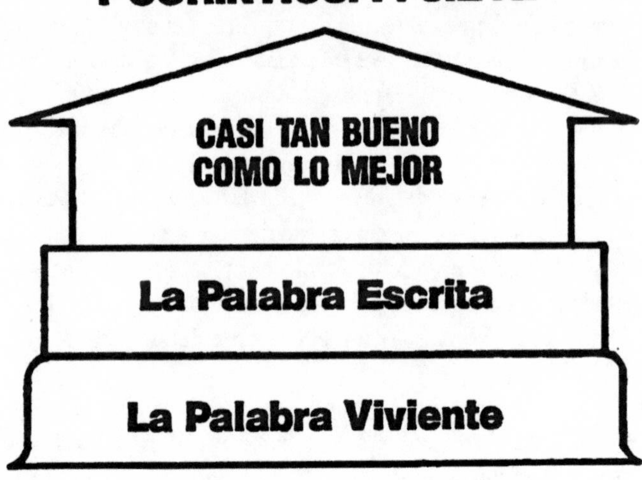

MATRIMONIO CRISTIANO

¿DEBERÍAN UN HOMBRE Y UNA MUJER VIVIR JUNTOS
BAJO LA *LEY* O SIN *LEY*?

1 Corintios 7:1-9

**En cuanto a las cosas de que me escribisteis, bueno le sería al
hombre no tocar mujer; 2 Pero a causa de las fornicaciones, cada
uno tenga su propia mujer, y cada una tenga su propio marido.**

**3 El marido cumpla con la mujer el deber conyugal, y
asimismo la mujer con el marido.**

**4 La mujer no tiene potestad sobre su propio cuerpo, sino el
marido; ni tampoco tiene el marido potestad sobre su propio
cuerpo, sino la mujer.**

**5 No os neguéis el uno al otro, a no ser por algún tiempo de
mutuo consentimiento, para ocuparos sosegadamente en la
oración; y volved a juntaros en uno, para que no os tiente Satanás
a causa de vuestra incontinencia.**

6 Mas esto digo por vía de concesión, no por mandamiento.

**7 Quisiera más bien que todos los hombres fuesen como yo;
pero cada uno tiene su propio don de Dios, uno a la verdad de un
modo, y otro de otro.**

8 Digo, pues, a los solteros y a las viudas, que bueno les fuera quedarse como yo;
9 pero si no tienen don de continencia, cásense, pues mejor es casarse que estarse quemando.

El apóstol Pablo no tenía esposa en la ocasión en que escribió a los corintios, aun cuando había estado casado con anterioridad. Sabemos que había estado casado porque había pertenecido al Sanedrín judío, y era requisito que todos los miembros de este fuesen casados.

Pablo aconsejaba a un hombre no tocar mujer (1 Corintios 7:1). ¿Significa esto que el apóstol consideraba que el matrimonio era impropio para los cristianos? ¡No, claro que no! Él tan solo se refería a los días difíciles en que vivía la Iglesia entonces, la «necesidad que apremia» (1 Corintios 7:26). Consideraba que el tiempo era corto (1 Corintios 7:28), y que la vida era tan incierta e impredecible que no era prudente casarse.

Pablo sabía de la urgencia natural de que todos los hombres tengan una mujer. Pero él sabía que Dios desea que un hombre escoja una compañera, se case con ella, y que viva con ella por el resto de su vida. Dios no desea que los hombres sean como animales y que vivan con cualquier hembra que encuentren. Dios prohibe la fornicación. Por esto fue que Pablo dijo que, a causa de la urgencia natural, todo hombre debería tener su propia esposa y toda mujer su propio marido. Esto significa que Dios aprueba el matrimonio y lo bendice. No hay nada de malo en la unión de la pareja de gente casada. El deseo sexual ha sido dado por Dios, y la unión de un hombre y su esposa es pura y correcta.

Hay quienes creen que el pecado de Adán consistió en tener relaciones con su esposa. Eso no es cierto. Dios dio Eva a Adán para que fuese su esposa. Él les ordenó que fuesen fructíferos y que se multiplicaran, y Dios bendijo su matrimonio.

Pablo dio instrucciones respecto de cómo deberían comportarse una esposa y un esposo el uno hacia el otro. Él sabía de lo que hablaba, pues él mismo había estado casado. Dijo que el marido debía dar a la esposa la consideración que esta se merecía, y que la esposa debía dar al marido la consideración que él se merecía. Hay ocasiones cuando la esposa desea las caricias de su marido. El marido debería cooperar y darle a ella lo que desea. Hay otras veces cuando es el marido el que desea las caricias de la esposa y la unión sexual. La esposa debiera someterse al deseo del marido. Por supuesto, es mejor si tanto el marido como la esposa experimentan el deseo de la unión al mismo tiempo, pero ninguno de los dos debiera negarse a su compañero simplemente porque no tiene deseos.

Tampoco debe rendirse a regañadientes el cónyuge que no siente el mismo deseo que el otro. Más bien debiera cooperar en un espíritu de amor. La esposa no debe de hacer que su esposo sienta que ella cede ante la insistencia de él. Ella debiera hacerle sentir que también lo desea. Jamás debiera ella rehusar la unión sexual con el fin de castigar a su marido por algo que él hizo y que a ella no le agradó. Lo mismo resulta cierto respecto del esposo cuando es la esposa la que desea la unión sexual. Pablo dice: «No os neguéis el uno al otro» (1 Corintios 7:5). En otras palabras, no se nieguen el uno al otro el goce de la relación sexual.

Sin embargo, el apóstol dice que es correcto refrenar el impulso sexual en épocas de ayuno y oración si ambos cónyuges están de acuerdo. Pero dice que no debieran permanecer separados por mucho tiempo, «para que no os tiente Satanás a causa de vuestra incontinencia» (1 Corintios 7:5). Lo que Pablo quiere decir es que una esposa o un esposo pone la tentación en el camino de su cónyuge cuando rehusan rendirse al deseo sexual de la persona con quien están casados. Esta es la razón por la cual se arruinan algunos matrimonios. Por esto es que algunos hombres y mujeres cometen adulterio. ¡Es porque su cónyuge no les da lo que merecen!

Pablo desea que ellos comprendan que lo que va a decirles a continuación es consejo que les da «por concesión» más bien que «por mandamiento». En razón de que Pablo era un apóstol y hablaba por Dios, fue que hizo una diferencia entre sus palabras y las palabras que escribió por Dios. En todo lugar en que se trataba de sus palabras, así lo declaró. De otro modo, todo cuanto escribió fue la Palabra de Dios. Así, al hablar a los solteros y a las viudas (1 Corintios 7:8) les aconsejó que se quedaran sin casar, tal como lo había hecho él. «Quédense sin casar», dijo, «pero si no tienen don de continencia, cásense, pues mejor es casarse que estarse quemando (con el deseo sexual)» (1 Corintios 7:9).

LA LEY DE PABLO EN LAS IGLESIAS

1 Corintios 7:10-24

10 Pero a los que están unidos en matrimonio, mando, no yo, sino el Señor: Que la mujer no se separe del marido;

11 Y si se separa, quédese sin casar, o reconcíliese con su marido; y que el marido no abandone a su mujer.

12 Y a los demás yo digo, no el Señor: Si algún hermano tiene mujer que no sea creyente, y ella consiente en vivir con él, no la abandone.

13 Y si una mujer tiene marido que no sea creyente, y él consiente en vivir con ella, no lo abandone.

14 Porque el marido incrédulo es santificado en la mujer, y la mujer incrédula en el marido; pues de otra manera vuestros hijos serían inmundos, mientras que ahora son santos.

15 Pero si el incrédulo se separa, sepárese; pues no está el hermano o la hermana sujeto a servidumbre en semejante caso, sino que a paz nos llamó Dios.

16 Porque ¿qué sabes tú, oh mujer, si quizá harás salvo a tu marido? ¿O qué sabes tú, oh marido, si quizá harás salva a tu mujer?

17 Pero cada uno como el Señor le repartió, y como Dios llamó a cada uno, así haga; esto ordeno en todas las iglesias.

18 ¿Fue llamado alguno siendo circunciso? Quédese circunciso. ¿Fue llamado alguno siendo incircunciso? No se circuncide.

19 La circuncisión nada es, y la incircuncisión nada es, sino el guardar los mandamientos de Dios.

20 Cada uno en el estado en que fue llamado, en él se quede.

21 ¿Fuiste llamado siendo esclavo? No te dé cuidado; pero también, si puedes hacerte libre, procúralo más.

22 Porque el que en el Señor fue llamado siendo esclavo, liberto es del Señor; asimismo el que fue llamado siendo libre, esclavo es de Cristo.

23 Por precio fuisteis comprados; no os hagáis esclavos de los hombres.

24 Cada uno, hermanos, en el estado en que fue llamado, así permanezca para con Dios.

A continuación el apóstol habla respecto a tres situaciones que son menos que ideales para el creyente. Él les dice lo que deben hacer en circunstancias «que no son las mejores». Habla respecto de:

1. Aquel creyente que está desigualmente unido en matrimonio con una persona incrédula.
2. Un creyente que ha sido circuncidado.
3. Un creyente que es un esclavo.

Oigamos primeramente lo que tiene que decir Pablo respecto alcreyente que tiene cónyuge incrédulo. Comienza por decir que sus palabras son un mandato. . . no tan simplemente un consejo suyo. Sus palabras deben ser obedecidas. «Que la mujer no se separe del marido (v. 10) . . . el marido no abandone a su mujer» (v. 11). El cónyuge creyente no debiera buscar divorciarse de un cónyuge incrédulo.

No obstante, puede verse con claridad que Pablo comprendía que no siempre pueden mantenerse intactos los matrimonios. Si el esposo incrédulo hace que sea intolerable para la esposa el vivir con él, puede ser necesario que la esposa lo deje, pero si lo hace, debiera ella permanecer sin casarse de nuevo o reconciliarse con su marido. No debiera unirse a otro hombre.

Pablo añade ahora su propio consejo al mandato del Señor. Si un hermano creyente tiene mujer que no sea creyente, y si la esposa incrédula está dispuesta a vivir con él, entonces él no debiera abandonarla. Lo mismo se aconseja a la esposa creyente que tiene marido incrédulo. Si él está dispuesto a permanecer con ella, entonces no debiera ella dejarle (vv. 13, 14).

Existe una razón para esto. La presencia de un creyente en un hogar lo «santifica»... esto es, lo coloca aparte en una manera especial. Esto no significa que una esposa creyente pueda hacer que su marido o sus hijos sean puros, sino que la presencia de ella pueda «apartar al marido» como un objeto de oración, y de este modo «santificarle». Sucede lo mismo en el caso del marido creyente. ¡Al permanecer junto a su cónyuge incrédulo, es posible que él o ella lleguen a ser salvos! (v. 16). Los hijos en el hogar también son «marcados» para salvación por la presencia de uno de sus padres creyentes.

Ahora Pablo establece su REGLA EN TODAS LAS IGLESIAS por la primera vez. Él dice: «Pero cada uno como el Señor le repartió, y como Dios llamó a cada uno, así haga; esto ordeno en todas las iglesias» (1 Corintios 7: 17). Lo que Pablo quiere decir es que, aun cuando el estar desigualmente unido en matrimonio no es lo ideal, y «no es lo mejor», la regla es que un creyente permanezca en la manera en que el Señor le encontró. No debiera buscar cambios en su matrimonio.

Pablo da otra ilustración y aplica la misma regla. «¿Fue llamado alguno siendo circunciso? Quédese circunciso. ¿Fue llamado alguno siendo incircunciso? No se circuncide». La circuncisión no es de importancia. ¡El guardar los mandamientos de Dios sí que lo es! Por eso es que Pablo repite su regla en todas las iglesias: «Cada uno en el estado en que fue llamado, en él se quede».

Pablo hablaba aquí respecto de la circuncisión ceremonial. Existe una circuncisión que nada tiene que ver con la religión o con prácticas paganas. Es un asunto de prevención de enfermedad que podría resultar por falta de limpieza. Nada hay de malo con esta circuncisión. «La circuncisión nada es, y la incircuncisión nada es», dijo Pablo (v. 19). Ni siquiera la circuncisión ceremonial se constituye en diferencia si es que fue practicada antes de la salvación. La conciencia del creyente no tiene por que afligirse. El creyente debiera permanecer en donde lo encuentra el Señor. Sin embargo, el apóstol advierte a aquellos que deseen continuar con la circuncisión ceremonial después de la salvación, y que ponen su confianza en ella como un medio de hacerse aceptables a Dios: «He aquí, yo Pablo os digo que si os circuncidáis, de nada os aprovechará Cristo» (Gálatas 5: 2). Él hablaba a creyentes que se les había dicho que no podrían ser salvos a menos que se circuncidaran como los judíos. «Y otra vez testifico a todo hombre que se circuncida, que está obligado a guardar toda la ley. De Cristo os desligasteis, los que por la ley os justificáis; de la gracia habéis caído» (Gálatas 5: 3, 4). Por tanto, los creyentes que se circuncidaron por la religión judía antes de ser salvos no debían preocuparse por ello («la circuncisión nada es»), pero los que eran salvos no debían circuncidarse como un medio de salvación, porque, ¡si ponían su confianza en la circuncisión habían caído de la gracia!

En seguida, Pablo habla respecto a creyentes que eran esclavos. En el original él los denomina «siervos», pero en aquellos días a los siervos no se les pagaba un salario y no eran libres. Eran esclavos. ¿Qué debería hacer un creyente en tales circunstancias? Pablo responde: «Cada uno, hermanos, en el estado en que fue llamado, así permanezca para con Dios» (1 Corintios 7:24). Esta es la regla de Pablo en aquellas situaciones que «no eran las mejores», y él la enseñaba en todas las iglesias.

Es difícil aceptar una condición que usted sabe es incorrecta. ¿Cómo puede un creyente estar contento y aceptar la esclavitud? Pablo dice: «No te dé cuidado; pero también, si puedes hacerte libre, procúralo más» (1 Corintios 7:21). Si el amo del creyente estuviera de acuerdo en concederle libertad, el creyente debiera aceptarla. Pero si no, el creyente no debiera entonces exigirla. ¿Cómo explicar esto? ¡Es fácil de decir, pero muy difícil de llevarlo a la práctica! La diferencia estribará en si el creyente realmente ha hecho de Cristo su Fundamento, y si en verdad acepta la palabra de los apóstoles como la Palabra de Dios. Si el creyente realmente pertenece a Cristo, entonces es un liberto del Señor, aun cuando sea esclavo de un hombre. Si la mente está en perfecta condición, eso afecta aun a nuestro cuerpo. Si realmente creemos que Cristo nos compró con su sangre y nos hizo libres, entonces ya no somos esclavos de los hombres, aun cuando tengamos que obedecerles y trabajar para ellos. Esta es una verdadera prueba de la fe, pero es la clase de conducta que realmente hará que el mundo crea en nuestro Cristo y en su Palabra!

¿Y qué sucede si el amo del esclavo es un creyente? Bien, Pablo tenía instrucciones para él también. En el capítulo seis de Efesios, después de instruir a los siervos para que cumplieran con su servicio como para el Señor, el apóstol se dirige a los «amos» cristianos y dice: «Y vosotros, amos, haced con ellos lo mismo, dejando las amenazas, sabiendo que el Señor de ellos y vuestro está en los cielos, y que para él no hay acepción de personas» (v. 9). Cuesta comprenderlo, pero Pablo aceptaba las prácticas de aquella época y no tuvo palabras de reproche para los amos que tenían esclavos. Más bien, les hizo recordar que tendrían que responder ante Dios (que no hace acepción de personas) por el trato que dieran a sus esclavos. El amo debía recordar que él mismo tenía un Amo (Señor), y que debía tratar a su esclavo como deseaba que Cristo lo tratara a él.

LA CONDUCTA MATRIMONIAL EN «LA NECESIDAD QUE APREMIA»

NO HAY PECADO

LA OPINIÓN DE PABLO

NO HAY PECADO

CASARSE ES PARA MEJORAR Y PARA EMPEORAR, PERO NO ES PECADO

NO CASARSE ES MEJOR EN TIEMPOS DE TRIBULACIÓN

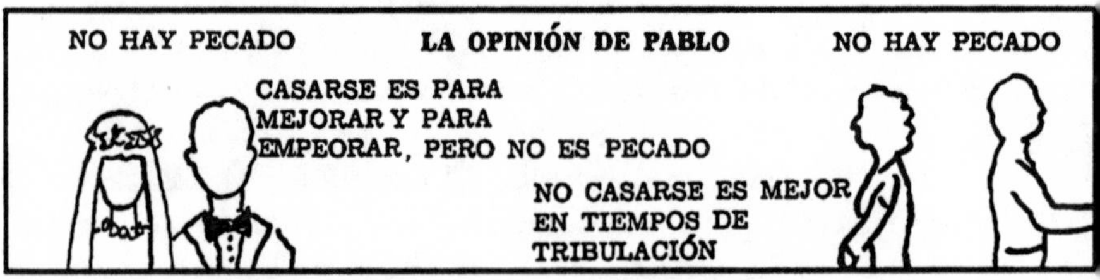

1 Corintios 7:25-40

25 En cuanto a las vírgenes no tengo mandamiento del Señor; mas doy mi parecer, como quien ha alcanzado misericordia del Señor para ser fiel.

26 Tengo, pues, esto por bueno a causa de la necesidad que apremia; que hará bien el hombre en quedarse como está.

27 ¿Estás ligado a mujer? No procures soltarte. ¿Estás libre de mujer? No procures casarte.

28 Mas también si te casas, no pecas, y si la doncella se casa, no peca; pero los tales tendrán aflicción de la carne, y yo os la quisiera evitar.

29 Pero esto os digo, hermanos: que el tiempo es corto; resta, pues, que los que tienen esposa sean como si no la tuviesen;

30 y los que lloran, como si no llorasen; y los que se alegran, como si no se alegrasen; y los que compran, como si no poseyesen;

31 y los que disfrutan de este mundo, como si no lo disfrutasen; porque la apariencia de este mundo se pasa.

32 Quisiera, pues, que estuvieseis sin congoja. El soltero tiene cuidado de las cosas del Señor, de cómo agradar al Señor;

33 pero el casado tiene cuidado de las cosas del mundo, de cómo agradar a su mujer.

34 Hay asimismo diferencia entre la casada y la doncella. La doncella tiene cuidado de las cosas del Señor, para ser santa así en su cuerpo como en espíritu; pero la casada tiene cuidado de las cosas del mundo, de cómo agradar a su marido.

35 Esto lo digo para vuestro provecho; no para tenderos lazo, sino para lo honesto y decente, y para que sin impedimento os acerquéis al Señor.

36 Pero si alguno piensa que es impropio para su hija virgen que pase ya de edad, y es necesario que así sea, haga lo que quiera, no peca; que se case.

37 Pero el que está firme en su corazón, sin tener necesidad, sino que es dueño de su propia voluntad, y ha resuelto en su corazón guardar a su hija virgen, bien hace.

38 De manera que el que la da en casamiento hace bien, y el que no la da en casamiento hace mejor.

39 La mujer casada está ligada por la ley mientras su marido vive; pero si su marido muriere, libre es para casarse con quien quiera, con tal que sea en el Señor.

40 Pero a mi juicio, más dichosa será si se quedare así; y pienso que también yo tengo el Espíritu de Dios.

Esta porción de 1 Corintios 7, desde el versículo 25 al 40, es estrictamente la opinión personal de Pablo. Él dice con claridad: «No tengo mandamiento del Señor». Por consiguiente, podemos mirar la época en que vivimos y ver si su consejo se aplica a las condiciones bajo las cuales vivimos. Pablo concluye el capítulo diciendo: «Y pienso que también yo tengo el Espíritu de Dios», lo que indica que él creía que su juicio era bueno. Sin embargo, él admitía que era suyo, y no del Señor. «Mas doy mi parecer, como quien ha alcanzado misericordia del Señor para ser fiel» (1 Corintios 7:25).

Él habla una vez más de aquellos que desean casarse. Aconseja a los solteros que se queden sin casar, y a los casados a que permanezcan unidos en matrimonio. Pero, dice él, si los solteros se casan, no pecan.

Habla de una doncella soltera y dice que ella también, no peca si se casa, pero le advierte que, en los tiempos peligrosos por los cuales pasaba la iglesia, era natural que ella esperara dificultades. Así que, si se casaba lo haría «con los ojos abiertos», y sufriría las consecuencias (1 Corintios 7:28-31).

Menciona las ventajas de no estar casado. El hombre casado se preocupa de su mujer, ¡y así es como debiera ser! (Ella es la responsabilidad que Dios le ha dado.) Un soltero está libre de la preocupación de una esposa, y puede dar su atención por entero al servicio de Dios. Lo que es cierto de los hombres también es cierto de las mujeres. La mujer casada tiene que pensar en su esposo. La mujer soltera puede atender lo que es del Señor sin distracción (1 Corintios 7:35).

Los versículos 36 y 37 son algo difíciles de entender. Podría tratarse de un hombre que está pensando en el matrimonio, o podría tratarse del padre de una señorita que está en edad para casarse. En cualquiera de estos casos, Pablo dice que nada hay de malo si se procede al matrimonio, aun cuando él cree que sería mejor si ellos se quedan sin casar.

Pablo concluye el capítulo mediante una reiteración de lo que era su posición. Personalmente, él creía que los hombres y mujeres que no se casan hacen mejor que los que se casan. Sin embargo, él admite que esto es su opinión, y que no es mandato del Señor. Las dos situaciones son correctas: casarse o no casarse. La única cosa realmente importante y necesaria es que, si se casan, que se casen «en el Señor» (1 Corintios 7:39).

Este último requisito es muy importante. Es incorrecto que un creyente se case con un no creyente. «No os unáis en yugo desigual con los incrédulos» (2 Corintios 6:14), es una prohibición específica en cuanto al matrimonio. Nada se puede hacer si ya estamos casados con un inconverso cuando somos salvos, pero podemos rehusar casarnos con un inconverso . . . ¡y si amamos a Dios más que al hombre, lo haremos!

Para el creyente que ama a Cristo y le ha recibido en su corazón como la PALABRA VIVIENTE, no es difícil comportarse de acuerdo con la PALABRA ESCRITA de Pablo. Es casi imposible para uno que no ame a Cristo vivir de acuerdo con las Escrituras. Por esto es que la conducta del creyente debe estar basada en la PALABRA ESCRITA y en la VIVIENTE.

1 CORINTIOS. . . OCHO

COSAS OFRECIDAS A ÍDOLOS

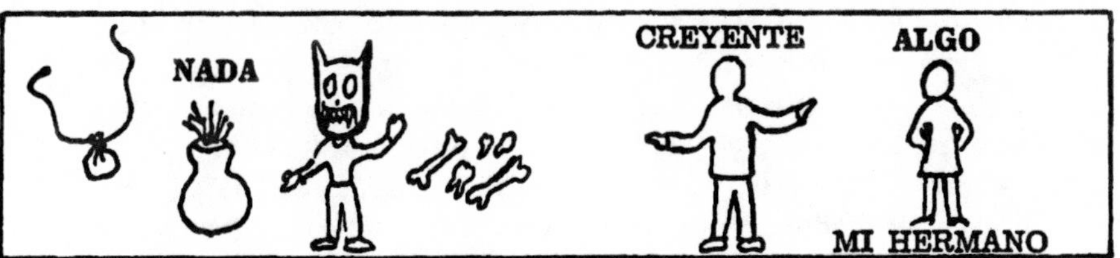

1 Corintios 8:1-8

En cuanto a lo sacrificado a los ídolos, sabemos que todos tenemos conocimiento. El conocimiento envanece, pero el amor edifica.

2 Y si alguno se imagina que sabe algo, aún no sabe nada como debe saberlo.

3 Pero si alguno ama a Dios, es conocido por él.

4 Acerca, pues, de las viandas que se sacrifican a los ídolos, sabemos que un ídolo nada es en el mundo, y que no hay más que un Dios.

5 Pues aunque haya algunos que se llamen dioses, sea en el cielo, o en la tierra (como hay muchos dioses y muchos señores),

6 para nosotros, sin embargo, sólo hay un Dios, el Padre, del cual proceden todas las cosas, y nosotros somos para él; y un

Señor Jesucristo, por medio del cual son todas las cosas, y nosotros por medio de él

7 Pero no en todos hay este conocimiento; porque algunos, habituados hasta aquí a los ídolos, comen como sacrificado a ídolos, y su conciencia, siendo débil, se contamina.

8 Si bien la vianda no nos hace más aceptos ante Dios; pues ni porque comamos, seremos más, ni porque no co-mamos, seremos menos.

Ahora hemos de hablar respecto a cosas ofrecidas por los paganos a sus dioses. Hablaremos respecto de encantamientos y fetiches. Veremos cuál es la enseñanza de Pablo respecto a lo que debiera ser la conducta del creyente en lo concerniente a esas cosas. Estudiaremos cuáles son las «ayudas» a las que un creyente puede echar mano, y aquellas que resulta pecaminoso usar.

Comienza por hablar respecto de «lo sacrificado a los ídolos» (1 Corintios 8:1). Hay tan solo un Dios, y todas las cosas que se adoran aparte del Dios verdadero son ídolos. De modo que Pablo habla respecto de cosas usadas en la adoración de falsos dioses.

Los creyentes corintios habían adoptado el punto de vista de que *«un ídolo nada es* en el mundo, y que no hay más que un Dios» (1 Corintios 8:4). ¡Y tenían toda la razón! «Pues aunque haya algunos que se llamen dioses, sea en el cielo, o en la tierra... para nosotros, sin embargo, solo hay un Dios, el Padre, del cual proceden todas las cosas, y nosotros somos para él; y un Señor Jesucristo, por medio del cual son todas las cosas, y nosotros por medio de él» (1 Corintios 8:5-6).

Pero los corintios pasaban por alto algo muy importante en la conducta cristiana. Por el hecho de que ellos eran «sabios», y comprendían que los ídolos no eran nada, creían que no importaba si comían carne ofrecida a los ídolos. Si los ídolos nada eran... ¿cómo podía ser malo comer carne que había sido ofrecida a «nada»? Pero Pablo los reprendió. Dijo que había algo más importante que manifestar el conocimiento de la «nulidad» de los ídolos. Más importante es amar a su hermano. Repetimos, ¡es más importante ser «conocido» de Dios que «conocer» respecto a los ídolos! Si no estamos preocupados respecto de cómo nuestra «sabiduría» afecta a nuestro hermano, entonces nuestro conocimiento nos ha envanecido. Cuando no nos cuidamos de lo que son los sentimientos de nuestro hermano, probamos con eso que, en lugar de ser sabios, realmente nada sabemos (1 Corintios 8:2).

Como usted puede ver, no todos son lo suficientemente sabios como para saber que los ídolos nada son (1 Corintios 8:7).

Algunos creyentes todavía tienen dificultades en relación con los ídolos. Todavía piensan ellos que los ídolos tienen poder. Todavía piensan que los ídolos son algo. Sin embargo, a causa de su fe en Cristo, rehusan tener algo que ver con los ídolos. Aun rehusan comer carne ofrecida a los ídolos para no pecar contra Dios. ¡Son muy escrupulosos! Puesto que realmente no comprenden que un ídolo no es nada, «su conciencia, siendo débil, se contamina», por comer carne ofrecida a los ídolos.

Por tanto, Pablo dice a los sabios: «La carne no es lo que importa. Lo que importa es la conciencia de tu hermano. El comer carne no te hace mejor y el no comerla no te hace peor. Por consiguiente, no tan solamente el ídolo es nada . . . ¡la carne nada es! ¡Por tanto, deja de comer «nada» si, al hacerlo así, puedes mostrar amor a tu hermano que es algo! Al proceder de este modo mostrarás que verdaderamente entiendes lo que es «algo» y lo que es «nada». ¡Demuestra tu sabiduría través del amor a tu hermano!»

Tal vez convenga que mostremos cómo probar si una «cosa» para adoración es correcta o incorrecta. ¿Es incorrecto usar un encantamiento? ¿Es incorrecto usar una cruz? ¿Es incorrecto tomar medicina para mantener alejados a los malos espíritus? ¿Es incorrecto acudir a un hospital? ¿Es incorrecto llamar a un médico brujo para que prepare su casa contra la enfermedad? ¿Es incorrecto ir a sesiones de espiritismo o tomar parte en la meditación trascendental? ¿Es incorrecto procurar descubrir quién es el causante de la enfermedad y de las tribulaciones en su hogar? ¿De qué modo podemos saber qué es lo correcto en la conducta cristiana y qué es lo incorrecto?

Establezcamos, primeramente, un hecho que jamás debemos olvidar. Mientras que un ídolo nada es, Satanás, por otra parte, es muy real. Existe un diablo, y hay espíritus malignos, tal como hay un Dios y hay ángeles. Por consiguiente, no podemos decir que todo lo que no es Dios «nada» es. Debemos descubrir qué cosas son hechas con poder satánico, y rehusar tener algo que ver con ellas. Hay algunas «ayudas» y algún «conocimiento» que son buenos y no malignos, pero debemos saber cómo juzgar entre lo que es bueno y lo que es malo.

Aquí hay algunas sugerencias. Hágase estas preguntas:

1. ¿Desacredita a Dios lo que yo hago?
2. ¿Destruye mi fe en Dios la confianza que tengo en «lo» que hago?
3. ¿Será que confío en «lo» que hago porque tengo temor de los poderes malignos?
4. ¿Provoca daño a mi cuerpo, que es el templo de Dios, «lo» que hago?
5. ¿Causa daño a mi hermano, que es un hijo de Dios, «lo» que hago?

Tomemos un ejemplo y ensayemos esta prueba. Supónga que tenemos un fetiche en nuestra casa:

1. ¿Desacredita eso a Dios? La respuesta es: «Sí».
2. ¿Destruye mi fe en Dios la confianza que tengo en él? La respuesta es: «Sí».
3. ¿Confío en él porque temo a los poderes malignos? La respuesta es: «Sí».
4. ¿Daña a mi cuerpo que es el templo de Dios? La respuesta es: «No».
5. ¿Perjudica a mi hermano que es un hijo de Dios? La respuesta es «Sí».

El resultado de nuestra prueba son cuatro «sí» y un «no». Claramente eso significaría que un fetiche es algo malo y que Dios estaría desagradado si un creyente lo tuviese.

Ensayemos ahora nuestra prueba en alguna otra cosa. ¿Es incorrecto ir a un hospital cuando uno está enfermo? Respondamos otra vez a nuestras preguntas.

1. ¿Desacredita eso a Dios? La respuesta es: «No».
2. ¿Destruye mi fe en Dios la confianza que pongo en ello? La respuesta es: «No necesariamente».
3. ¿Confío en él porque temo a los poderes malignos? La respuesta es: «No».
4. ¿Daña a mi cuerpo que es el templo de Dios? La respuesta es: «No, ayuda a mi cuerpo».
5. ¿Perjudica a mi hermano que es un hijo de Dios? La respuesta es: «No».

El resultado de nuestra prueba es de cuatro «no» y de un «no necesariamente». De esta prueba deducimos que un cristiano puede ir a un hospital cuando se encuentre enfermo. Como usted puede ver, la verdadera diferencia en estas dos pruebas es la confianza en los poderes malignos, opuestos al poder de Dios. El fetiche depende de poder espiritual para su éxito, pero no del Espíritu ni del poder de Dios. En el hospital, las medicinas y las ayudas nada tienen que ver con poderes espirituales. Son el resultado del conocimiento y de la ciencia. No se oponen a Dios, aun cuando no son utilizadas necesariamente por hombres que confían en Dios. (Por esta razón es que algunos cristianos prefieren no usar los hospitales o las medicinas que allí se dan, y eso está perfectamente bien para aquellos cuyas conciencias sufren trastornos por ir a un hospital. Un cristiano no debiera violar su conciencia.)

La sanidad divina es una provisión para el creyente. Es su privilegio ser sanado por el poder de Dios. La sanidad divina es la forma más alta de ayuda, y confiar en Dios es agradar a Dios. Sin embargo, Dios nos ha dado conocimiento, y no es malo usarlo mientras no esté asociado con el mal o reciba su poder de Satanás.

ESTA LIBERTAD VUESTRA

«¿POR EL CONOCIMIENTO TUYO, SE PERDERÁ EL HERMANO DÉBIL POR QUIEN CRISTO MURIO?»

1 Corintios 8:9-13

9 Pero mirad que esta libertad vuestra no venga a ser tropezadero para los débiles.

10 Porque si alguno te ve a ti, que tienes conocimiento, sentado a la mesa en un lugar de ídolos, la conciencia de aquel que es débil, ¿no será estimulada a comer de lo sacrificado a los ídolos?

11 Y por el conocimiento tuyo, se perderá el hermano débil por quien Cristo murió.

12 De esta manera, puse, pecando contra los hermanos, e hiriendo su débil conciencia, contra Cristo pecáis.

13 Por lo cual, si la comida le es a mi hermano ocasión de caer, no comeré carne jamás, para no poner tropiezo a mi hermano.

Volvamos al asunto de la libertad del creyente que procede de la comprensión de que los ídolos nada son. Pablo dice: «Mirad que esta libertad vuestra no venga a ser tropezadero para los débiles» (1 Corintios 8:9). Supongamos que el hermano con una conciencia débil ve al hermano sabio con su conciencia fuerte comer carne en el templo del ídolo. ¿Qué sucederá? El hermano débil, contra su conciencia, será estimulado a comer cosas que son ofrecidas a los ídolos. Luego, por el hecho de haber violado su conciencia, el hermano débil morirá espiritualmente, y ello por culpa del hermano más firme. Pablo dice que cuando un hermano fuerte peca (y advierte que lo denomina pecado) contra su hermano, ¡su pecado es en realidad contra Cristo, quien murió por el hermano débil lo mismo que por el hermano fuerte!

Pablo concluye el capítulo con algunas palabras muy fuertes para los «sabios». Él dice: «Si la comida le es a mi hermano ocasión de caer, no comeré carne jamás, para no poner tropiezo a mi hermano» (1 Corintios 8:13).

Muchos creyentes se oponen a esta clase de enseñanza. Desean vivir sus propias vidas de acuerdo a lo que es su interpretación de las Escrituras. Pero Pablo dice que esto no puede ser. Somos guardas de nuestro hermano. Dios nos responsabilizará por la manera en que nuestra conducta afecte la conducta de nuestro hermano.

1 CORINTIOS. . . NUEVE

PRIVILEGIOS DE UN PREDICADOR

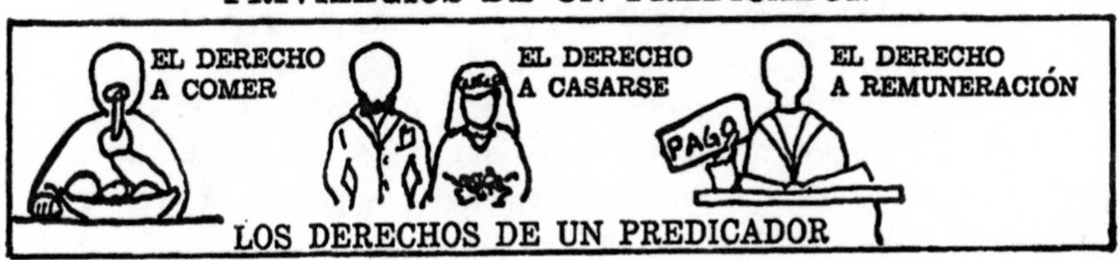

1 Corintios 9:1-6

¿No soy apóstol? ¿No soy libre? ¿No he visto a Jesús el Señor nuestro? ¿No sois vosotros mi obra en el Señor?

2 Si para otros no soy apóstol, para vosotros ciertamente lo soy; porque el sello de mi apostolado sois vosotros en el Señor.

3 Contra los que me acusan, esta es mi defensa:

4 ¿Acaso no tenemos derecho de comer y beber?

5 ¿No tenemos derecho de traer con nosotros una hermana por mujer como también los otros apóstoles, y los hermanos del Señor, y Cefas?

6 ¿O sólo yo y Bernabé no tenemos derecho de no trabajar?

La conducta de un predicador es tan importante como la conducta de cualquier otro creyente. En efecto, la gente observa a un predicador mucho más de cerca, y esperan más de un predicador que lo que esperan de los demás. Esto es tal como debe ser, por cuanto el predicador debiera ser un ejemplo de conducta bíblica.

Sin embargo, un predicador no es un ángel. Es un hombre común que es separado para un ministerio especial, y le son dados dones especiales con los cuales hacer su obra. Él tiene que hacer sacrificios especiales, y hay unos pocos privilegios que van junto con su trabajo.

Pablo era un apóstol, y su trabajo fue diferente del de otros ministros. Fue uno de los autores de las Escrituras, y tenía autoridad apostólica especial. La prueba de su apostolado era el hecho de que había visto al Señor. Pero en la mayor parte de las demás cosas su ministerio no difería del de los ministros de la actualidad. Por tanto, podemos aprender de él lo que son los privilegios del ministro. ¿Cuáles son estos privilegios? Mencionaremos tres:

1. Pablo dijo que él tenía el derecho de comer y beber... esto es, vivir una vida normal tal como los demás. Este es uno de los privilegios del ministro en la actualidad.

2. El apóstol dijo que él tenía el derecho de ser casado, tal como lo eran Pedro y los otros apóstoles. Este es uno de los privilegios del ministro en la actualidad.

3. Y dijo Pablo que él tenía derecho a recibir una paga por su predicación. Este es un privilegio del ministro en la actualidad.

Pablo no hizo uso de todos sus privilegios, pero quiso asegurarse de que los corintios comprendían que constituían el derecho de todo predicador. El hecho de que Pablo no hiciera uso de sus derechos no significaba que ellos habían de negárselos a otros predicadores o que habían de descuidar su responsabilidad como creyentes hacia el ministerio.

LA REMUNERACIÓN DEL PREDICADOR

1 Corintios 9:7-14

7 ¿Quién fue jamás soldado a sus propias expensas? ¿Quién planta viña y no come de su fruto? ¿O quién apacienta el rebaño y no toma de la leche del rebaño?

8 ¿Digo esto sólo como hombre? ¿No dice esto también la ley?

9 Porque en la ley de Moisés está escrito: no pondrás bozal al buey que trilla. ¿Tiene Dios cuidado de los bueyes,

10 o lo dice enteramente por nosotros? Pues por nosotros se escribió; porque con esperanza debe arar el que ara, y el que trilla, con esperanza de recibir del fruto.
11 Si nosotros sembramos entre vosotros lo espiritual, ¿es gran cosa si segáremos de vosotros lo material?
12 Si otros participan de este derecho sobre vosotros, ¿cuánto más nosotros? Pero no hemos usado de este derecho, sino que lo soportamos todo, por no poner ningún obstáculo al evangelio de Cristo.
13 ¿No sabéis que los que trabajan en las cosas sagradas, comen del templo, y que los que sirven al altar, del altar participan?
14 Así también ordenó el Señor a los que anuncian el evangelio, que vivan del evangelio.

La fidelidad a Dios en asuntos de dinero es una de las mejores pruebas del amor de un creyente por el Señor. Un cristiano que es generoso, fiel, y sacrificado con el dinero ha aprendido el gozo de dar de lo que recibe. Pablo sabía que el hecho de que él trabajara con sus propias manos podría hacer creer a los corintios que todos los ministros debieran hacer lo mismo. Él sabía que si ellos no aprendían el método bíblico de manejar el dinero de Dios llegarían a negarse a sí mismos las bendiciones que vienen de Dios por medio de dar. Por tanto, él se tomó el tiempo para enseñarles, porque era importante para la salud espiritual de ellos como también era importante para la obra de Dios. Echemos una mirada al plan de Dios para el sustento del ministerio.

Pablo dijo que un soldado no paga sus propios salarios. El campesino tiene derecho a comer del fruto de su trabajo. El pastor puede beber de la cosecha de su rebaño (1 Corintios 9:7). «Porque en la ley de Moisés está escrito»: dice Pablo «No pondrás bozal al buey que trilla». ¿Hablaba Moisés únicamente respecto a los bueyes? ¡Por supuesto que no! ¡Él hablaba respecto a los ministros de Dios! (1 Corintios 9:10).

En seguida Pablo muestra cómo funciona el plan de Dios.

El predicador ha de sembrar «lo espiritual». Ha de segar «lo material» de su congregación. Cuando Pablo habla de lo material no quiere decir con ello cosas malas sino más bien cosas «no espirituales», es decir, el producto de la cosecha de ellos, de sus rebaños, y su dinero (1 Corintios 9:11).

¿Qué proporción de sus cosechas, de sus rebaños y de su dinero (cosas materiales) debieran las congregaciones dar al predicador? ¿Hay alguna cantidad definida? Sí, los versículos que vienen a continuación indican que la hay. «¿No sabéis», dice Pablo, «que los que trabajan en las cosas sagradas, comen del templo, y que los que sirven al altar, del altar participan? ASÍ TAMBIÉN ORDENÓ EL SEÑOR a los que anuncian el evangelio, que vivan del evangelio» (1 Corintios 9:13, 14). Estas son instrucciones muy precisas y específicas. No dejan duda alguna respecto a lo que debiera ser la conducta del creyente en dar parte para el ministerio.

Pablo dijo: «ASÍ TAMBIÉN». ¿Así también qué? ¿A qué se refería cuando dijo: «Así también»? Se refería a la manera en que lo hacían en el Antiguo Testamento bajo la ley levítica. Esta no dejaba dudas respecto a lo que era la responsabilidad de los israelitas. Levítico 27:30-32 dice:

> «Y el diezmo de la tierra, así de la simiente de la tierra como del fruto de los árboles, de Jehová es; es cosa dedicada a Jehová. Y si alguno quisiera rescatar algo del diezmo, añadirá la quinta parte de su precio por ello. Y todo diezmo de vaca o de ovejas, de todo lo que pasa bajo la vara, el diezmo será consagrado a Jehová».

Luego, en Números 18:20, 21 y 24 leemos de la provisión para los levitas:

> «Y Jehová dijo a Aarón: De la tierra de ellos no tendrás heredad, ni entre ellos tendrás parte. Yo soy tu parte y tu heredad en medio de los hijos de Israel. Y he aquí *yo he dado a los hijos de Leví todos los diezmos en Israel por heredad, por su ministerio, por cuanto ellos sirven en el ministerio del tabernáculo de reunión... Porque a los levitas he dado por heredad los diezmos de los hijos de Israel*».

Hay muchas otras referencias en Levítico y en Números que nos dicen que los sacerdotes deberían ser «participantes de las ofrendas», y que el diezmo de los israelitas les pertenecía. Este era el plan que Pablo tenía en mente cuando dijo: «Así también». ¡Pablo no dejó dudas en cuanto a lo que quería decir, y dijo que era algo que «ORDENÓ EL SEÑOR»! Si el mismo Señor ordenó que los creyentes en la actualidad siguieran el plan levítico de diezmar para el ministerio, ¿ se atreve algún creyente a decir que el diezmo era para los que estaban bajo la ley y no para nosotros hoy? ¡Absolutamente no! ¡El diezmo es el plan de Dios para el mantenimiento del ministerio en la actualidad!

Hay muchos otros pasajes, en el Antiguo y Nuevo Testamento, que nos hacen saber que el diezmo es para hoy. Por ejemplo:

1. Abraham pagó diezmos a Melquisedec. Este era un tipo de Cristo, y Abraham es el padre de los hijos de la promesa. Somos hijos de la promesa, y debiéramos pagar nuestros diezmos al Señor (Hebreos 7:1-10).
2. El profeta Malaquías les dijo a los hijos de Dios que le estaban robando a Dios por no estar pagando sus diezmos ni dando sus ofrendas (Malaquías 4:8-10).
3. Jesús dijo que: «Si vuestra justicia no fuere mayor que la de los escribas y fariseos, no entraréis en el reino de los cielos» (Mateo 5:20). Los escribas y los fariseos se enorgullecían de pagar diezmos de todo . . . de la menta, del eneldo, y del comino. Los hijos de Dios no pueden hacer menos que los escribas y los fariseos. ¡Jesús dijo que sus seguidores deberían hacer más!

Así que, si estamos dispuestos a hacer lo que el Señor mismo ha ordenado, lo haremos ASÍ TAMBIÉN como lo hicieron en el Antiguo Testamento. Pagaremos diezmos y daremos los primeros frutos de todo lo que Dios nos da para el mantenimiento del ministerio.

LA RECOMPENSA DEL PREDICADOR

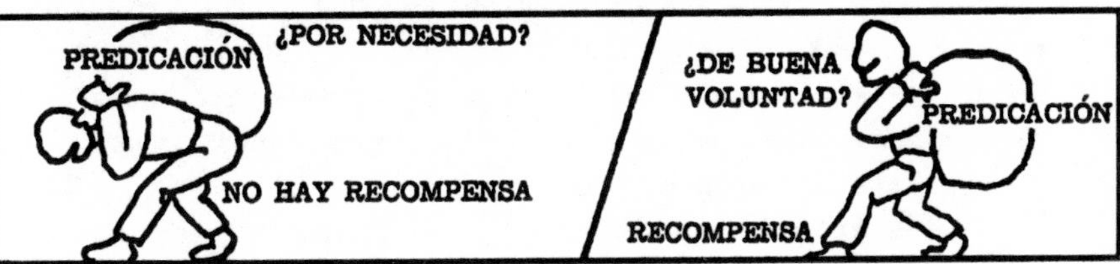

1 Corintios 9:15-23

15 Pero yo de nada de esto me he aprovechado, ni tampoco he escrito esto para que se haga así conmigo; porque prefiero morir, antes que nadie desvanezca esta mi gloria.

16 Pues si anuncio el evangelio, no tengo por qué gloriarme; porque me es impuesta necesidad; y ¡ay de mí si no anunciare el evangelio!

17 Por lo cual, si lo hago de buena voluntad, recompensa tendré; pero si de mala voluntad, la comisión me ha sido encomendada.

18 ¿Cuál, pues, es mi galardón? Que predicando el evangelio presente gratuitamente el evangelio de Cristo, para no abusar de mi derecho en el evangelio.

19 Por lo cual, siendo libre de todos, me he hecho siervo de todos para ganar a mayor número.

20 Me he hecho a los judíos como judío, para ganar a los judíos; a los que están sujetos a la ley (aunque yo no esté sujeto a la ley) como sujeto a la ley, para ganar a los que están sujetos a la ley;
21 a los que están sin ley, como si yo estuviera sin ley (no estando yo sin ley de Dios, sino bajo la ley de Cristo), para ganar a los que están sin ley.
22 Me he hecho débil a los débiles, para ganar a los débiles; a todos me he hecho de todo; para que de todos modos salve a algunos.
23 Y esto hago por causa del evangelio, para hacerme copartícipe de él.

El apóstol Pablo no tomó la paga que le correspondía por su ministerio. Sin embargo, él fue recompensado. Una recompensa es diferente de una paga. Una recompensa no es algo que se adeuda, sino que es dada como un don por servicios especiales rendidos sin esperanza de recibir pago. ¿ Cuál fue la recompensa de Pablo? Él lo dijo: «Que predicando el evangelio, presente gratuitamente el evangelio de Cristo, para no abusar de mi derecho en el evangelio» (1 Corintios 9:18). El gran temor de Pablo era que él pudiera hacer algo que apartara a los hombres de Cristo. Aun cuando tenía derecho a recibir paga, se pasaría sin ella antes que arriesgar la posibilidad de que alguien pensara que estaba usando su ministerio para «ganar dinero». *Su recompensa, entonces, era ver almas salvadas.* Estaba dispuesto a hacer *cualquier* cosa para obtener esa recompensa.

Por tanto, Pablo dijo: «Me he hecho a los judíos como judío, *para ganar a los judíos,* a los que están sujetos a la ley (aunque yo no esté sujeto a la ley) como sujeto a la ley, *para ganar a los que están sujetos a la ley*; a los que están sin ley, como si yo estuviera sin ley (no estando yo sin ley de Dios, sino bajo la ley de Cristo), *para ganar a los que están sin ley.* Me he hecho débil a los débiles, *para ganar a los débiles,* a todos me he hecho de todo, *para que de todos modos salve a algunos.* El *«salvar a algunos» era la única motivación de Pablo.* No estaba en contra de tomar dinero por su ministerio, pero si trabajando con sus manos podía ver más hombres salvados para Cristo, estaba dispuesto a privarse del derecho a recibir paga. En efecto, él dijo que moriría antes de que alguien le quitara la «gloria» de hacer *de buena gana* la voluntad de Cristo. El no podía evitar el predicar. Era una «comisión»... una tarea que Dios le había dado. Pero él sabía que si lo hacía de mala gana no habría recompensa... no habría gloria. Porque se sacrificó y trabajó con sus manos. . . por ser servidor de todos de buen ánimo, ganó para sí gloria y recompensa. ¡Qué espíritu tenía Pablo! ¡Qué hombre de Dios!

Conviene recordar que Pablo no llegó a ser judío por querer judaizar. Él no se sometió a la ley por querer obedecer la ley. No actuó como uno que no está bajo la ley porque careciera de respeto por la ley. No se hizo débil porque prefiriera ser débil. Él se hizo todas las cosas a todos los hombres con tan solo un propósito. . . *¡que pudiera por todos los medios, ganar a algunos!*

Si por llegar a ser como aquellos con los que trabajaba (sin pecar, por supuesto), él podía ganarlos para Cristo, entonces estaba dispuesto a hacerlo. *Su propósito no era llegar a ser como aquellos con los que trabajaba. ¡Su propósito era ganarlos para Cristo!* Estaba dispuesto a hacer lo que fuese necesario para alcanzar su meta.

LA AUTODISCIPLINA DEL PREDICADOR

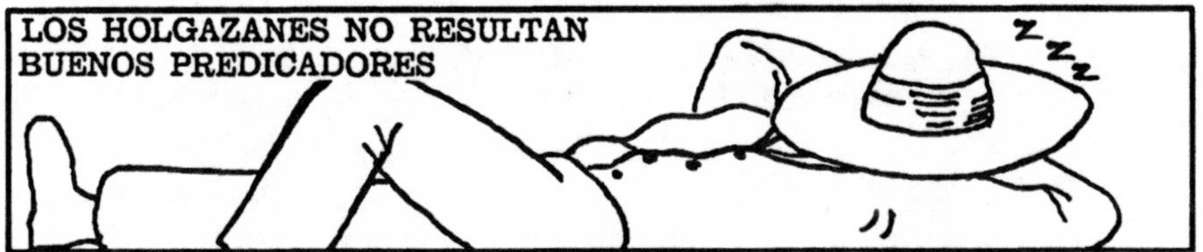

1 Corintios 9:24-27

24 ¿No sabéis que los que corren en el estadio, todos a la verdad corren, pero uno solo se lleva el premio? Corred de tal manera que lo obtengáis.

25 Todo aquel que lucha, de todo se abstiene; ellos, a la verdad, para recibir una corona corruptible, pero nosotros, una incorruptible.

26 Así que, yo de esta manera corro, no como a la ventura; de esta manera peleo, no como quien golpea el aire,

27 sino que golpeo mi cuerpo, y lo pongo en servidumbre, no sea que habiendo sido heraldo para otros, yo mismo venga a ser eliminado.

Un creyente, especialmente un predicador, debiera estar dispuesto a hacer lo que fuese necesario para ganar almas. Esto a menudo requiere sacrificio y negación de sí mismo, como sucedió en el caso de Pablo. Requiere también autodisciplina. Pablo dijo que era como un corredor que desea ganar una carrera. Muchos pueden correr en una carrera pero tan solo uno puede ganar. Si hemos de hacer la obra de Dios como debiera hacerse, tendremos que adiestrarnos para ella, tendremos que ser moderados en todas las cosas, tendremos que disciplinar nuestros cuerpos y nuestras mentes.

Esto significa que un predicador no puede ser holgazán. ¡Los holgazanes no ganan carreras, y los predicadores holgazanes no ganan almas! Un predicador que no estudia para sus mensajes no tiene con qué alimentar a la gente, y no tendrá éxito en edificarlos en la fe. Fracasará en ganar almas. Será un perdedor.

Pablo dice: «Peleo, no como quien golpea el aire». Él sabía que su enemigo era real, y no tenía intención de permitir que el diablo lo venciera. Pero sabía que no podía vencer al diablo con una mente blanda y con un espíritu flojo. Pablo sometía a disciplina aun a su cuerpo. No era obeso y descuidado. Sus músculos eran duros. Se mantenía en buena condición física. No le tenía temor al trabajo. «Golpeo mi cuerpo, y lo pongo en servidumbre», dijo él (1 Corintios 9:27).

¿Por qué Pablo era tan severo consigo mismo? ¿Por qué exigía de sí más de lo que demandaba de los demás? Tenía una buena razón. Sabía que era posible que un predicador le predicara a otros y que fracasara en hacer lo que pedía a la gente que hiciera. Sabía que era posible salvar a otros y sin embargo, uno mismo perderse. Por eso dijo: «Golpeo mi cuerpo, y lo pongo en servidumbre, no sea que habiendo sido heraldo para otros, yo mismo venga a ser eliminado». ¡Que todo predicador esté sobre aviso! Que el ministro holgazán y despreocupado oiga lo que Pablo tiene que decir. ¡Habrá predicadores en el infierno cuyos convertidos estarán en el cielo!

1 CORINTIOS. . . DIEZ

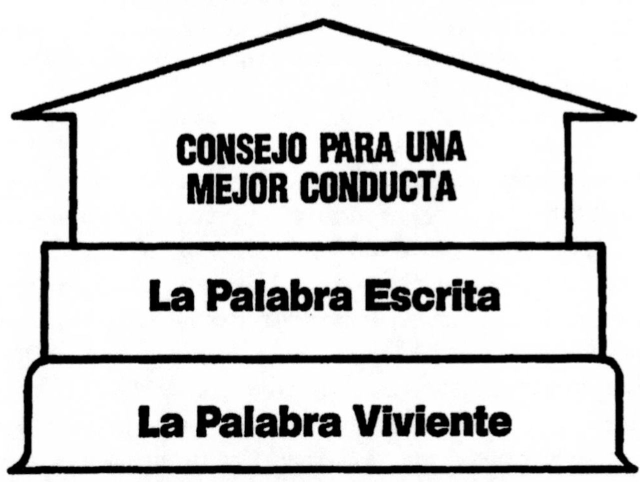

EJEMPLO DE LOS PADRES

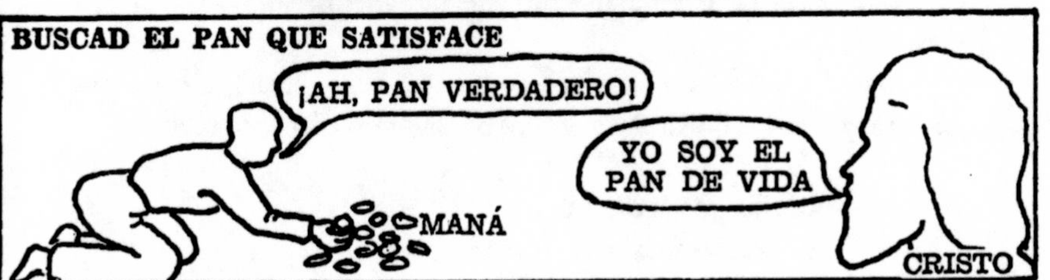

1 Corintios 10:1-12

Porque no quiero, hermanos, que ignoréis que nuestros padres todos estuvieron bajo la nube, y todos pasaron el mar;

2 y todos en Moisés fueron bautizados en la nube y en el mar,

3 y todos comieron el mismo alimento espiritual,

4 y todos bebieron la misma bebida espiritual; porque bebían de la roca espiritual que los seguía, y la roca era Cristo.

5 Pero de los más de ellos no se agradó Dios; por lo cual quedaron postrados en el desierto.

6 Mas estas cosas sucedieron como ejemplo para nosotros, para que no codiciemos cosas malas, como ellos codiciaron.

7 Ni seáis idólatras, como algunos de ellos, según está escrito: Se sentó el pueblo a comer y a beber, y se levantó a jugar.

8 Ni forniquemos, como algunos de ellos fornicaron, y cayeron en un día veintitrés mil.

9 Ni tentemos al Señor, como también algunos de ellos le tentaron, y perecieron por las serpientes.

10 Ni murmuréis, como algunos de ellos murmuraron, y perecieron por el destructor.

11 Y estas cosas les acontecieron como ejemplo, y están escritas para amonestarnos a nosotros, a quienes han alcanzado los fines de los siglos.

12 Así que, el que piensa estar firme, mire que no caiga.

Estos doce versículos siguientes son una continuación del pensamiento con el cual Pablo cerró el capítulo nueve. Usted puede tener salvación y perderla. Usted puede haber sido bendecido y liberado por Dios y sin embargo, su esqueleto puede calcinarse en el desierto. ¡Usted puede ser un dirigente y un ejemplo para otros pero, fallar en entrar a la tierra prometida usted mismo!

Esta era una genuina preocupación de Pablo mismo, y él también estaba preocupado por los corintios. Por eso dice, en los versículos 11 y 12: «Y estas cosas les acontecieron como ejemplo, y están escritas para amonestarnos a nosotros, a quienes han alcanzado los fines de los siglos. Así que, el que piensa estar firme, mire que no caiga». ¡Poderosas palabras! ¡Impactantes palabras!

Los Padres fueron ejemplos de muchas cosas buenas... cosas que tenían significado espiritual y que ellos no siempre comprendieron.

1. Todos ellos estuvieron bajo la nube.
2. Todos ellos pasaron el mar.
3. Todos comieron la misma carne espiritual.
4. Todos bebieron la misma bebida espiritual.
5. Todos bebieron de la Roca espiritual que los seguía: ¡y esa Roca era Cristo!

¡Qué gloriosas experiencias tuvieron los Padres! Pero parecía como si no comprendieran lo que les sucedía. Sabían que estaban ocurriendo milagros, pero no conocían el significado de esos milagros. Para ellos, la carne era carne... nada más. No veían la lección espiritual. No conocían la carne de hacer la voluntad del Padre y de concluir su obra. Jesús la conocía. «Yo tengo una comida que comer, que vosotros no sabéis» (Juan 4: 32). ¡Cuán semejantes a los Padres son los creyentes de la actualidad! Se maravillan cuando multiplica el pan, pero cuando él procura mostrarles el significado espiritual de lo que hace, al decir: «Yo soy el pan de vida», se alejan y dicen: «Dura es esta palabra; ¿quién la puede oír?» (Juan 6:60). Muchos creyentes derivan su bendición de lo que Cristo les da más bien que del conocimiento de Cristo. Quítenseles las bendiciones materiales, y se apartarán de Cristo.

¡Qué maravilloso es cuando los discípulos dicen a Jesús: «¿A quién iremos? Tú tienes palabras de vida eterna»! (Juan 6:68).

Pablo tenía temor de que lo que sucedió a los Padres sucediera también a los corintios. Los Padres estuvieron bajo la nube, pasaron el mar, comieron las codornices, bebieron el agua de la roca, pero no comprendieron que Dios intentaba revelarse por medio de los milagros. No tenían idea de que la Roca que los seguía era Cristo. No veían a Dios en lo que les sucedía.

¿Vemos nosotros también, únicamente las bendiciones materiales que Dios nos da? ¿Es eso lo único por lo cual servimos a Dios? ¿Nos apartaremos de Dios cuando las bendiciones nos sean quitadas? ¡Que Dios nos ayudé a hallar nuestro gozo y satisfacción en Cristo mismo y que no hagamos como hicieron los Padres y fracasemos en entrar a la tierra prometida!

¿Qué hicieron los Padres? A pesar de todas las bendiciones que recibieron:

1. Codiciaron cosas malas.
2. Fueron idólatras... adoradores de los placeres.
3. Cometieron fornicación y 23.000 murieron en un día.
4. Tentaron a Dios y fueron destruidos por serpientes.
5. Murmuraron y fueron destruidos por el destructor.

La súplica de Pablo a los corintios fue: «No hagan lo que hicieron los Padres. ¡Que no les suceda a ustedes!» Ahora, sería ridículo que Pablo les previniera de algo que fuera imposible que sucediera. Que no les engañen los que dicen que es imposible apostatar y perder nuestra salvación. ¡Les sucedió a los Padres y también puede sucedernos a nosotros!

LA COPA Y EL PAN

1 Corintios 10:13-21

13 No os ha sobrevenido ninguna tentación que no sea humana; pero fiel es Dios, que no os dejará ser tentados más de lo que podéis resistir, sino que dará también juntamente con la tentación la salida, para que podáis soportar.

14 Por tanto, amados míos, huid de la idolatría.
15 Como a sensatos os hablo; juzgad vosotros lo que digo. . .
16 La copa de bendición que bendecimos, ¿no es la comunión
de la sangre de Cristo? El pan que partimos, ¿no es la comunión
del cuerpo de Cristo?
17 Siendo uno solo el pan, nosotros, con ser muchos, somos
un cuerpo; pues todos participamos de aquel mismo pan.
18 Mirad a Israel según la carne; los que comen de los sacrifi-
cios, ¿no son partícipes del altar?
19 ¿Qué digo, pues? ¿Que el ídolo es algo, o que sea algo lo
que se sacrifica a los ídolos?
20 Antes digo que lo que los gentiles sacrifican, a los demonios
lo sacrifican, y no a Dios; y no quiero que vosotros os hagáis
partícipes con los demonios.
21 No podéis beber la copa del Señor, y la copa de los demo-
nios; no podéis participar de la mesa del Señor, y de la mesa de los
demonios.

Pablo hace que su amonestación alcance hasta el día presente. Él está todavía preocupado de que los creyentes vean la significación espiritual de la vida milagrosa que viven y que reconozcan la presencia de Cristo y la fuente de fortaleza que hay en ella para una conducta mejor. Ellos estimula a creer que no tienen que ser como los Padres. Los Padres fueron tentados y cayeron. No es necesario que ello le suceda a los creyentes de la actualidad.

¡Dios ha provisto un medio para vencer!

«No os ha sobrevenido ninguna tentación que no sea humana; pero fiel es Dios, que no os dejará ser tentados más de lo que podéis resistir, sino que dará también juntamente con la tentación *la salida*, para que podáis soportar» (1 Corintios 10:13).

¡Maravillosas palabras! ¡Qué seguridad después de aquella severa advertencia de los versículos 1-12! El peligro de caer está siempre presente. La posibilidad de caer es muy real. Pero, no es necesario caer. No tenemos que caer como cayeron los Padres. ¡Dios ha provisto una vía de escape! ¡Aleluya!

¿ De qué manera? ¿Cómo podemos resistir la tentación? ¿Cómo podemos evitar la idolatría? ¿Cuál es la reserva de fortaleza de la cual podemos echar mano? ¡Ah! Cristo debe ser nuestra fortaleza. Su sangre debe ser nuestro poder. Su cuerpo fue quebrantado por nosotros. Cada vez que bebemos de la copa de comunión podemos derivar fuerzas del conocimiento de que, por la muerte, Cristo destruyó el poder del diablo. Cada vez que partimos el pan juntos, nos identificamos con Cristo, el Pan de Vida, y reconocemos que somos su cuerpo, ¡una parte de aquel que triunfó sobre la muerte y resucitó victorioso! «Y si el Espíritu de aquel que levantó de los muertos a Jesús mora en vosotros, el que levantó de los muertos a Cristo Jesús vivificará también vuestros cuerpos mortales por su Espíritu que mora en vosotros» (Romanos 8:11). ¡Oh, gloria a Dios! ¡En Cristo hay una vía de escape!

Pero si hemos de escapar, debemos evitar también aquello que trae tentación. Es cierto que los ídolos nada son, que lo que se ofrece a los ídolos nada es (v. 19). Pero no es el ídolo, o lo que se ofrece al ídolo, lo que entraña peligro. La verdad es que «¡lo que los gentiles sacrifican, a los demonios lo sacrifican, y no a Dios!» (v. 20). El ídolo nada es, pero los gentiles no sacrificaban a los ídolos. Ellos ofrecían sus sacrificios a los demonios, y los demonios son enemigos de Dios. «No podéis beber la copa del Señor, y la copa de los demonios; no podéis participar de la mesa del Señor, y de la mesa de los demonios» (1 Corintios 10:21). ¡No puede haber lenguaje más claro que ese! Si hemos de escapar de la tentación, si hemos de vivir vidas cristianas victoriosas, no podemos tener nada que ver con los fetiches paganos y con la adoración a demonios. El hacer tal cosa sería invitar a la tentación. ¡Él hacer tal cosa sería fracasar como fracasaron los padres!

LA BÚSQUEDA DEL BENEFICIO DE MUCHOS

1 Corintios 10:22-33

22 ¿O provocaremos a celos al Señor? ¿Somos más fuertes que él?
23 Todo me es lícito, pero no todo conviene; todo me es lícito, pero no todo edifica.
24 Ninguno busque su propio bien, sino el del otro.
25 De todo lo que se vende en la carnicería, comed, sin preguntar nada por motivos de conciencia;
26 porque del Señor es la tierra y su plenitud.

27 Si algún incrédulo os invita, y queréis ir, de todo lo que se os ponga delante comed, sin preguntar nada por motivos de conciencia.
28 Mas si alguien os dijere: Esto fue sacrificado a los ídolos no lo comáis, por causa de aquel que lo declaró, y por motivos de conciencia; porque del Señor es la tierra y su plenitud.
29 La conciencia, digo, no la tuya, sino la del otro. Pues, ¿por qué se ha de juzgar mi libertad por la conciencia de otro?
30 Y si yo con agradecimiento participo, ¿por qué he de ser censurado por aquello de que doy gracias?
31 Si, pues, coméis o bebéis, o hacéis otra cosa, hacedlo todo para la gloria de Dios.
32 No seáis tropiezo ni a judíos; ni a gentiles, ni a la iglesia de Dios;
33 como también yo en todas las cosas agrado a todos, no procurando mi propio beneficio, sino el de muchos, para que sean salvos.

Pablo retrocede ahora al tema de los capítulos 8 y 9 que hablan de no ser causa de tropiezo para nuestro hermano y de hacer lo que sea necesario para que los hombres sean salvos. «Ninguno busque su propio bien, sino el del otro» (1 Corintios 10:24).

Es obvio que el asunto de carne sacrificada a los ídolos era algo muy común en la iglesia de Corinto. Es obvio también que había quienes estaban decididos a comprar y comer la carne porque eran lo suficientemente «sabios» como para saber que un ídolo nada es y que la carne ofrecida a los ídolos no puede, por tanto, contaminar a un hombre. Pablo repite lo que ha dicho anteriormente. Puede que no haya ley en contra de comer carne ofrecida a los ídolos ya que los ídolos nada son, pero aun cuando sea lícito comer carne, no sería conveniente ni edificaría si es que es causa de tropiezo para un hermano. Luego él da algunas instrucciones:

Si la carne se compra en el mercado, o si es servida en una fiesta, coma, y no haga preguntas. Pero si a usted le dicen que es carne ofrecida a ídolos, no coma. Podría usted ofender la conciencia del hermano que es débil y que se aflige cuando ve a los cristianos comer carne que ha sido ofrecida a los ídolos.

«Pues», dicen ustedes: «¿por qué se ha de juzgar mi libertad por la conciencia de otro? (1 Corintios 10:29). «¿Por qué (cuando comprendo la gracia de Dios y que un ídolo nada es) he de ser censurado por aquello de que doy gracias?» (1 Corintios 10:30). En otras palabras: «¿Por qué no puedo hacer aquello que sé que la ley me permite hacer? ¿Por qué tengo que privarme de comer carne tan solo porque mi hermano es débil ?» La respuesta es: porque el creyente no debe buscar su propio bien. No debe ser tropiezo, ni a los judíos, ni a los gentiles, ni a la iglesia de Dios. ¡Debe hacer todas las cosas para la gloria de Dios y debe procurar el «BENEFICIO ... DE MUCHOS, PARA QUE SEAN SALVOS»! (1 Corintios 10:31-33).

Esta clase de conducta cristiana, salvará almas y le dará la gloria a Dios. ¡No hay un llamamiento más alto!

1 CORINTIOS. . . ONCE

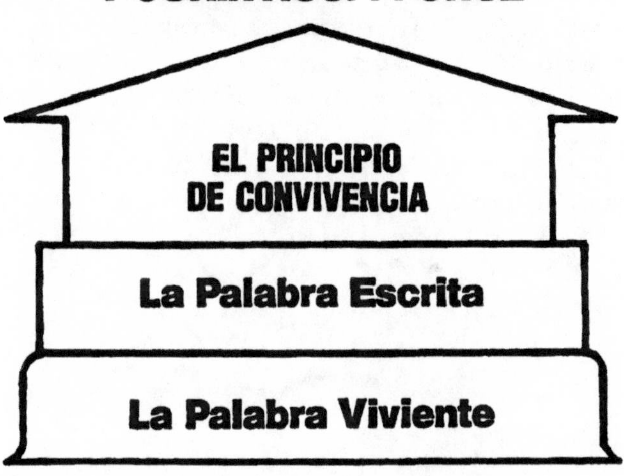

LA CABEZA DE AUTORIDAD

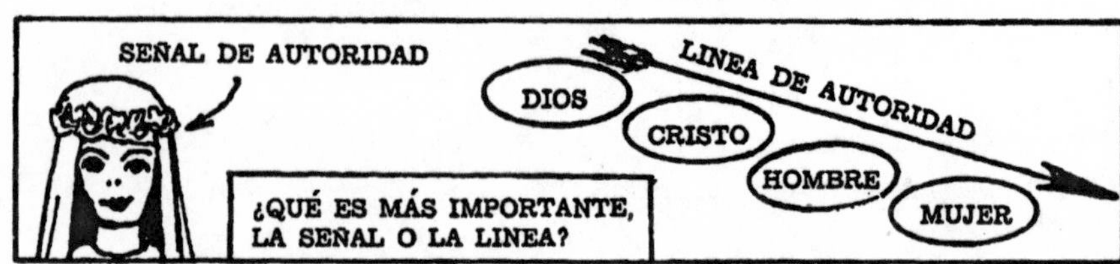

1 Corintios 11:1-16

Sed imitadores de mí, así como yo de Cristo.

2 Os alabo, hermanos, porque en todo os acordáis de mí, y retenéis las instrucciones tal como os las entregué.

3 Pero quiero que sepáis que Cristo es la cabeza de todo varón, y el varón es la cabeza de la mujer, y Dios la cabeza de Cristo.

4 Todo varón que ora o profetiza con la cabeza cubierta, afrenta su cabeza.

5 Pero toda mujer que ora o profetiza con la cabeza descubierta, afrenta su cabeza; porque lo mismo es que si se hubiese rapado.

6 Porque si la mujer no se cubre, que se corte también el cabello; y si le es vergonzoso a la mujer cortarse el cabello o raparse, que se cubra.

7 Porque el varón no debe cubrirse la cabeza, pues él es imagen y gloria de Dios; pero la mujer es gloria del varón.

8 Porque el varón no procede de la mujer, sino la mujer del varón.

9 Y tampoco el varón fue creado por causa de la mujer, sino la mujer por causa del varón.

10 Por lo cual la mujer debe tener señal de autoridad sobre su cabeza, por causa de los ángeles.

11 Pero en el Señor, ni el varón es sin la mujer, ni la mujer sin el varón;

12 porque así como la mujer procede del varón, también el varón nace de la mujer; pero todo procede de Dios.

13 Juzgad vosotros mismos: ¿Es propio que la mujer ore a Dios sin cubrirse la cabeza?

14 La naturaleza misma ¿no os enseña que al varón le es deshonroso dejarse crecer el cabello?

15 Por el contrario, a la mujer dejarse crecer el cabello le es honroso; porque en lugar de velo le es dado el cabello.

16 Con todo eso, si alguno quiere ser contencioso, nosotros no tenemos tal costumbre, ni las iglesias de Dios.

En la primera mitad de este capítulo se trata el asunto de las «líneas de autoridad dentro de la Iglesia». Es importante destacar dos cosas:

1. El principio de convivencia concerniente a líneas de autoridad.
2. La práctica en la iglesia que indica el respeto por el principio de convivencia.

El principio de convivencia es una cosa fija y no cambia. Es la ordenanza establecida en el versículo 3, que dice: «Pero quiero que sepáis que Cristo es la cabeza de todo varón, y el varón es la cabeza de la mujer, y Dios la cabeza de Cristo». Podemos ilustrar lo de esta manera:

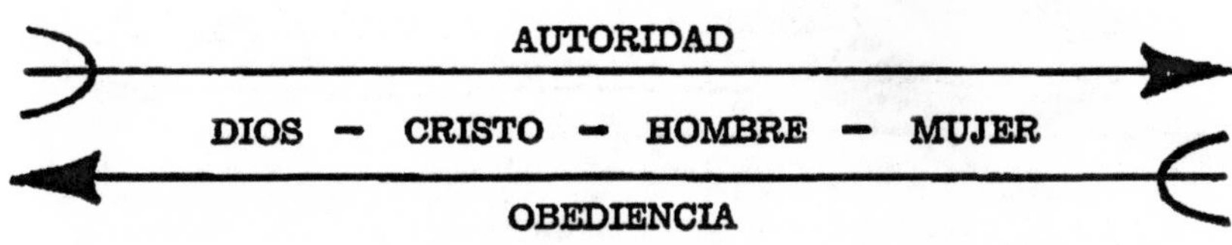

El orden de autoridad en la Trinidad es un misterio que conoceremos en su plenitud solamente cuando conozcamos como fuimos conocidos (1 Corintios 13:12). Lo que ahora conocemos respecto del orden de autoridad en la Trinidad es que la cabeza de Cristo es Dios. Puesto que hay armonía perfecta en la Divinidad, no intentaremos aquí meternos en la relación Dios- Cristo.

De lo que necesitamos hablar es de la relación Cristo-hombre, y de la relación hombre-mujer. La conducta del hombre debe estar basada en una adecuada relación a Cristo, y la conducta de la mujer debe estar basada en una adecuada relación a su marido. Cuando se destruye el respeto por estas líneas de autoridad, se destruyen la paz y el contentamiento. Un hombre no puede desempeñar sus tareas de hombre en la forma debida a menos que constituya a Cristo como cabeza de su vida. Todo cuanto haga debe estar centrado en Cristo, él debe ser su fundamento.

Una mujer también debe tener a Cristo como su centro; y debe ser su fundamento, pero para cumplir adecuadamente las funciones de esposa, debe reconocer a su marido como su cabeza y como cabeza de la familia que Dios les ha dado. Este es el principio de convivencia que se aplica a todos los creyentes casados en todo el mundo. No cambia con la cultura, con las costumbres, o con el tiempo.

Estas líneas de autoridad no privan al hombre o a la mujer de su dignidad ni de su derecho a realizarse en la vida. En efecto, definen el papel de cada uno, y cada uno, al cumplir su papel respectivo, encuentra la felicidad al saber que está haciendo la voluntad de Dios.

Unicamente cuando la mujer desea tener la autoridad que Dios le ha dado al hombre es que su vida se hace miserable y vive desajustada. Esto hace miserable a su marido y pronto el hogar es un sitio de discusiones y de contienda. Cuando una mujer rehusa aceptar el papel que Dios le ha dado a la mujer, su hogar se convierte en un infierno. Pero no es tan solo la mujer quien debe estar en sujeción. El hogar se transformará en un infierno si es que el hombre desea ser «señor» en su casa. Cristo debe ser la cabeza del hogar y del hombre en el hogar. Cuando el hombre se somete a Cristo, tratará a su esposa con amor y sus hijos sabrán que su padre tiene a alguien que es su superior, aun cuando él está por encima de ellos y de su madre.

El hecho de que un hombre sea la cabeza de su esposa no significa que no debieran compartir y trabajar juntos en las responsabilidades del hogar. Debiera haber comunicación constante en todas las cosas. No debiera haber secretos entre ellos. No debieran esconder sus sentimientos el uno del otro, ya que únicamente pueden ayudarse el uno al otro si es que comparten sus problemas.

Muchos hombres no dicen nada a su esposa respecto de su trabajo. No desean que ella sepa lo referente a sus asuntos de dinero. No desean que la esposa sepa lo que hacen cuando están fuera del hogar. Esto puede conducir únicamente a dificultades. La autoridad de un hombre no sufre menoscabo si cuenta a su esposa lo que hace en el trabajo y dónde se halla cuando no está en casa. Efectivamente, su esposa lo amará más, y tendrá mayor confianza en él, si le cuenta esto. No es necesario que la esposa guarde el dinero o lleve las cuentas de su marido, pero la hará feliz si recibe información, y la ayudará a vivir dentro de los límites de las entradas de la familia.

Un hombre debe también ayudar a su esposa en la educación de los hijos. Efectivamente, la Biblia dice con claridad que esta es principalmente la responsabilidad del hombre. Sin embargo, muchos hombres fracasan aquí. Dejan que la esposa se encargue de la educación de los hijos, y cuando llegan a casa de su trabajo, no prestan atención a su familia. Esto está mal, y el hombre que hace esto no se sujeta a la autoridad de Cristo que es quien lo responsabiliza por su esposa y por sus hijos.

Pero, las mujeres también tienen su responsabilidad. El trabajo de una mujer en el hogar difiere en cada país y cultura. La Biblia no dice exactamente cuál es el trabajo de una mujer. Lo que dice es que ella debiera ser una buena dueña de casa, que alimente a la familia y que los mantenga bien vestidos. Proverbios 31:10-29 da una espléndida descripción de las responsabilidades de una esposa. Una mujer debiera tener también un espíritu manso y apacible. Una mujer que tenga una lengua aguda puede destruir la paz de un hogar, del mismo modo como el hombre que no manifiesta amor por su esposa puede hacer que a ella le parezca el mismo infierno estar sometida a él.

Pero lo importante de recordar es el principio de convivencia: Dios la cabeza de Cristo; Cristo la cabeza del hombre; y el hombre la cabeza de la mujer. Cuando se siguen estas líneas de autoridad, el hogar será un testimonio de piedad y de paz que atraerá a los hombres a Cristo y hará que se salven.

Hablemos ahora respecto a prácticas en la iglesia que indican el respeto por el principio de convivencia. En la iglesia de Corinto, las mujeres cubrían su cabeza en señal de respeto por tal principio. ¿Debieran los creyentes practicar esto en la actualidad? Pablo señaló tres cursos de acción:

1. El uso de un velo para indicar respeto por el principio. (1 Corintios 11:5-7, 10,13).

2. El cabello de una mujer puede ser considerado como su velo. (1 Corintios 11: 15).

3. Si hubiera contienda sobre el uso de velo, no debería imponerse regla alguna (1 Corintios 11: 16).

Es obvio que Pablo creía y enseñaba que una mujer debería cubrir su cabeza mientras oraba. El velo que se usaba entonces era una tela pesada que cubría el rostro. No era un sombrero o un artículo de belleza. Cubría cualquier belleza que tuviese la mujer, e indicaba por consiguiente su humildad y sujeción a su marido.

La cuestión de si todas las mujeres creyentes de todos los países y culturas deberían adoptar la práctica de los días de Pablo es un asunto que encaran todas las iglesias. No vamos a decir aquí lo que cada uno debe hacer. Lo que señalamos es que Pablo también habló del cabello de una mujer como velo (v. 5), y que dijo: «Si alguno quiere ser contencioso, nosotros no tenemos tal costumbre, ni las iglesias de Dios». De este modo Pablo no fue inflexible respecto de la práctica usada para ilustrar el principio, sino que fue inflexible respecto del principio de convivencia, es decir, que las mujeres debieran estar sujetas a sus maridos, tal como sus maridos debían estar sujetos a Cristo y Cristo a Dios. El principio de convivencia no cambia. ¡Las costumbres cambian!

LA CENA DEL SEÑOR

1 Corintios 11:17-34

17 Pero al anunciaros esto que sigue, no os alabo; porque no os congregáis para lo mejor, sino para lo peor.

18 Pues en primer lugar, cuando os reunís como iglesia, oigo que hay entre vosotros divisiones; y en parte lo creo.

19 Porque es preciso que entre vosotros haya disensiones, para que se hagan manifiestos entre vosotros los que son aprobados.

20 Cuando, pues, os reunís vosotros, esto no es comer la cena del Señor.

21 Porque al comer, cada uno se adelanta a tomar su propia cena; y uno tiene hambre y otro se embriaga.

22 Pues qué, ¿no tenéis casas en que comáis y bebáis? ¿O menospreciáis la iglesia de Dios, y avergonzáis a los que no tienen nada? ¿Qué os diré? ¿Os alabaré? En esto no os alabo.

23 Porque yo recibí del Señor lo que también os he enseñado: Que el Señor Jesús, la noche que fue entregado, tomó pan;

24 y habiendo dado gracias, lo partió, y dijo: Tomad, comed; esto es mi cuerpo que por vosotros es partido; haced esto en memoria de mí.

25 Asimismo tomó también la copa después de haber cenado, diciendo: Esta copa es el nuevo pacto en mi sangre; haced esto todas las veces que la bebiereis, en memoria de mí.

26 Así, pues, todas las veces que comiereis este pan, y bebiereis esta copa, la muerte del Señor anunciáis hasta que él venga.

27 De manera que cualquiera que comiere este pan o bebiere esta copa del Señor indignamente será culpado del cuerpo y de la sangre del Señor.

28 Por tanto, pruébese cada uno a sí mismo, y coma así del pan, y beba de la copa.

29 Porque el que come y bebe indignamente sin discernir el cuerpo del Señor, juicio come y bebe para sí.

30 Por lo cual hay muchos enfermos y debilitados entre vosotros, y muchos duermen.

31 Si, pues, nos examinásemos a nosotros mismos, no seríamos juzgados;

32 mas siendo juzgados, somos castigados por el Señor, para que no seamos condenados con el mundo.

33 Así que, hermanos míos, cuando os reunís a comer, esperaos unos a otros.

34 Si alguno tuviere hambre, coma en su casa, para que no os reunáis para juicio. Las demás cosas las pondré en orden cuando yo fuere.

En la primera sección de este capítulo, Pablo dijo a los corintios: «Os alabo» (1 Corintios 11: 2). ¡Comienza la segunda sección con estas palabras: «No os alabo»! (1 Corintios 11:17, 22). Evidentemente los corintios no estaban comportándose como es debido en su observancia de la cena del Señor. ¿Qué había de malo?

Todo estaba malo, porque los corintios habían cambiado la sencilla comida «conmemorativa» en una ocasión de festín y de borrachera. En lugar de un espíritu de unidad y de convivencia, había llegado a ser un tiempo de división entre los «que tenían» y los «que no tenían». Algunos traían su propio alimento y tenían un festín, y rehusaban compartir con los que nada tenían. La cena del Señor había llegado a ser todo lo que no debía ser.

Lo que estaba realmente mal era la actitud de los corintios hacia la cena del Señor. Su festejo y borrachera estaban totalmente mal. Pero su fracaso en comprender el significado de la cena del Señor era todavía peor. Comían y bebían indignamente, y eran por consiguiente culpables del cuerpo y de la sangre del Señor.

¿Hay alguien que sea digno de comer de la cena del Señor? ¿Hay alguien que sea suficientemente bueno como para tomar de los símbolos de su cuerpo y de su sangre? ¿Qué significa «comer indignamente»?

El cuerpo de Jesús fue quebrantado para llevar los pecados y las enfermedades de todos los creyentes. Su sangre fue derramada «para que todo aquel que en él cree, no se pierda, mas tenga vida eterna» (Juan 3: 16). Por consiguiente, *la cena del Señor es la provisión y privilegio de todo creyente.* Nuestra fe en el «digno» Cordero de Dios nos hace «dignos» de participar. Somos pecadores salvados por gracia. No tenemos «dignidad» de nosotros mismos, *pero nuestra creencia es lo que hace la diferencia.* Jesús dice: «Tomad, comed; esto es mi cuerpo ... esta copa es el nuevo pacto en mi sangre; haced esto ... ¡en memoria de mí!» No vamos a recordar nuestra propia dignidad... porque no tenemos ninguna. ¡Lo que tenemos que recordar es que nuestra «indignidad» es cubierta por su «dignidad» y por creer esto somos aceptados por Dios!

¿Cómo es posible, entonces, comer «indignamente»?

1. Comemos indignamente cuando no comemos en fe (v. 26).

2. Comemos indignamente cuando no discernimos el cuerpo del Señor (v. 29).

Ya hemos hablado del primer caso. Discutamos el segundo. ¿Qué significa «no discernir el cuerpo del Señor»? Bueno, ¿qué es el cuerpo del Señor? ¿Es una organización eclesiástica? ¿Es un creyente individual? ¡No! *El cuerpo del Señor son todos los creyentes*, sin distinción de raza, nacionalidad o denominación.

Algunas organizaciones eclesiásticas tienen lo que llaman «comunión cerrada». Admiten únicamente a miembros de su grupo a comer la cena del Señor. Tales denominaciones no están discerniendo el cuerpo del Señor. Ellos dicen que únicamente los que pertenecen a su iglesia pertenecen al cuerpo de Cristo. ¡Qué profundo y terrible error! ¡Comen y beben condenación para sí mismos! Por esta causa muchos están debilitados y enfermos entre ellos... y muchos duermen (v. 30).

De modo que comer la cena del Señor es una cosa seria. No debiéramos tomarla livianamente. Debiéramos hacer tres cosas cuando comamos:

1. *Recordar.*
2. *Esperar.*
3. *Examinarnos a nosotros mismos.*

Debemos tener fe en lo que Cristo ha hecho, recordando que *fue por intermedio de su muerte y resurrección que fuimos hechos dignos.*

Debemos tener fe en lo que Cristo hará, con la esperanza de que vendrá otra vez, y observar la cena del Señor para mostrar que creemos que *él vendrá nuevamente.*

Debemos *examinarnos a nosotros mismos* y luego comer del pan y beber de la copa. Algunos se examinan a sí mismos y luego rehúsan comer y beber, pues dicen que son indignos. Pero al hacer esto demuestran que no comprenden que no es la dignidad de ellos sino la de Cristo lo que hace posible que ellos participen. No disciernen que *son ahora parte del cuerpo del Señor mediante la fe* y que rehusar comer es insultar la memoria de lo que Cristo ha hecho para que sean una parte del cuerpo.

De modo que Pablo les dice a los creyentes que se examinen a sí mismos porque:

1. Si se juzgan a sí mismos, Dios no los juzgará.
2. Si no se juzgan a sí mismos, entonces Dios los juzga.
3. Si rehusan el juicio de Dios, ¡serán juzgados con el mundo! (vv. 31,32).

1 CORINTIOS. . . DOCE

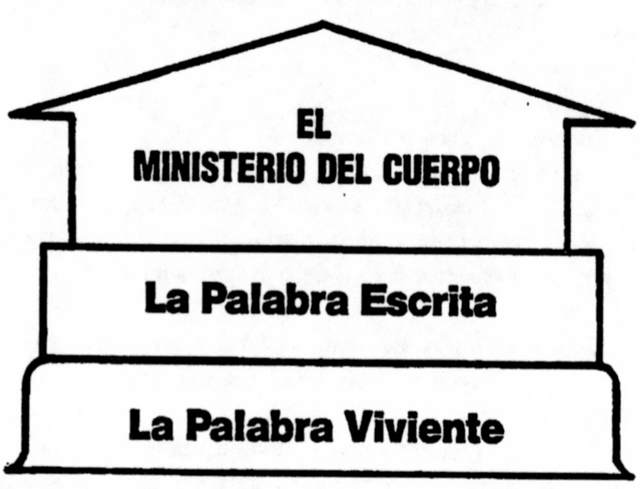

Antes de dividir este capítulo con fines de estudio, deberíamos señalar que existen muchas interpretaciones de lo que Pablo enseñó concerniente a los dones espirituales. No es nuestro propósito refutar las opiniones en boga. Más bien, nuestro deseo es presentar este capítulo de modo que resulte edificante a todos los que lean, y presentar la interpretación que nos parece más correcta. Puede que sea discutible la manera en que lo dividimos, pero nuestra esperanza es que la verdad presentada será de ayuda espiritual a todos. Comencemos por hacer resaltar varias cosas:

1. Dios no desea que los creyentes no sepan respecto a los dones espirituales (v. 1).
2. Nadie que hable por el Espíritu de Dios llama anatema a Jesús (v. 3).
3. Nadie puede decir que Jesús es el Señor sino por el Espíritu Santo (v. 3).
4. Hay diversidad de dones, pero el Espíritu es el mismo (v. 4).
5. Hay diversidad de ministerios, pero un mismo Señor (v. 5).
6. Hay diversidad de operaciones, pero es el mismo Dios que obra en todos (v. 6).
7. La manifestación del Espíritu le es dada a todo hombre para provecho (v. 7).

Haremos uso de los puntos 4,5 y 6 para nuestro bosquejo puesto que hablan de tres manifestaciones que son controladas por las tres personas de la Divinidad.

Deseamos señalar que toda la Divinidad se halla en acción en el cuerpo de Cristo. La Trinidad es tan unida y tan perfecta que sabemos que toda ella está presente en todo lo que se hace. «¡Dios que hace todas las cosas en todos, es el mismo!» (v. 6). Vayamos ahora a nuestro bosquejo:

DIVERSIDAD DE DONES... EL ESPÍRITU ES EL MISMO

1 Corintios 12:1-11

No quiero, hermanos, que ignoréis acerca de los dones espirituales.

2 Sabéis que cuando erais gentiles, se os extraviaba llevándoos, como se os llevaba, a los ídolos mudos.

3 Por tanto, os hago saber que nadie que hable por el Espíritu de Dios llama anatema a Jesús; y nadie puede llamar a Jesús Señor, sino por el Espíritu Santo.

4 Ahora bien, hay diversidad de dones, pero el Espíritu es el mismo.

5 Y hay diversidad de ministerios, pero el Señor es el mismo.

6 Y hay diversidad de operaciones, pero Dios que hace todas las cosas en todos, es el mismo.

7 Pero a cada uno le es dada la manifestación del Espíritu para provecho.

8 Porque a éste es dada por el Espíritu palabra de sabiduría; a otro, palabra de ciencia según el mismo Espíritu;

9 a otro, fe por el mismo Espíritu; y a otro, dones de sanidades por el mismo Espíritu.

10 A otro, el hacer milagros; a otro, profecía; a otro, discernimiento de espíritus; a otro, diversos géneros de lenguas; y a otro, interpretación de lenguas.

11 Pero todas estas cosas las hace uno y el mismo Espíritu, repartiendo a cada uno en particular como él quiere.

Nueve son los dones mencionados del Espíritu. No significa esto que no haya más. Esta posibilidad existe, pues los ministerios, de los cuales hablaremos al final del capítulo, también son llamados «dones». El nombre que se les dé no es lo que importa. Lo que sí importa de verdad es que el creyente eche mano de toda la ayuda espiritual que Dios ha provisto.

Los dones espirituales pueden ser una gran fuente de orgullo. Quienes los reciben a menudo piensan que son la bendición y especial aprobación de Dios sobre sus vidas. Tienen también tendencia a compararse con aquellos a los que no les han sido dados tales dones y sienten que son espiritualmente superiores a ellos. Esto es una gran equivocación, y Pablo tratará de esto: en el capítulo 13. «A cada uno le es dada la manifestación del Espíritu para provecho», para edificación personal y para la edificación del cuerpo: la Iglesia. Pablo tratará respecto al ejercicio de los dones para la edificación de la Iglesia en el capítulo 14. Mientras tanto, es importante, al iniciar nuestro estudio de los dones, recordar que los tales no son una medida de madurez o espiritualidad. Son dados para edificación.

Los nueve dones del Espíritu son:

1. La Palabra de sabiduría.
2. La Palabra de ciencia.

   Estos dos dones están íntimamente relacionados y tienen que ver con la clarividencia y comprensión sobrenatural necesarios para guiar y edificar la Iglesia. Pocos dones pueden ser más de desear para el ministro que estos. Una vez más el hombre de Dios es llamado a situaciones en las que tiene que tener «vista penetrante», hallar respuestas a problemas sin solución, y aconsejar a los que están en dificultades. ¡Qué maravilloso es en tales momentos experimentar la inspiración divina, tener una revelación de lo que se debe hacer, y permitir al Espíritu intervenir mediante una palabra de sabiduría o de conocimiento! Bienaventurado es el cuerpo de creyentes que tiene un miembro bendecido con estos dones.

3. Fe.

   Es un don que debe anhelarse (v. 31). Es un don que permite hacer lo imposible. Es un don que dice: «¡Puede hacerse!» Es un don que envía misioneros hasta lo último de la tierra, a lo desconocido y no contemplado en los mapas. Es un don que no cuenta el costo, que entrega su cuerpo para ser quemado, que mueve montañas. La fe edifica la fe. La fe edifica congregaciones. La fe levanta edificios de iglesias. La fe siempre es sobrenatural. ¡No hay una cosa tal como la «fe natural»!

4. Dones de sanidades.
   Nótese que es el mismo Espíritu el que da todos estos dones. El aspecto sobrenatural de este don es indiscutible. Si usted lo tiene, los resultados se dejarán ver. Si usted no lo tiene, su carencia del mismo será aparente para todos. Tal vez sea esta la razón por la cual muchos que han ejercido algún don de sanidad hayan sucumbido al pecado del orgullo. Es un don que tiene un potencial para colectar dinero y para la deshonestidad en su ejercicio. ¡Sin embargo, cómo busca el mundo a aquellos que tienen este don! Los hombres siguieron a Jesús a causa de las sanidades que realizaba. Sin embargo él siempre resistió la tentación de gozarse con la popularidad. ¡Siempre hacía que la gente se fijara en lo que era realmente importante: su relación con Dios! Que los que buscan los dones de sanidad se fijen bien en lo que es su motivación. Es un don que debe ser deseado y que se necesita grandemente en este mundo de enfermedad. ¡La Iglesia debiera orar que el Espíritu diera los dones a los hombres que tienen la fortaleza y la gracia para manejarlos!
5. La operación de milagros.
   Lo que hemos dicho referente a los dones de sanidades se aplica también a este don. Provoca la misma fascinación, tiene el mismo potencial para ser mal usado. Tiene que ver con lo milagroso aparte de las sanidades y es sobrenatural en todo sentido. Los hombres que tienen este don tienen poder con los elementos y con las cosas del mundo físico. Dios les usa para demostrar que él es distinto y superior a su creación. Jesús aquietó las aguas del mar de Galilea. Josué ordenó que el sol se detuviera. Elías hizo descender fuego del cielo. Milagros de esta clase serían los que el Espíritu daría al creyente que tuviese este don. Rara vez vemos milagros de esta magnitud en la actualidad, pero esto en ninguna manera es una prueba de que Dios no haya hecho provisión para ellos.
6. Profecía.
   «Seguid el amor; y procurad los dones espirituales, pero sobre todo que profeticéis» (1 Corintios 14:1). ¡Pablo consideraba que este era un don que debía desearse por sobre todos los

otros! ¿Por qué? Porque es el don mediante el cual los hombres oyen el plan de salvación y llegan a ser salvos. La sanidad física es linda, pero pertenece únicamente al cuerpo. Hombres que han sido sanados mueren a menudo en sus pecados. El don de profecía trata con lo eterno. Por consiguiente es el más grande de los dones. La profecía toma dos formas: predicción y proclamación. La primera forma requiere dotación sobrenatural. La segunda puede hacerse con la inteligencia natural o mediante inspiración espiritual. Cuando un predicador es inspirado y ungido, su proclamación es ungida por el Espíritu Santo y él habla «más allá de los límites de su inteligencia natural». Cuando esto sucede, se halla en el ejercicio del don de profecía. De modo que, el don es para predecir y proclamar y se destaca en la edificación y para provecho de la Iglesia. Está a disposición de los laicos y de los pastores igualmente y debiera buscarse con ahínco.

7. Discernimiento de espíritus.

«Amados, no creáis a todo espíritu, sino probad los espíritus si son de Dios; porque muchos falsos profetas han salido por el mundo» (1 Juan 4:1). Ya hemos hablado de la importancia del don de profecía, pero la inclusión de este don justamente después del de profecía indica que no podemos aceptar toda la profecía que se dé. Debe ser probada. Esta prueba puede hacerse con la inteligencia. «En esto conoced el Espíritu de Dios: Todo espíritu que confiesa que Jesucristo ha venido en carne, es de Dios; y todo espíritu que no confiesa que Jesucristo ha venido en carne, no es de Dios» (1 Juan 4:2,3). Pero a veces el espíritu del profeta no se somete a prueba con facilidad. El diablo es un lobo y a menudo se viste con piel de oveja. Se presenta en forma de un profeta, y aparenta gran espiritualidad. Aquí es donde el don de discernimiento de espíritus resulta esencial. Muchas congregaciones han sido descarriadas por quienes eran voceros del diablo, y los creyentes en su inocencia y falta de discernimiento, han sido conducidos a su destrucción. Nótese que este don es el discernimiento de espíritus. No deberíamos esperar que el don nos ayudara a discernir otras cosas. Está directamente relacionado a profecía falsa y a espíritus que niegan que Cristo es el Hijo de Dios. Hay gran peligro en la comunidad cristiana de hoy, y muchos teólogos niegan que Jesús es el Cristo, el Hijo del Dios viviente. Son hombres de palabras suaves y de mucha sabiduría. Pero son falsos profetas, y si alguna vez necesitamos ejercitar el don de discernimiento de espíritus, es hoy. ¡Señor, danos este gran don mediante tu Espíritu!

8. Diversos géneros de lenguas.
   Este es el don más prominente en las iglesias pentecostales. Tal vez se deba al hecho de que Dios ha elegido las lenguas como la señal mediante la cual sabemos que hemos sido bautizados en el Espíritu Santo. Todos los creyentes bautizados en el Espíritu han experimentado el hablar en lenguas. Sin embargo, no todos los creyentes bautizados en el Espíritu tienen el don de diversos géneros de lenguas. Este don es para la edificación del creyente, y de igual manera es para la edificación de la congregación. Tan importante es el ejercicio cuidadoso de este don que Pablo ocupa un capítulo entero para tratarlo. Por consiguiente, no hablaremos más aquí y estudiaremos el don de diversos géneros de lenguas en el capítulo 14.
9. Interpretación de lenguas.
   También estudiaremos este don en el capítulo 14. Las lenguas y la interpretación de lenguas se hallan íntimamente relacionadas y, en conjunto, pueden edificar la Iglesia del mismo modo como lo hace la profecía. Sin embargo, ambos necesitan una estrecha vigilancia. Esa es la razón de que el apóstol les trate de manera especial.

Concluyamos ahora nuestros comentarios sobre los versículos 1-11. El versículo 11 dice: «Pero todas estas cosas las hace uno y el mismo Espíritu, repartiendo a cada uno en particular como él quiere». Nótese que la «repartición» de los dones es a discreción y voluntad del Espíritu Santo. Existe una noción errónea de que una vez que un hombre ha recibido un don del Espíritu Santo, no le puede ser quitado. Esto significaría que, una vez que el Espíritu Santo da el don, no tiene poder para retirarlo. ¡Ya no es más un don del Espíritu Santo sino propiedad de un hombre! ¡Cuán equivocado es esto! ¡Los dones del Espíritu son dados como el Espíritu quiere, cuando y a quien él quiere! La cita de «Irrevocables son los dones y el llamamiento de Dios» es una pretensión de probar que «una vez un don, siempre un don». Hacer esto es torcer la Escritura e interpretar equivocadamente cómo y a quién son dados los dones y el llamamiento de Dios. Los llamamientos de Dios son para aquellos que el Espíritu elige, cuando y durante el tiempo que dura su elección.

No hay duda de que el creyente lleno del Espíritu que permanece sensible a la acción del Espíritu será usado en el ejercicio de los dones con mayor frecuencia que el creyente que es insensible. Esta es la razón por la que muchos creyentes parezcan «tener» un don. Pero si lo tienen es porque el Espíritu se los ha dado, y si él quiere quitárselos, puede hacerlo, y lo hará. ¡Qué maravilloso es ser usado consistentemente en el ejercicio de un don!

Otra cosa. El versículo 28, al hablar de ministerios que incluyen algunos de los dones, dice que «a unos puso Dios en la iglesia». Esto sería una fuerte indicación de que los dones del Espíritu Santo son dados a la Iglesia más bien que a creyentes individuales. Si esto es cierto, entonces es fácil comprender cómo un creyente es usado para ejercer un don en una ocasión y otro creyente es usado para ejercer el mismo don en otra ocasión; «... el mismo Espíritu, repartiendo a cada uno en particular como él quiere». Una congregación espiritualmente saludable debiera tener todos los dones del Espíritu a disposición para su edificación, a través de la acción de los miembros individuales para ejercerlos según sea la voluntad del Espíritu. Oremos para que así sea en toda congregación.

DIVERSIDAD DE MINISTERIOS... PERO, EL MISMO SEÑOR

1 Corintios 12:28-31

28 y a unos puso Dios en la Iglesia, primeramente apóstoles, luego profetas, lo tercero maestros, luego los que hacen milagros, después los que sanan, los que ayudan, los que administran, los que tienen don de lenguas.

29 ¿Son todos apóstoles? ¿Son todos profetas? ¿Todos maestros? ¿Hacen todos milagros?

30 ¿Tienen todos dones de sanidad? ¿Hablan todos lenguas? ¿Interpretan todos?

31 Procurad pues, los dones mejores. Mas yo os muestro un camino aun más excelente.

Note por favor que hemos dejado nuestro estudio de los versículos 12-27 hasta el final. Hacemos esto para acomodarnos al orden en que se han mencionado nuestras tres divisiones en los versículos 4-6. Note también, por favor, que hay una superposición de dones y de ministerios. Sin embargo, la labor que realizan los apóstoles, profetas, maestros, ayudantes, y administradores les señala claramente como dones de administración y justifica el clasificarlos como ministerios. No es preciso que comentemos el hecho de que los dones son del Espíritu y los ministerios concedidos por el Señor. ¡Bástenos saber que la Trinidad está en función en el cuerpo de Cristo! Deseamos citar ahora un pasaje paralelo a 1 Corintios 12:28. Se trata de Efesios 4:11-16. Citamos el pasaje entero en el cual Pablo habla de los dones de Cristo a los hombres.

«Y él mismo constituyó a unos apóstoles; a otros, profetas; a otros, evangelistas; a otros, pastores y maestros, a fin de perfeccionar a los santos para la obra del ministerio, para la edificación del cuerpo de Cristo, hasta que todos lleguemos a la unidad de la fe y del conocimiento del Hijo de Dios, a un varón perfecto, a la medida de la estatura de la plenitud de Cristo; para que ya no seamos niños fluctuantes, llevados por doquiera de todo viento de doctrina, por estratagema de hombres que para engañar emplean con astucia las artimañas del error, sino que siguiendo la verdad en amor, crezcamos en todo en aquel que es la cabeza, esto es, Cristo, de quien todo el cuerpo, bien concertado y unido entre sí por todas las coyunturas que se ayudan mutuamente, según la actividad propia de cada miembro, recibe su crecimiento para ir edificándose en amor».

Efesios menciona que los «dones de Cristo a los hombres» son apóstoles, profetas, evangelistas, pastores y maestros. En 1 Corintios 12:28 Pablo añade los dones de operación de milagros, dones de sanidades, ayudas, administraciones y diversidad de lenguas. Explicaremos las funciones de estos diferentes ministerios un poco más adelante, pero ahora mismo deseamos explicar la razón por la cual son dados:

1. Para perfeccionar a los santos
2. Para la obra del ministerio
3. Para la edificación del cuerpo de Cristo.

Los dones del Espíritu, incluyendo los dones de administración, son dones al cuerpo de Cristo. Él dijo en Mateo 16:18, «Edificaré mi iglesia». La edificación de la Iglesia, el cuerpo de Cristo, es la

TAREA que Cristo tiene como objetivo, y con el fin de edificar su Iglesia él ha dado dones que son «HERRAMIENTAS» mediante las cuales la TAREA pueda ser cumplida. Estas HERRAMIENTAS son, antes que nada, hombres espirituales: apóstoles, profetas, evangelistas, pastores y maestros que son líderes del cuerpo de santos que están predestinados a llegar a ser conformes a la imagen de Cristo (Romanos 8:29), y a crecer espiritualmente hasta «la medida de la estatura de la plenitud de Cristo». En adición a los hombres espirituales están las HERRAMIENTAS milagrosas de lo sobrenatural: los milagros, los dones de sanidades, y la diversidad de lenguas. ¡La edificación de la Iglesia de Cristo no debe ser hecha con palabras persuasivas de humana sabiduría, sino en la demostración del Espíritu y en poder! El crecimiento de la Iglesia es crecimiento milagroso. Finalmente, en adición a los *hombres* espirituales y a los *milagros* se hallan los dones de administración, tales como el de ayudas y el de administración propiamente tal, es decir, los *métodos* mediante los cuales funciona la Iglesia.

Todas las HERRAMIENTAS anteriormente nombradas: HOMBRES espirituales, MILAGROS y MÉTO DOS cumplen la TAREA de edificar el cuerpo de Cristo, la Iglesia. La edifican en dos maneras: (Efesios 4:16).

1. La hacen crecer
2. La edifican

Pero nótese que este crecimiento y edificación proceden de adentro. La Iglesia se propaga a sí misma y se edifica a sí misma en amor. Los dirigentes y los santos en unión, fortalecidos con los dones sobrenaturales y bajo el ministerio de ayudas y administraciones, crecen numéricamente y en lo espiritual a medida que cumplen la gran comisión de Jesús a través del mundo y se completa su cuerpo. ¡Aleluya!

Concluimos este comentario sobre los dones de administración con una explicación de lo que son:

1. Apóstoles — enviados — los doce se distinguen de los apóstoles posteriores en el hecho de que tuvieron autoridad especial y escribieron las Escrituras.
2. Profetas — heraldos del evangelio— pregoneros y videntes.
3. Evangelistas — fundadores de iglesias y precursores.
4. Pastores y maestros — instructores y edificadores de los santos.

5. Milagros, dones de sanidades, diversidad de lenguas — manifestaciones sobrenaturales para impulsar la edificación sobrenatural de la Iglesia.

6. Ayudas y administraciones — todo lo que ayuda a levantar y edificar el cuerpo de Cristo es una «ayuda». Las administraciones harían lo mismo. Toman la forma de herramientas de administración; cosas tales como edificios, equipo, constituciones, organizaciones nacional y de misiones. Todos son legítimos si ayudan a cumplir la TAREA de edificar la Iglesia de Cristo.

Pablo concluye ahora su discusión respecto a diferencias de administración mediante la formulación de una serie de preguntas. «¿Son todos apóstoles? ¿son todos profetas? ¿todos maestros? ¿hacen todos milagros? ¿tienen todos dones de sanidad? ¿hablan todos lenguas? ¿interpretan todos?» La respuesta obvia es: «No, claro que no». Nuestro estudio de la diversidad de dones, ministerios y operaciones en este capítulo indica que el Espíritu da como él quiere (v. 11). Cristo dio diferentes dones a los hombres (Efesios 4:8). Dios ha colocado los miembros en el cuerpo como él quiso (v. 18).

Si todos no hablan en lenguas, ¿es justo decir que todo creyente que es bautizado con el Espíritu Santo debiera hablar en lenguas? La respuesta es: «Sí, así debiera ser, porque la evidencia de ser lleno con el Espíritu es una cosa, el "don de diversos géneros de lenguas" es otra.

En el día de Pentecostés, cuando los creyentes fueron bautizados con el Espíritu Santo, «fueron *todos* llenos del Espíritu Santo, y comenzaron a hablar en otras lenguas, según el Espíritu les daba que hablasen» (Hechos 2:4). En el capítulo 12, cuando habla de los dones del Espíritu, Pablo indica que, «no todos hablan lenguas». Esto no es una contradicción. En los Hechos se habla de la evidencia inicial del bautismo con el Espíritu Santo. Corintios habla de dones concedidos a los creyentes bautizados en el Espíritu.

Es interesante notar lo que sucedió el día de Pentecostés. Juan el Bautista había prometido que los discípulos recibirían este bautismo «dentro de no muchos días» (Hechos 1:5), si es que esperaban en Jerusalén. De modo que lo que esperaban los discípulos en Pentecostés era el bautismo en el Espíritu Santo, es decir, la venida del Consolador que Jesús había prometido en Juan 16:7. Repentinamente, él vino, y tres cosas sobrenaturales sucedieron. Primero, estuvo el estruendo como de un viento recio que soplaba. Luego, las lenguas repartidas como de fuego asentándose sobre cada uno de ellos. Finalmente, todos hablaron en otras lenguas, según el Espíritu les daba que hablasen. No había duda en la mente de ninguno de los discípulos de que el Consolador que habían estado esperando había venido. ¡Ellos escucharon su llegada, y vieron su presencia en las lenguas de fuego! Jesús había dicho que sucedería, y sucedió. La «dispensación» del Espíritu Santo había comenzado. ¿Pero cómo habían de saber ellos que cada uno había sido bautizado personalmente con el Espíritu Santo? Lo que sucedió en Pentecostés y lo que sucedió en otras ocasiones en Los Hechos nos hace saber que los discípulos consideraban el hecho de que un creyente había hablado en lenguas como la evidencia de que había sido bautizado personalmente con el Espíritu Santo. Por esto es que creemos que el hablar en lenguas es la evidencia inicial del bautismo con el Espíritu Santo. Con seguridad habrá otras evidencias que sigan, ¡pero las lenguas son la evidencia inicial!

DIVERSIDAD DE DONES... PERO, EL MISMO SEÑOR

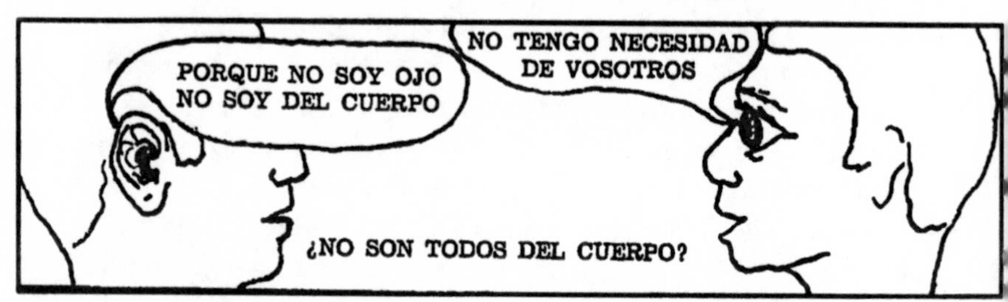

1 Corintios 12: 12-27

12 Porque así como el cuerpo es uno, y tiene muchos miembros, pero todos los miembros del cuerpo, siendo muchos, son un solo cuerpo, así también Cristo.

13 Porque por un solo Espíritu fuimos todos bautizados en un cuerpo, sean judíos o griegos, sean esclavos o libres; y a todos se nos dio a beber de un mismo Espíritu.

14 Además, el cuerpo no es un solo miembro, sino muchos.

15 Si dijere el pie: Porque no soy mano, no soy del cuerpo, ¿por eso no será del cuerpo?

16 Y si dijere la oreja: Porque no soy ojo, no soy del cuerpo, ¿por eso no será del cuerpo?

17 Si todo el cuerpo fuese ojo, ¿dónde estaría el oído? Si todo fuese oído, ¿dónde estaría el olfato?

18 Mas ahora Dios ha colocado los miembros cada uno de ellos en el cuerpo, como él quiso.

19 Porque si todos fueran un solo miembro, ¿dónde estaría el cuerpo?

20 Pero ahora son muchos los miembros, pero el cuerpo es uno solo.

21 Ni el ojo puede decir a la mano: No te necesito, ni tampoco la cabeza a los pies: No tengo necesidad de vosotros.

22 Antes bien los miembros del cuerpo que parecen más débiles, son los más necesarios;

23 y a aquellos del cuerpo que nos parecen menos dignos, a éstos vestimos más dignamente; y los que en nosotros son menos decorosos, se tratan con más decoro.

24 Porque los que en nosotros son más decorosos, no tienen necesidad; pero Dios ordenó el cuerpo, dando más abundante honor al que le faltaba,

25 para que no haya desavenencia en el cuerpo, sino que los miembros todos se preocupen los unos por los otros.

26 De manera que si un miembro padece, todos los miembros se duelen con él, y si un miembro recibe honra, todos los miembros con él se gozan.

27 Vosotros, pues, sois el cuerpo de Cristo, y miembros cada uno en particular.

Llegamos ahora al corazón del capítulo. Hablaremos respecto de la Iglesia, el cuerpo de Cristo. Los dones del Espíritu y los dones de administración son dados para la edificación de la Iglesia. Todos estos dones obran conjuntamente para que el cuerpo reciba «su crecimiento para ir edificándose en amor» (Efesios 4:16). Hablaremos ahora acerca de operaciones dentro del cuerpo, y usaremos el término «ministerio del cuerpo» ya que tiene un uso bastante común en la actualidad.

Comencemos en el versículo 12 y notemos lo siguiente:

1. El cuerpo de Cristo es uno.
2. El cuerpo de Cristo tiene muchos miembros.
3. Los miembros, aunque son muchos, forman un solo cuerpo.

Hagamos ahora lo mismo con el versículo 13.

1. Por un Espíritu somos todos bautizados en el cuerpo de Cristo.
2. A todos se nos ha hecho beber de un mismo Espíritu.

Finalmente, en el versículo 14.

1. El cuerpo de Cristo no es un miembro, sino muchos.

Consideremos primero cómo llegamos a ser parte del cuerpo de Cristo. Somos bautizados en él mediante el Espíritu Santo. Esto es el nuevo nacimiento. Sucede cuando creemos de corazón en el Señor Jesús y confesamos con nuestra boca que Dios le ha resucitado de entre los muertos (Romanos 10:9). Cuando hacemos esto somos sumergidos en el cuerpo de Cristo por el Espíritu Santo. Llegamos a ser parte del cuerpo, la Iglesia.

Nos convertimos así en un miembro de la verdadera Iglesia, el cuerpo de Cristo. Pero somos tan solamente un miembro. Como nosotros hay muchos más. ¿De qué modo podemos ser muchos miembros y ser todavía un cuerpo? ¿Cómo podemos operar juntos en unidad y en amor?

El apóstol Pablo explica cómo puede cumplirse esto. Primero, él habla respecto de miembros que menosprecian la importancia que tienen dentro del cuerpo (vv. 15-20). El pie se considera menos importante que el ojo. Así es como el pie y el oído dicen: «¡No somos del cuerpo porque no somos tan importantes como la mano y el ojo!» ¡Qué absurdo! Si todo el cuerpo fuese ojo, ¿dónde estaría el oído? Pablo muestra que, mientras que algunos ministerios del cuerpo son más prominentes que otros, todos son necesarios para el buen funcionamiento del cuerpo. Cada creyente es importante en la Iglesia, y ningún creyente debiera permitir que Satanás le desanime por el hecho de que no tiene los dones y talentos de algunos otros miembros. Puede que su labor pase inadvertida, ¡pero es importante!

¡Dios recompensará a cada miembro conforme a su fidelidad a la tarea que le ha sido asignada dentro del cuerpo! Es Dios quien «ha colocado los miembros cada uno de ellos en el cuerpo, como él quiso». Si mi labor satisface a Dios, que es quien me asignó, ¿por qué debo afligirme si Dios le ha encomendado una tarea mayor a otro? El aceptar nuestra tarea como que proviene de Dios es traer paz a nuestro corazón y armonía para el cuerpo.

Hablemos ahora respecto de miembros que magnifican su importancia en el cuerpo y que desprecian a los que tienen tareas menores. El ojo, aunque es más prominente que la mano, no puede decirle a esta: «No te necesito». La cabeza, aunque es más prominente que los pies, no puede decir: «No tengo necesidad de vosotros». ¡Nunca! Pues aun los miembros que consideramos débiles son necesarios al cuerpo. En efecto, algunas de las partes que se ven menos y que tienen menos «decoro» tienen mucha mayor importancia y función que los hermosos cabellos de nuestra cabeza, a los que les damos tan grande honor. Así, los creyentes que tienen ministerio público y que reciben mucha alabanza y atención no debieran pensar que están por encima de los creyentes que trabajan calladamente en la oscuridad pero cuya función es posiblemente más importante para el cuerpo que la función de ellos. Si los que ocupan cargos de dirigentes y los que tienen gran habilidad recuerdan esto y manifiestan respeto para aquellos cuyo ministerio tiene menos figuración, hará que sea posible «que no haya desavenencia en el cuerpo, sino que los miembros todos se preocupen los unos por los otros» (v. 25).

Significará también que, si un miembro sufre y está en dificultades, los otros miembros se preocuparán y «se dolerán con él» y hasta el gozo en el cuerpo es compartido, pues «si un miembro recibe honra, todos los miembros con él se gozan» (v.26).

¡Qué cuadro de las posibilidades en el cuerpo de Cristo si cada miembro bebe del mismo Espíritu! Recuérdese que la unidad del cuerpo es una unidad espiritual. No puede conseguirse la unidad a la fuerza mediante organización. ¡Sin embargo, las organizaciones son dones de administración a la iglesia, y funcionarán si el elemento unificador es el amor!

Concluimos este capítulo con la cita del último versículo: «Procurad, pues, los dones mejores. Mas yo os muestro un camino aun más excelente». En el capítulo 13 tornaremos nuestra atención a ese «camino más excelente» . . . ¡el camino del AMOR, sin el cual todos los dones del Espíritu no son sino metal que resuena y címbalo que retiñe!

1 CORINTIOS. . . TRECE

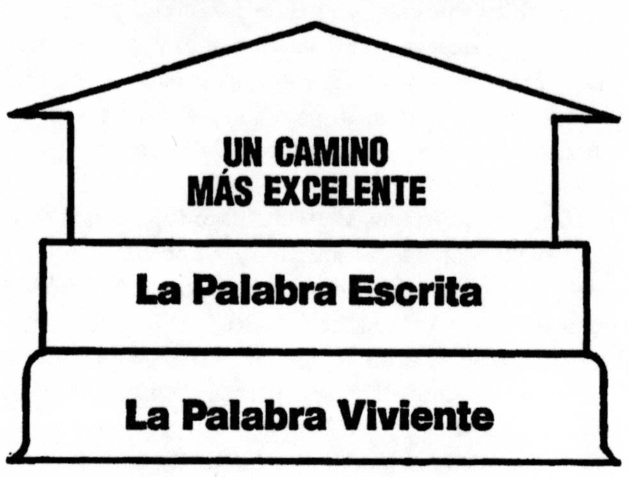

EL AMOR COMPARADO

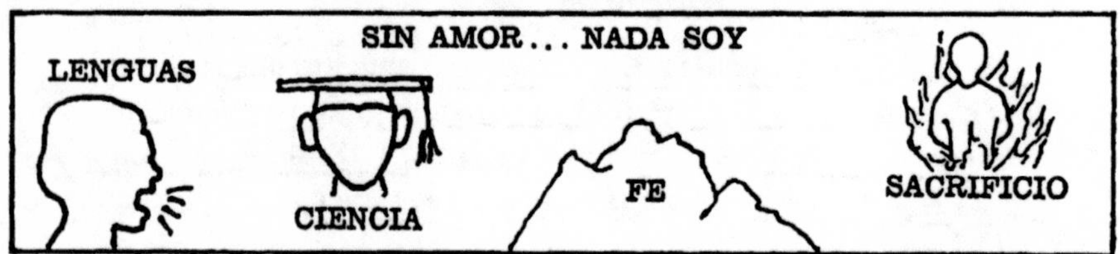

1 Corintios 13:1-3

1 Si yo hablase lenguas humanas y angélicas, y no tengo amor, vengo a ser como metal que resuena, o címbalo que retiñe.

2 Y si tuviese profecía, y entendiese todos los misterios y toda ciencia, y si tuviese toda la fe, de tal manera que trasladase los montes, y no tengo amor, nada soy.

3 Y si repartiese todos mis bienes para dar de comer a los pobres, y si entregase mi cuerpo para ser quemado, y no tengo amor, de nada me sirve.

Es muy apropiado que este capítulo dorado sobre el amor se encuentre entre dos capítulos que hablan acerca de los dones espirituales. Debido al aspecto espectacular del ejercicio de los dones, estos a menudo son más buscados y honrados que el fruto del Espíritu. Por esto es que Pablo, en el último versículo del capítulo doce, alienta a los creyentes a que procuren «los dones mejores» pero luego dice: «¡Mas yo os muestro un camino aun más excelente!»

¡Un camino más excelente! En el cuerpo de Cristo no hay camino más excelente que el camino del amor de los unos por los otros, el que es un resultado de nuestro amor por Dios. Ningún otro camino puede producir la semejanza a Cristo como el amor puede hacerlo. El amor es la llave a la conducta aceptable del creyente.

El amor es un fruto del Espíritu. Es el ingrediente básico de un buen carácter. Debe tener preferencia por sobre los dones del Espíritu, pues puede lograr más que el ministerio de los dones espirituales. Pablo comienza el capítulo trece con una comparación del amor con los dones de lenguas, el don de profecía, el don de la palabra de ciencia y de sabiduría, y el don de fe. Dice él que estos dones nada valen a menos que el amor esté presente en la vida del creyente. «Si . . . no tengo amor, vengo a ser como metal que resuena, o címbalo que retiñe» (v. 1). «Nada soy», dice Pablo, «si no tengo amor».

El compara el amor a los más grandes sacrificios, y aun al martirio, y dice que ni siquiera estos aprovechan si no están motivados por el amor (v. 3). A pesar de lo que Pablo enseña de manera tan clara respecto al camino más excelente, todavía hay muchas personas pentecostales que descuidan el fruto del Espíritu en sus vidas y se enorgullecen de la posesión de dones espirituales. Son como la iglesia de Corinto que se gozaba de sus conquistas espirituales pero que eran carnales todavía porque descuidaban el camino más excelente.

ELOGIO DEL AMOR

1 Corintios 13:4-7

4 El amor es sufrido, es benigno; el amor no tiene envidia, el amor no es jactancioso, no se envanece;

5 no es indecoroso, no busca lo suyo, no se irrita, no guarda rencor;

6 no se goza de la injusticia mas se goza de la verdad.

7 Todo lo sufre, todo lo cree, todo lo espera, todo lo soporta.

El amor es la medida de la madurez cristiana. Somos espiritualmente «adultos» en el grado en que estamos motivados por el amor. Si nos comportamos en la forma adecuada tan solamente porque hay una ley que dice que debemos hacerlo así, somos adolescentes espirituales. Si nuestra conducta está determinada tan solo por «lo que siento hacer», entonces somos bebés espirituales que no saben lo que es la ley. Podemos ilustrar la madurez espiritual de esta manera:

UN BEBÉ ESPIRITUAL	UN ADOLESCENTE ESPIRITUAL	UN ADULTO ESPIRITUAL
1. No conoce la ley y hace tan solo lo que siente. 2. La ley de la carne lo motiva. 3. Se porta como los animales.	1. Obedece la ley porque teme el castigo a la desobediencia. 2. La ley de la mente lo motiva. 3. Se porta como los seres humanos.	1. Cumple la ley pero no tiene necesidad de ella porque conoce un camino aun más excelente. 2. La ley del amor lo motiva. 3. Se porta como los hijos de Dios.

¿Qué clase de conducta señala al hombre que es espiritualmente maduro? Pablo nos muestra cómo reconocer a un adulto espiritual (vs. 4-7). El tal es un hombre motivado por el amor. ¿Qué es lo que hace el amor?

El amor es sufrido.
El amor es benigno.
El amor no tiene envidia.
El amor no es altanero.
El amor no se comporta indecentemente.
El amor no es egoísta.
El amor no se ofende con facilidad.
El amor no piensa el mal.
El amor no se regocija en la iniquidad.
El amor se regocija en la verdad.
El amor todo lo sufre.
El amor todo lo cree.
El amor todo lo espera.
El amor todo lo soporta.

Compare lo que hace el amor con lo que hacen los niños. Un bebé es impaciente. Un bebé puede a veces ser cruel. Un bebé envidia cualquier cosa que tiene otro niño. Un bebé no tiene vergüenza. Un bebé es egocéntrico. Un bebé se irrita con facilidad.

No nos preocupamos cuando vemos estas características en un bebé porque sabemos que no comprende lo que es correcto y lo que es incorrecto, y hace lo que siente porque no sabe nada mejor. Sabemos que es un bebé, pero aprenderá si le enseñamos. Mientras es pequeño no nos preocupamos, pero si su conducta no cambia con el crecimiento, nos preocupamos. Comenzamos a enseñar, luego a regañar, y por fin a castigar. ¿Por qué? Porque la conducta animal es natural para un bebé que no sabe lo que es correcto o incorrecto, pero la conducta animal es una vergüenza para un niño que tiene edad suficiente para comportarse como un ser humano. ¿Qué hacemos entonces? Establecemos reglas en el hogar. Establecemos reglas en nuestras escuelas. Establecemos reglas en nuestra comunidad. Establecemos penas a los que desobedecen estas reglas para que nuestros hijos teman desobedecerlas. Nuestra esperanza es hacerlos seres humanos respetables que sepan lo que es correcto y que hagan lo correcto.

Sin embargo, mientras nuestros hijos hagan lo que es correcto tan solo porque temen las penalidades de la ley que hemos establecido, son todavía adolescentes. Aun no son adultos. Solo cuando llegan a convencerse de la justicia de la ley y hacen lo que es correcto sin que haya una ley que los obligue, es que llegan a ser verdaderamente maduros. Cuando llegan a esta condición son capaces de controlar su propia conducta y están en condiciones de ser padres que puedan enseñar a sus hijos la conducta correcta.

Ahora hemos dicho todo lo anterior porque hay un paralelo entre el crecimiento natural y el crecimiento espiritual. Cuando un pecador «nace de nuevo» comienza su vida espiritual. Al principio comete muchos errores y a menudo actúa como su viejo hombre pecaminoso. Pero no nos preocupamos demasiado porque sabemos que es un bebé espiritual y que no comprende las leyes de Dios o el poder que hay en el amor para hacer que un creyente se comporte como es debido sin necesidad de penalidades para establecer la justicia. Pero, a medida que pasa el tiempo y el hijo de Dios continúa portándose mal, comenzamos a preocuparnos. Ponemos leyes dentro de la iglesia. Establecemos reglas en nuestro hogar. Le predicamos. Le ponemos en disciplina en la iglesia. . . todo con el fin de que aprenda a comportarse como un cristiano. Y muchos creyentes aprenden a obedecer y a respetar las leyes de la Biblia, del hogar y de la iglesia, no porque aman la justicia, sino porque temen el castigo de Dios y la opinión de desaprobación de los demás en la iglesia. Son adolescentes espirituales. Hacen lo correcto porque temen hacer lo incorrecto.

Tan solo cuando el creyente está motivado por el amor es que puede ser espiritualmente maduro. Cuando verdaderamente cree en la paciencia, en la bondad, en la humildad, en la buena conducta, en la generosidad, en la verdad, y en la esperanza. . . entonces ha hallado el camino más excelente. Entonces es que llega a ser un adulto espiritual cuya vida será semejante a la de Cristo. ¡Un creyente así ha comido del fruto del Espíritu: amor, gozo, paz, paciencia, benignidad, bondad, fe, mansedumbre y templanza, y «contra tales cosas no hay ley» (Gálatas 5:23) porque el amor toma el lugar de la ley en su motivación!

EL AMOR COMPLETO

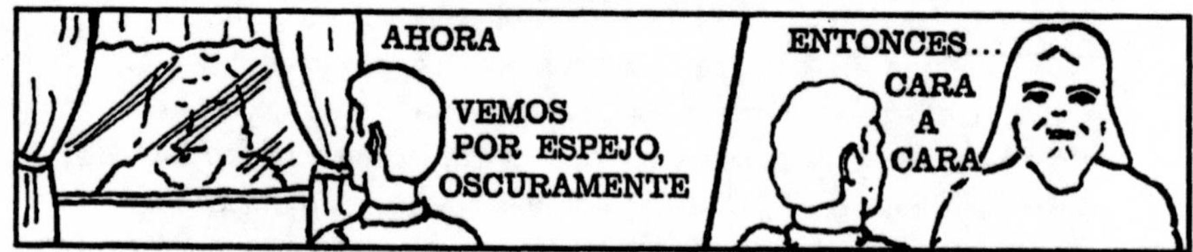

1 Corintios 13:8-13

8 El amor nunca deja de ser; pero las profecías se acabarán, y cesarán las lenguas, y la ciencia acabará.

9 Porque en parte conocemos, y en parte profetizamos; 10 mas cuando venga lo perfecto, entonces lo que es en parte se acabará.

11 Cuando yo era niño, hablaba como niño, pensaba como niño, juzgaba como niño; mas cuando ya fui hombre, dejé lo que era de niño.

12 Ahora vemos por espejo, oscuramente; mas entonces veremos cara a cara. Ahora conozco en parte; pero entonces conoceré como fui conocido.

13 Y ahora permanecen la fe, la esperanza y el amor, estos tres; pero el mayor de ellos es el amor.

En el versículo 8 Pablo compara una vez más el fruto del Espíritu con los dones del Espíritu, y habla de la cualidad de permanencia del fruto en comparación con la naturaleza temporal de los dones. El amor nunca deja de ser. Es eterno. Los dones son para esta época. La profecía se acabará. Cesarán las lenguas. La ciencia se acabará.

No tan solo eso. Los dones no son solo temporales sino que no tienen la respuesta completa. Podemos tener el don de la palabra de ciencia, pero esto no significa que sabemos todas las cosas. Ahora conocemos en parte. Podemos tener el don de profecía, pero esto no significa que conozcamos todo el futuro o que seamos capaces de proclamar todo lo que hay que saber respecto a Dios. Profetizamos en parte.

«Mas cuando venga lo perfecto, entonces lo que es en parte se acabará» (v.10). Aquí hay un hermoso pensamiento. Pablo ha demostrado que el amor es superior a los dones porque el amor es eterno mientras que los dones son temporales. En seguida él muestra que los dones son insuficientes porque no pueden hacernos saber o proclamar completamente. Ahora él dice: «Mas cuando venga lo que es perfecto . . . lo que es en parte (los dones) se acabará». ¿Pudiera ser que cuando dejemos que el amor haga su obra completa en nosotros no necesitemos los dones para sustentar nuestro testimonio? ¿Es que trata Pablo de decirnos que los dones «cubren» a veces nuestra falta de amor? ¿Pudiera ser que el amor perfecto sea suficiente para todo lo que necesitamos para hacer la obra de Dios? No decimos que esto sea precisamente lo que Pablo tenía en mente, pero podemos decir que aquí hay material para pensar seriamente.

Lo que es seguro es que Pablo hablaba acerca del día en que estaremos con Cristo. ¡Qué día será ese! Pero no necesitamos esperar hasta llegar al cielo para conocer y comprender al Señor, sino que para dejar las cosas de niño, la conducta irresponsable, la conducta que necesita de leyes y penalidades, y llegar a ser un hombre motivado por el amor, un adulto espiritual, podemos comenzar ahora a conocerle. El amor hará que el espejo se aclare, el amor nos permitirá verlo a él cara a cara. Mientras yo sea un niño espiritual, conoceré únicamente en parte. Pero cuando el amor controle completamente mi vida: ¡Jesús llegará a ser real para mí y le conoceré como también yo soy conocido!

Ciertamente, el cielo traerá perfección a todas las cosas, aun a mi amor por Cristo. En el cielo no habrá necesidad de los dones, porque estaremos completamente en él. Ahora permanecen la fe, la esperanza y el amor, pero la fe y la esperanza no serán necesarias tampoco en nuestra vida «cara a cara» con Cristo en la eternidad. ¡Solo el amor, el mayor de todos, permanecerá!

1 CORINTIOS. . . CATORCE

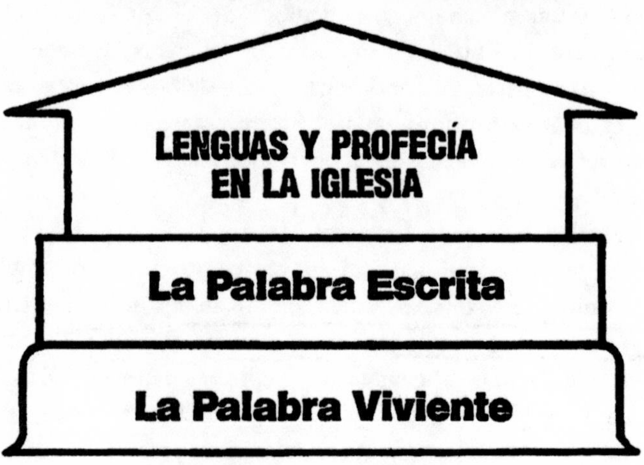

LENGUA EN LA IGLESIA

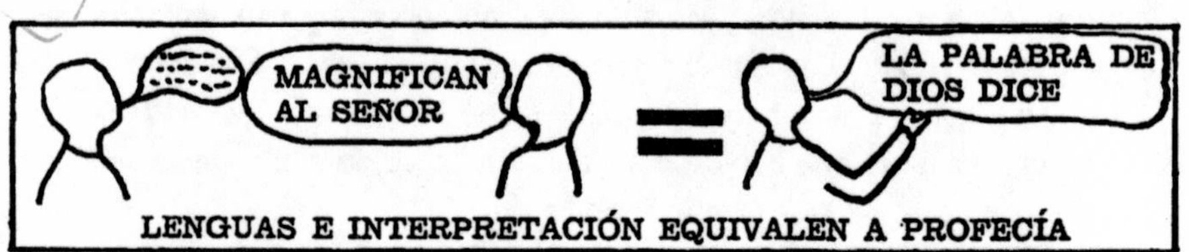

Antes de comenzar a hablar respecto del ejercicio de los dones de lenguas, interpretación y profecía en la iglesia, Pablo recalca la importancia del amor. Es perfectamente legal desear dones espirituales, especialmente el don de profecía, pero que el progreso que usted haga tenga como meta el amor. Seguid el amor (v. 1).

1 Corintios 14:1-40

1 Seguid el amor: y procurad los dones espirituales, pero sobre todo que profeticéis.

2 Porque el que habla en lenguas no habla a los hombres, sino a Dios; pues nadie le entiende, aunque por el Espíritu habla misterios.

3 Pero el que profetiza habla a los hombres para edificación, exhortación y consolación.

4 El que habla en lengua extraña, a sí mismo se edifica; pero el que profetiza, edifica a la iglesia.

5 Así que, quisiera que todos vosotros hablaseis en lenguas, pero más que profetizaseis; porque mayor es el que profetiza que el que habla en lenguas, a no ser que las interprete para que la iglesia reciba edificación.

6 Ahora pues, hermanos, si yo voy a vosotros hablando en lenguas, ¿qué os aprovechará, si no os hablare con revelación, o con ciencia, o con profecía o con doctrina?

7 Ciertamente las cosas inanimadas que producen sonidos, como la flauta o la cítara, si no dieren distinción de voces, ¿cómo se sabrá lo que se toca con la flauta o con la cítara?

8 Y si la trompeta diere sonido incierto, ¿quién se preparará para la batalla?

9 Así también vosotros, si por la lengua no diereis palabra bien comprensible, ¿cómo se entenderá lo que decís? Porque hablaréis al aire.

10 Tantas clases de idiomas hay, seguramente, en el mundo, y ninguno de ellos carece de significado.

11 Pero si yo ignoro el valor de las palabras, seré como extranjero para el que habla, y el que habla será como extranjero para mí.

12 Así también vosotros; pues que anheláis dones espirituales, procurad abundar en ellos para edificación de la iglesia.

13 Por lo cual, el que habla en lengua extraña, pida en oración poder interpretarla.

14 Porque si yo oro en lengua desconocida, mi espíritu ora, pero mi entendimiento queda sin fruto.

15 ¿Qué, pues? Oraré con el espíritu, pero oraré también con el entendimiento; cantaré con el espíritu, pero cantaré también con el entendimiento.

16 Porque si bendices sólo con el espíritu, el que ocupa lugar de simple oyente, ¿cómo dirá el Amén a tu acción de gracias?, pues no sabe lo que has dicho.

17 Porque tú, a la verdad, bien das gracias; pero el otro no es edificado.

18 Doy gracias a Dios que hablo en lenguas más que todos vosotros;

19 pero en la iglesia prefiero hablar cinco palabras con mi entendimiento, para enseñar también a otros, que diez mil palabras en lengua desconocida.

20 Hermanos, no seáis niños en el modo de pensar, sino sed niños en la malicia, pero maduros en el modo de pensar.

21 En la ley está escrito: En otras lenguas y con otros labios hablaré a este pueblo; y ni aun así me oirán, dice el Señor.

22 Así que, las lenguas son por señal, no a los creyentes, sino a los incrédulos; pero la profecía, no a los incrédulos, sino a los creyentes.

23 Si, pues, toda la iglesia se reúne en un solo lugar, y todos hablan en lenguas, y entran indoctos o incrédulos, ¿no dirán que estáis locos?

24 Pero si todos profetizan y entra algún incrédulo o indocto, por todos es convencido, por todos es juzgado;

25 lo oculto de su corazón se hace manifiesto; y así, postrándose sobre el rostro, adorará a Dios, declarando que verdaderamente Dios está entre vosotros.

26 ¿Qué hay, pues, hermanos? Cuando os reunís, cada uno de vosotros tiene salmo, tiene doctrina, tiene lengua, tiene revelación, tiene interpretación. Hágase todo para edificación.

27 Si habla alguno en lengua extraña, sea esto por dos, o a lo más tres, y por turno; y uno interprete.

28 y si no hay intérprete, calle en la iglesia, y hable para sí mismo y para Dios.

29 Asimismo, los profetas hablen dos o tres, y los demás juzguen.

30 y si algo le fuere revelado a otro que estuviere sentado, calle el primero.

31 Porque podéis profetizar todos uno por uno, para que todos aprendan, y todos sean exhortados.

32 Y los espíritus de los profetas están sujetos a los profetas;

33 pues Dios no es Dios de confusión, sino de paz. Como en todas las iglesias de los santos,

34 vuestras mujeres callen en las congregaciones; porque no les es permitido hablar, sino que estén sujetas, como también la ley lo dice.

35 Y si quieren aprender algo, pregunten en casa a sus maridos; porque es indecoroso que una mujer hable en la congregación.

36 ¿Acaso ha salido de vosotros la palabra de Dios, o sólo a vosotros ha llegado?

37 Si alguno se cree profeta, o espiritual, reconozca que lo que os escribo son mandamientos del Señor.

38 Mas el que ignora, ignore.

39 Así que, hermanos, procurad profetizar, y no impidáis el hablar lenguas;

40 pero hágase todo decentemente y con orden.

Todo este capítulo está dedicado al uso correcto de los dones de lenguas, interpretación y profecía en la iglesia. No estamos hablando respecto del ejercicio de estos dones en privado, sino en la asamblea congregada de los creyentes. Cuando los santos están reunidos para oración y adoración es que hay necesidad de prestar atención cuidadosa a las lenguas para que todos los que asisten sean edificados y no haya confusión. Pablo muestra primeramente las ventajas de la profecía sobre las lenguas en una reunión.

1. El que habla en una lengua desconocida habla a Dios (v. 2).
2. El que profetiza habla a los hombres (v. 3).

En seguida:

1. El que habla en una lengua desconocida se edifica a sí mismo (v. 4).
2. El que profetiza edifica a la iglesia (v. 4).

Para que los corintios no piensen que Pablo está contra las lenguas, él se apresura a decir:

1. Quisiera que todos vosotros hablaseis lenguas (v. 5).
2. Pero más que profetizaseis (v. 5).

Luego él califica su preferencia y dice que la profecía es mayor que las lenguas excepto cuando las lenguas reciben interpretación. La razón de esto es que el objeto de la profecía y de las lenguas es *que la iglesia sea edificada*. Cuando la interpretación aclara lo que se ha dicho, entonces las lenguas son iguales a la profecía.

Pablo muestra ahora cómo las lenguas, cuando reciben interpretación, pueden ser edificantes (v. 6).

1. Pueden tomar la forma de una revelación.
2. Pueden manifestarse en la forma de ciencia.
3. Pueden manifestarse en la forma de profecía.
4. Pueden manifestarse en la forma de doctrina.

Pero él señala la importancia de que la revelación, la ciencia, la profecía y la doctrina sean interpretadas con claridad para edificación de la iglesia. No hay lugar para jerigonzas o histeria. No hay lugar para las vanas repeticiones y los misterios sin significación. La reunión de los creyentes exige edificación para todos, y la interpretación de lenguas debe tener un sentido lógico para quienes la escuchan. De otro modo «¿quién se preparará para la batalla?» (v. 8). «Así también vosotros, si por la lengua no diereis palabra bien comprensible, ¿cómo se entenderá lo que decís? Porque hablaréis al aire» (v. 9).

Ahora, lo que se habla en lenguas puede tener significado. «Tantas clases de idiomas hay, seguramente, en el mundo, y ninguno de ellos carece de significado» (v. 10). Sin duda podría tener significado para alguien. Pero si ese alguien no está presente, y si lo que se habla no es interpretado entonces el que habla lenguas será como un extranjero para los oyentes (v. 11). De modo que Pablo establece su regla para el uso de las lenguas en la iglesia: «Procurad abundar en ellos para edificación de la iglesia. Por lo cual, el que habla en lengua extraña, pida en oración poder interpretarla» (v. 12, 13).

Los que tienen celo por los dones espirituales tienen una responsabilidad hacia el cuerpo de creyentes. No es suficiente poder ejercitar un don. Debemos ejercitarlo en tal manera que todos cuantos lo escuchen sean edificados. Sin embargo, no debemos dejar de hablar en lenguas. No debemos dejar de orar en el Espíritu. No debemos dejar de cantar en el Espíritu. Hablaremos, oraremos y cantaremos con nuestro entendimiento, y hablaremos, oraremos y cantaremos en lenguas. Pero cuando hagamos esto último, sepamos que es nuestra responsabilidad interpretar para que los que ocupan el «lugar de simple oyentes» puedan decir «Amén» a nuestra acción de gracias (vv. 15-17). ¡Qué delicado y espiritual era Pablo! ¡Cuán delicados y espirituales debiéramos ser si seguimos las instrucciones que nos dejó!

Siempre cuando se colocan controles sobre un don, existe el peligro de que cese de ser usado. Algunos desean derramar un balde de agua sobre un fuego cuando salta de él alguna brasa, en circunstancias que lo que debieran hacer es devolver ese carbón al fuego.

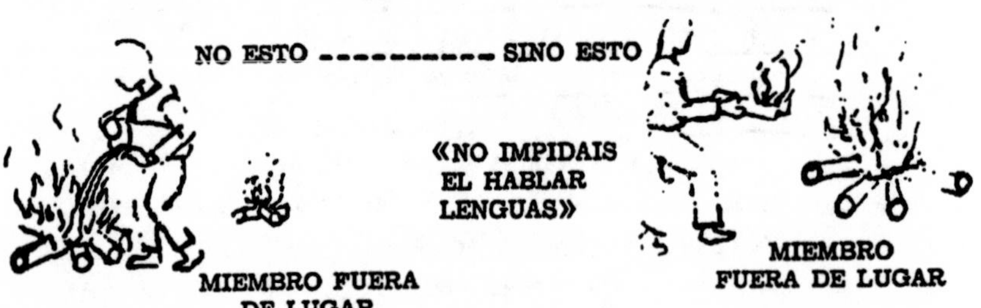

Pablo no deseaba que los corintios dejaran de usar las lenguas. Más bien deseaba guiar el uso de ellas para que pudiesen edificar la Iglesia. De modo que, para animarles, dijo: «Doy gracias a Dios que hablo en lenguas más que todos vosotros» (v. 18).

Pero Pablo no deseaba que los corintios disfrutaran de las lenguas por sí mismas. Él conocía el propósito de las lenguas, y deseaba que ellos también lo conocieran. Las lenguas son para edificación de todos. De modo que él complementó su testimonio sobre su hablar en lenguas con estas palabras: «En la iglesia prefiero hablar cinco palabras con mi entendimiento, para enseñar también a otros, que diez mil palabras en lengua desconocida» (v.19). Luego él les insta a que demuestren madurez espiritual y no sean niños. «Sed niños en la malicia, pero maduros en el modo de pensar» (v. 20).

Los versículos 21-25 han sido interpretados de muchas maneras. A primera vista, parece haber una contradicción. En el versículo 22 dice que las lenguas son una señal para el incrédulo, pero luego, en el versículo 23 él dice que si hablan en lenguas en presencia de los «indoctos» o de los incrédulos, ¿no dirán que estáis locos? La clave a la comprensión y aclaración de esta aparente contradicción se halla en el versículo 21. Pablo cita Isaías 28:11: «En otras lenguas y con otros labios hablaré a este pueblo». La lengua de tartamudos y una extraña lengua fueron una señal en el tiempo de Isaías para hablar a los incrédulos, pero fueron señales rechazadas. «Y ni aun así me oirán, dice el Señor» (v. 21). Lo que Pablo dice es que las lenguas son todavía una señal para los incrédulos, pero como en el tiempo de Isaías, así es en la actualidad. ¡La señal es rechazada!

Por eso es que Pablo alienta a los corintios a tornarse a las profecías como un medio de hacer creer a los incrédulos. Cierto es que la profecía es principalmente para el creyente, pero los incrédulos también pueden comprender la profecía, y al hablarles en una lengua que ellos comprendan, los indoctos serán convencidos por todos y juzgados por todos. Lo oculto de su corazón se hace manifiesto; y así, postrándose sobre el rostro, adorará a Dios, declarando que verdaderamente Dios está entre vosotros» (v. 25).

Así Pablo alentó a los corintios a proceder con cánticos, con doctrina, con una lengua, con revelación, y con interpretación, asegurándose de que al reunirse, todas las cosas fuesen hechas para edificación (v. 26).

A continuación les dice cómo se debe proceder para que haya edificación. Da varias reglas:

1. El hablar en lenguas puede hacerse por uno o dos en una reunión pero no por más de tres (v. 27).
2. Los que hablan en lenguas deben hacerlo uno después del otro. No debiera haber dos hablando a la vez (v. 20).

3. Debiera haber un intérprete (v. 27).
4. Si no hay intérprete, que el que habla lenguas guarde silencio en la iglesia (v. 28).
5. La profecía puede hacerse por dos o tres (v. 29).
6. Otros profetas debieran juzgar la profecía del que profetiza (v. 29).
7. Los profetas debieran dar lugar el uno al otro y mantener su paz cuando otro tiene una revelación (v. 30).
8. Cada profeta debería tener el privilegio de profetizar, uno por uno (v. 31).
9. Los espíritus de los profetas están sujetos a los profetas (v. 32).

Pablo enseñó una verdad muy importante en el versículo 32. El espíritu de un profeta está sujeto a ese profeta. Ningún profeta puede decir: «No puedo controlar el Espíritu... debo profetizar». Un espíritu sin control provocaría confusión en la iglesia. «Dios no es Dios de confusión, sino de paz» (v. 33).

En los versículos 34 y 35 Pablo trata con un problema creado por mujeres que no sabían mantener su lugar en la iglesia. Estas mujeres acarreaban vergüenza a sus maridos al hablar en voz alta durante los cultos y hacer preguntas cuando debieran haber permanecido quietas. Pablo fue muy firme con ellas y no dejó lugar a dudas respecto a lo que pensaba sobre su conducta. «Vuestras mujeres callen en las congregaciones; porque no les es permitido hablar» (v. 34). «Y si quieren aprender algo, pregunten en casa a sus maridos; porque es indecoroso que una mujer hable en la congregación» (v. 35).

Pablo no habla aquí respecto a mujeres maestras y predicadoras. No habla acerca de mujeres que profetizan. Él habla de eso en otros lugares. Por ejemplo, en el capítulo 11:5, Pablo habló de mujeres que profetizan con la cabeza descubierta. Desaprobó que profetizaran con la cabeza descubierta, pero no dijo que no deberían profetizar. Las mujeres pueden ejercer los dones del Espíritu del mismo modo como los hombres.

Pablo prohibió a las mujeres ejercer autoridad sobre los hombres, y esto está en armonía con las líneas de autoridad establecidas en el capítulo once.

Sería erróneo aplicar los versículos 34 y 35 al ministerio que Dios ha dado a las mujeres. Dios ha usado a las mujeres una y otra vez para hacer su obra. Las mujeres jamás debieran violar la autoridad del hombre. Jamás debieran ellas buscar ejercer autoridad sobre ellos. Pero ellas debieran buscar ser usadas por Dios, y además debieran buscar con afán los mejores dones, del mismo modo como lo hacen los hombres.

Evidentemente, había quienes deseaban discutir con Pablo respecto a su enseñanza concerniente a lenguas, interpretación, y profecía (v. 36). Pablo defiende prestamente su autoridad apostólica. «Si alguno se cree profeta, o espiritual, reconozca que lo que os escribo son mandamientos del Señor. Mas el que ignora, ignore». Hay teólogos en la actualidad que ignoran el hecho de que los escritos de los apóstoles son mandamientos del Señor —la infalible e inequívoca Palabra de Dios. Decimos juntamente con Pablo: «¡Si ignoran, que ignoren!»

Pablo resume su enseñanza en el capítulo 14 con las palabras: «Así que, hermanos, procurad profetizar, y no impidáis el hablar lenguas; pero hágase todo decentemente y con orden». Eso dice perfectamente bien lo que es necesario decir respecto del uso de lenguas, interpretación y profecía en la Iglesia.

1 CORINTIOS. . . QUINCE

CONDUCTA DE RESURRECCIÓN

La Palabra Escrita

La Palabra Viviente

EVANGELIO DE RESURRECCIÓN

1 Corintios 15:1-4

Además os declaro, hermanos, el evangelio que os he predicado, el cual también recibisteis, en el cual también perseveráis;
2 por el cual asimismo, si retenéis la palabra que os he predicado, sois salvos, si no creísteis en vano.
3 Porque primeramente os he enseñado lo que asimismo recibí: Que Cristo murió por nuestros pecados, conforme a las Escrituras;
4 y que fue sepultado, y que resucitó al tercer día, conforme a las Escrituras.

¡Qué capítulo más glorioso es este! Aquí estudiamos el corazón del Evangelio: la resurrección de Jesucristo de los muertos. Nuestra salvación misma depende de la verdad de la resurrección. El cristianismo tiene un mensaje tan solo si Cristo efectivamente se levantó de la tumba. De otro modo, no difiere de otras religiones cuyos fundadores yacen sepultados hasta este día, ¡víctimas de la muerte!

Así, Pablo declara en unas pocas palabras lo que es el evangelio. Sus «buenas nuevas» contienen dos hechos:

1. Cristo murió por nuestros pecados conforme a las Escrituras.
2. Cristo fue sepultado y resucitó al tercer día conforme a las Escrituras.

Este evangelio es el fundamento de la fe y conducta del creyente. Nuestra ilustración tendría esta apariencia:

En los versículos 1 y 2 el apóstol hace varias declaraciones importantes acerca del creyente y la respuesta del creyente al evangelio. Él dice:

1. Recibisteis el evangelio.
2. Perseveráis en el evangelio.
3. Sois salvos por el evangelio.

Fe y conducta del creyente

Conforme a las Escrituras

Cristo murió por nuestros pecados
Cristo fue sepultado y resucitó

Pero el apóstol añade una nota de advertencia. Cierto es que han recibido el evangelio que Pablo predicó, que perseveran en él y que han sido salvados por él, pero es imperativo que ellos tengan presente lo que el evangelio es. . . que no permitan que nadie les convenza de que la muerte de Jesús fue un accidente o que la resurrección de los muertos fue solamente una idea espiritual y no una realidad física. El hacer tal cosa sería abandonar la verdad y «creer en vano» (v. 2).

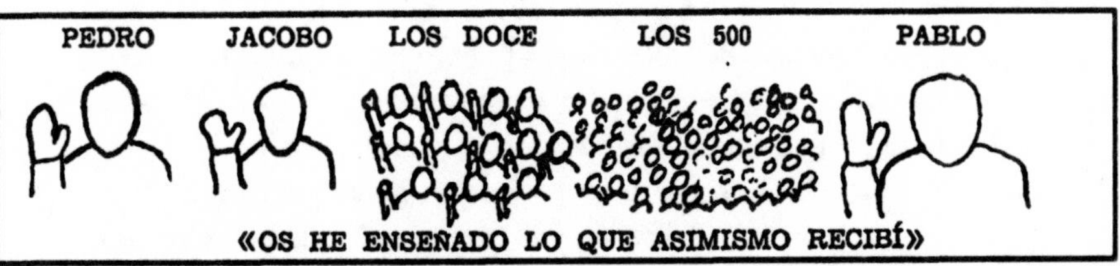

1 Corintios 15:5-11

5 y que apareció a Ceras, y después a los doce.

6 Después apareció a más de quinientos hermanos a la vez, de los cuales muchos viven aún, y otros ya duermen.

7 Después apareció a Jacobo; después a todos los apóstoles;

8 y al último de todos, como a un abortivo, me apareció a mí.

9 Porque yo soy el más pequeño de los apóstoles, que no soy digno de ser llamado apóstol, porque perseguí a la iglesia de Dios.

10 Pero por la gracia de Dios soy lo que soy; y su gracia no ha sido en vano para conmigo, antes he trabajado más que todos ellos; pero no yo, sino la gracia de Dios conmigo.

11 Porque o sea yo o sean ellos, así predicamos, y así habéis creído.

Los que no creen en la resurrección física de Jesús de entre los muertos piden que aquellos que sí lo creen demuestren que sucedió. El hombre que cree tiene pruebas suficientes: su misma fe se convierte en «substancia» y en «evidencia» dentro de él, y la extraordinaria transformación que toma lugar en su vida lo convence de la realidad de la «Palabra Viviente». Es difícil refutar la experiencia personal.

Sin embargo, el incrédulo no aceptará la experiencia sol: como evidencia de la resurrección. Él quiere que el registro de la historia confirme esa verdad. Por tanto, Pablo acepta la exigencia del mundo que pide evidencia y llama a sus testigos: «Por boca de dos o de tres testigos se decidirá todo asunto» Pablo llama a más de dos o tres testigos oculares de la resurrección. Él los nombra:

1. Apareció a Cefas (v. 5).
2. Apareció a los doce (v. 5).
3. Apareció a más de quinientos hermanos a la vez (v. 6).
4. Apareció a Jacobo (v. 7).
5. Apareció a todos los apóstoles (v. 7).
6. Me apareció a mí (Pablo) (v. 8).

El último testigo que presenta Pablo es él mismo. ¿Cómo puede un escéptico rechazar la evidencia de un hombre que dice: «Lo vi con mis propios ojos»? Aquí hay una gran verdad que debe ser observada: una cosa es leer respecto a la resurrección en la Palabra de Dios y escuchar a otros testificar convincentemente de lo que han presenciado, pero una cosa muy diferente, y la prueba más positiva de todas es un encuentro personal con la Palabra Viviente. Es el fundamento de nuestra fe según lo hemos visto en nuestra ilustración:

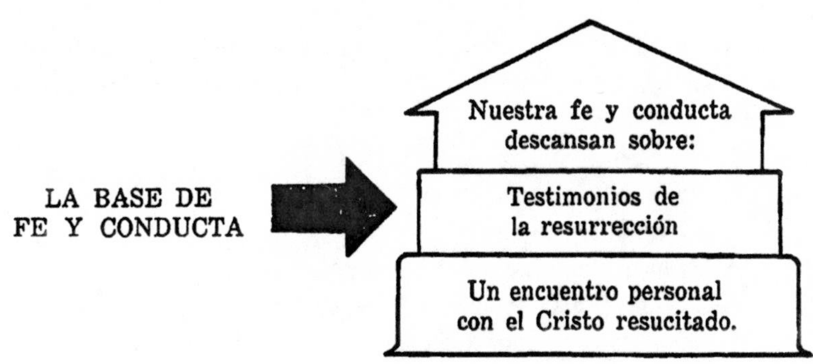

ESPERANZA DE RESURRECCIÓN

1 Corintios 15:12-19

12 Pero si se predica de Cristo que resucitó de los muertos, ¿cómo dicen algunos entre vosotros que no hay resurrección de muertos?
13 Porque si no hay resurrección de muertos, tampoco Cristo resucitó.
14 Y si Cristo no resucitó, vana es entonces nuestra predicación, vana es también vuestra fe.
15 Y somos hallados falsos testigos de Dios; porque hemos testificado de Dios que él resucitó a Cristo, al cual no resucitó, si en verdad los muertos no resucitan.
16 Porque si los muertos no resucitan, tampoco Cristo resucitó;
17 y si Cristo no resucitó, vuestra fe es vana; aún estáis en vuestros pecados.
18 Entonces también los que durmieron en Cristo perecieron.
19 Si en esta vida solamente esperamos en Cristo, somos los más dignos de conmiseración de todos los hombres.

Pablo se dirige en seguida a los que dudan de la resurrección física de Cristo de entre los muertos. «¿Cómo dicen algunos entre vosotros que no hay resurrección de muertos?» (v. 12).

Si es imposible que uno que ha muerto vuelva a vivir, si no hay una cosa tal como una resurrección de los muertos, entonces, ¡la conclusión obvia es que Cristo no resucitó!

Ahora, si es cierto, como quisieran los escépticos que creamos, que Cristo no resucitó, vean lo que queda de todo cuanto creemos. Si Cristo no resucitó:

1. Nuestra predicación es vana (v. 14).
2. Nuestra fe es vana (v. 14).
3. Somos falsos testigos (v. 15).
4. Estamos todavía en nuestros pecados (v. 17).
5. Los creyentes que mueren han perecido (v. 18).
6. Somos los más dignos de conmiseración de todos los hombres (v. 19).

La verdad de la resurrección es como una flor que tiene al Cristo resucitado como centro:

Si Cristo no ha resucitado, debemos dejar de predicar, cesar de creer, olvidar lo referente al perdón, abandonar la esperanza, cesar en nuestras pretensiones y caminar penosamente en la miseria. Debemos desprender los pétalos de la flor de la verdad de la resurrección si Cristo no ha resucitado:

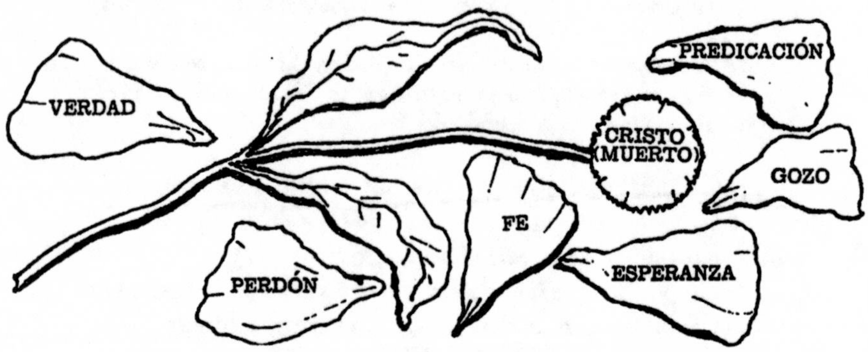

En efecto, si Cristo no ha resucitado, entonces Cristo no es, y la única esperanza que podemos tener es esperanza en esta vida y en un Cristo muerto. ¡Qué desgracia! ¡Sería desesperante! ¡La muerte aún reinaría!

ORDEN DE RESURRECCIÓN

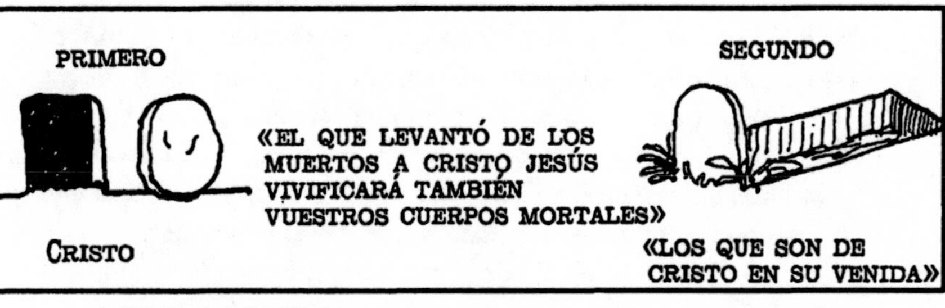

1 Corintios 15:20-28

20 Mas ahora Cristo ha resucitado de los muertos; primicias de los que durmieron es hecho.
21 Porque por cuanto la muerte entró por un hombre, también por un hombre la resurrección de los muertos.
22 Porque así como en Adán todos mueren, también en Cristo todos serán vivificados.
23 Pero cada uno en su debido orden: Cristo, las primicias; luego los que son de Cristo, en su venida.
24 Luego el fin, cuando entregue el reino al Dios y Padre, cuando haya suprimido todo dominio, toda autoridad y potencia.
25 Porque preciso es que él reine hasta que haya puesto a todos sus enemigos debajo de sus pies.
26 Y el postrer enemigo que será destruido es la muerte.
27 Porque todas las cosas las sujetó debajo de sus pies.
Y cuando dice que todas las cosas han sido sujetadas a él, claramente se exceptúa aquel que sujetó a él todas las cosas.
28 Pero luego que todas las cosas le estén sujetas, entonces también el Hijo mismo se sujetará al que le sujetó a él todas las cosas, para que Dios sea todo en todos.

La esperanza de resurrección para el creyente depende de la verdad de la resurrección de Cristo. Si Cristo no ha resucitado, es imposible que el creyente resucite. De modo que Pablo declara enfáticamente: «AHORA CRISTO HA RESUCITADO DE LOS MUERTOS» (vv. 20). La muerte vino mediante el primer hombre, Adán. La resurrección vino por medio de Cristo, el Hijo de Dios que se hizo hombre (vv. 21, 22). Puesto que Cristo está vivo, todos los que están «en Cristo» serán vivificados.

¡Aleluya! Pero cada uno en su debido orden:

1. Cristo, las primicias
2. Los que son de Cristo, en su venida.

¡Cuando el Cristo viviente venga, los muertos en Cristo se levantarán! El Cristo viviente reina en la actualidad. Su reino se halla en los corazones de los creyentes. Su reino tomará forma visible cuando él regrese, y él reinará hasta que haya puesto a sus enemigos «debajo de sus pies». ¡El último enemigo que será destruido ha de ser la muerte! Cuando la muerte haya sido puesta fuera de combate. . . cuando reine supremo aquél que es la Luz, entonces Cristo devolverá el Reino a Dios el Padre, y Cristo mismo se sujetará a Dios para que Dios sea todo en todos (v. 28). Esto será el fin, la conclusión de todo cuanto Dios ha planificado desde el principio, el resultado bendito del triunfo de Cristo sobre la muerte (v. 24).

BAUTISMO DE RESURRECCIÓN

1 Corintios 15:29-34

29 De otro modo, ¿qué harán los que se bautizan por los muertos, si en ninguna manera los muertos resucitan? ¿Por qué, pues, se bautizan por los muertos?

30 ¿Y por qué nosotros peligramos a toda hora?

31 Os aseguro, hermanos, por la gloria que de vosotros tengo en nuestro Señor Jesucristo, que cada día muero.

32 Si como hombre batallé en Éfeso contra fieras, ¿qué me aprovecha? Si los muertos no resucitan, comamos y bebamos, porque mañana moriremos.

33 No erréis; las malas conversaciones corrompen las buenas costumbres.

34 Velad debidamente, y no pequéis; porque algunos no conocen a Dios; para vergüenza vuestra lo digo.

Pablo habla ahora de morir y de vivir, y usa el bautismo en agua para ilustrar lo que quiere decir. Había en aquellos días algunos que tenían la costumbre de bautizar a una persona viva en favor de alguien que había muerto. Celebraban este bautismo con la esperanza de que lo que hacían favoreciera la resurrección de esa persona muerta. Quienes hacían esto, obviamente creían en la resurrección. Si no hubiese sido así, pregunta Pablo: «¿Por qué, pues, se bautizan por los muertos?»

Esta es la única referencia que hay en la Biblia a tal clase de bautismo y Pablo no ordena que sea celebrado. Él hizo referencia a la práctica meramente para recalcar que aquellos que lo celebraban creían en la resurrección. Ninguna Escritura es de interpretación privada, y ante la ausencia de aprobación por parte de Pablo, y a la luz del hecho que el bautismo por los muertos se menciona solamente aquí y en ninguna otra parte, no debiera practicarse entre los cristianos.

Pero aquí hay verdad que ha de ayudarnos. Nuestra creencia en la resurrección provoca las burlas y la persecución de aquellos que no creen. Debemos estar dispuestos a sufrir por nuestra fe en la resurrección. Debemos estar dispuestos a morir diariamente. Debemos estar dispuestos a combatir al diablo por aquello que creemos. Por supuesto que, si no hay resurrección, haríamos mejor en comer y beber y gozar de esta vida puesto que la muerte acaba con todo (v. 32). Pero Pablo dice que no debemos ser engañados. Los que predican que «no hay resurrección» le hacen un grave daño a la conducta y alientan a la gente a pecar y a vivir como les plazca. Si no hay resurrección no puede haber juicio; no será necesario encarar a Dios. Había algunos que enseñaban esto, y eso causó un gran escándalo en la iglesia corintia, a causa de la conducta mala y negligente que produjo: «Velad debidamente», dijo Pablo, «y no pequéis; porque algunos no conocen a Dios; para vergüenza vuestra lo digo» (v. 34).

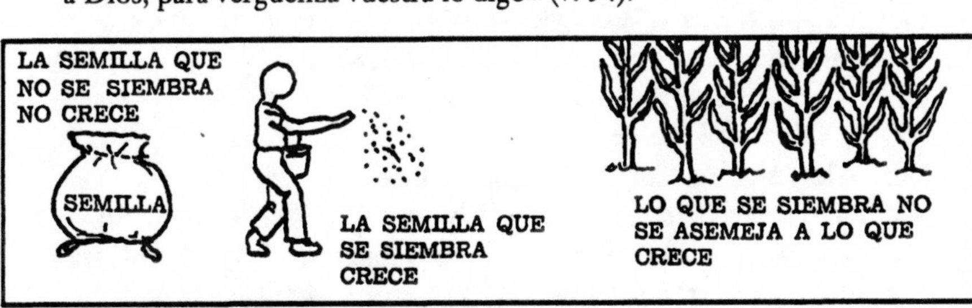

1 Corintios 15:35-50

35 Pero dirá alguno: ¿Cómo resucitarán los muertos? ¿Con qué cuerpo vendrán?
36 Necio, lo que tú siembras no se vivifica, si no muere antes.

37 Y lo que siembras no es el cuerpo que ha de salir, sino el grano desnudo, ya sea de trigo o de otro grano;

38 pero Dios le da el cuerpo como él quiso, y a cada semilla su propio cuerpo.

39 No toda carne es la misma carne, sino que una carne es la de los hombres, otra carne la de las bestias, otra la de los peces, y otra la de las aves.

40 Y hay cuerpos celestiales, y cuerpos terrenales; pero una es la gloria de los celestiales, y otra la de los terrenales.

41 Una es la gloria del sol, otra la gloria de la luna, y otra la gloria de las estrellas, pues una estrella es diferente de otra en gloria.

42 Así también es la resurrección de los muertos. Se siembra en corrupción, resucitará en incorrupción.

43 Se siembra en deshonra, resucitará en gloria; se siembra en debilidad, resucitará en poder.

44 Se siembra cuerpo animal, resucitará cuerpo espiritual. Hay cuerpo animal, y hay cuerpo espiritual.

45 Así también está escrito: Fue hecho el primer hombre Adán alma viviente; el postrer Adán, espíritu vivificante.

46 Mas lo espiritual no es primero, sino lo animal; luego lo espiritual.

47 El primer hombre es de la tierra, terrenal; el segundo hombre, que es el Señor, es del cielo.

48 Cual el terrenal, tales también los terrenales; y cual el celestial, tales también los celestiales.

49 Y así como hemos traído la imagen del terrenal, traeremos también la imagen del celestial.

50 Pero esto digo, hermanos: que la carne y la sangre no pueden heredar el reino de Dios, ni la corrupción hereda la incorrupción.

El futuro es algo fascinante. Hay tantas cosas que nos gustaría saber respecto a la vida después de la muerte. Los corintios estaban haciendo muchas preguntas. Dos de ellas eran:

1. ¿Cómo resucitarán los muertos?
2. ¿Con qué cuerpo vendrán?

Dejemos que sea Pablo quien conteste la primera pregunta. «¿Cómo resucitarán los muertos?» (v. 35). Bien, ¿cómo es que funciona eso con las plantas? ¿Cómo es que logramos tener una planta viva de maíz? La respuesta es: «Plantamos una semilla en la cual hay un germen de vida futura». La semilla debe corromperse y morir cuando es puesta en la tierra, pero de allí viene el brote vivo que se convertirá en maíz. De ese modo sucede con la resurrección de los muertos. «Se siembra en corrupción, resucitará en incorrupción. Se siembra en deshonra, resucitará en gloria; se siembra en debilidad, resucitará en poder. Se siembra cuerpo animal, resucitará cuerpo espiritual» (vv. 42-44).

Pablo discute ahora la segunda pregunta. «¿Con qué cuerpo vendrán?» Hace varias observaciones:

1. Lo que se siembra no es el cuerpo que ha de ser (v. 37).
2. Dios da a cada semilla un cuerpo como a él le place (38).
3. Toda carne no es la misma carne (v. 39).
4. Todos los cuerpos celestiales no son iguales (vv. 40,41).

De modo que la respuesta a la pregunta: «¿Con qué cuerpo vendrán?» es que lo que se siembra no es lo que ha de resucitar, sino que Dios da a cada persona un cuerpo. El cuerpo que depositamos en la tumba perece, pero tiene relación con el cuerpo que ha de salir de la tumba. Dios no crea una persona totalmente diferente. Él cambia al hombre terrenal en un cuerpo gloriosamente diferente, tan diferente como la semilla es diferente a la planta que surge de ella. Pero lo que debe notarse es que la semilla y la planta guardan relación, y que todas las glorias y el potencial que estaban latentes en la semilla han de convertirse en una realidad en la planta. Los creyentes somos semilla desprovista de belleza. Pareciera como si no tuviésemos nada de gloria, sin embargo, en la mañana de la resurrección saldrá de la tumba un nuevo cuerpo. Su apariencia será celestial, pero estará relacionado de tal modo con el viejo cuerpo que podrá ser reconocido por su personalidad y por su modo de hablar.

Sabemos que esto es lo que sucedió cuando Jesús resucitó de los muertos. Los discípulos que habían estado con él por tres años no le conocieron hasta que él partió el pan y usó expresiones que les hicieron saber de quién se trataba. El cuerpo de resurrección es tan diferente del antiguo cuerpo como Adán era diferente a Jesús. «Fue hecho el primer hombre Adán alma viviente; el postrer Adán (Jesús), espíritu vivificante... El primer hombre es de la tierra, terrenal; el segundo hombre, que es el Señor, es del cielo» (vv. 45, 47).

De este modo ha de suceder con nosotros en la muerte y la resurrección. «Como hemos traído la imagen del terrenal, traeremos también la imagen del celestial» (v. 49). A continuación Pablo muestra por qué son necesarias la resurrección y un nuevo cuerpo. «La carne y la sangre no pueden heredar el reino de Dios, ni la corrupción hereda la incorrupción». Es necesaria la resurrección para hacer posible un cuerpo para el espíritu por la eternidad.

MISTERIO DE RESURRECCIÓN

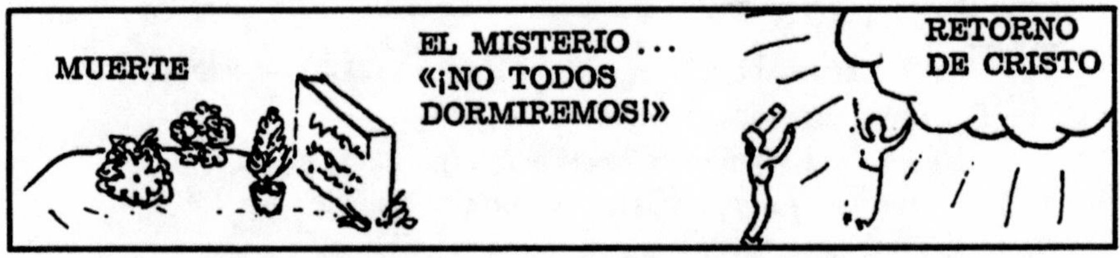

1 Corintios 15:51-58

**51 He aquí, os digo un misterio: No todos dormiremos; pero
todos seremos transformados,
52 en un momento, en un abrir y cerrar de ojos, a la final
trompeta; porque se tocará la trompeta, y los muertos serán resucitados incorruptibles, y nosotros seremos transformados.
53 Porque es necesario que esto corruptible se vista de incorrupción, y esto mortal se vista de inmortalidad.
54 Y cuando esto corruptible se haya vestido de incorrupción,
y esto mortal se haya vestido de inmortalidad, entonces se cumplirá la palabra que está escrita: sorbida es la muerte en victoria.
55 ¿Dónde está, oh muerte, tu aguijón? ¿Dónde, oh sepulcro,
tu victoria?
56 Ya que el aguijón de la muerte es el pecado, y el poder del
pecado, la ley.
57 Mas gracias sean dadas a Dios, que nos da la victoria por
medio de nuestro Señor Jesucristo.
58 Así que, hermanos míos amados, estad firmes y constantes,
creciendo en la obra del Señor siempre, sabiendo que vuestro trabajo en el Señor no es en vano.**

Estamos ahora en condiciones de atender a una descripción de lo que va a suceder el día de la resurrección. «He aquí, os digo un misterio». ¿Qué misterio es este? ¿Es acaso el misterio de que los muertos serán resucitados? No, eso no es un misterio. Ya hemos explicado que la muerte es necesaria a la vida. El misterio que anuncia Pablo ahora es la posibilidad de evitar la muerte y de obtener la inmortalidad y la incorrupción sin pasar por el proceso de la muerte. «¡No todos dormiremos; pero todos seremos transformados!» (v. 51). Ese es el misterio. No se trata de que todos seremos transformados, sino de que no todos dormiremos; ¡no todos moriremos! ¡Aleluya!

De modo que, en el día de la resurrección sucederán dos cosas:

1. Los muertos resucitarán en incorrupción.
2. ¡Nosotros (los que estemos vivos) seremos transformados!

La resurrección se llevará a cabo sin aviso previo. No sabemos cuánto demorará, pero sabemos que acontecerá con tan poco aviso como el parpadeo de un ojo. La trompeta sonará, y será la final trompeta. No habrá otras. Este es el gran día de triunfo para todos los creyentes. «Entonces se cumplirá la palabra que está escrita: sorbida es la muerte en victoria» (v. 54). ¿Puede usted imaginarse el gozo de aquel día? ¿Puede imaginarse los cantos y aclamaciones de júbilo en el momento en que la muerte experimente su derrota final?

La muerte fue derrotada en la cruz. Desde la mañana en que los ángeles retiraron la piedra que cubría la tumba y Jesús salió de allí vivo, la victoria sobre la muerte le ha sido asegurada a todo creyente. Pero aun cuando hemos sabido que va a suceder, ¡no es posible medir el gozo de aquella hora! ¡Escuchen la canción de los que han sido librados! ¡Den voces de triunfo junto con ellos! «¿Dónde está, oh muerte, tu aguijón? ¿Dónde, oh sepulcro, tu victoria? Ya que el aguijón de la muerte es el pecado, y el poder del pecado, la ley. Mas gracias sean dadas a Dios, que nos da la victoria por medio de nuestro Señor Jesucristo» (vv. 55, 56). ¡Aleluya! ¡Aleluya! ¡Aleluya!

¿Cuál debería ser nuestra conducta a la luz de la verdad de la resurrección?

«Así que, hermanos míos amados ... estad firmes y constantes, creciendo en la obra del Señor siempre, sabiendo que vuestro trabajo en el Señor no es en vano». ¡No en vano, aleluya, no en vano! ¡No en vano porque Jesús resucitó de los muertos, y porque él resucitó, nosotros también resucitaremos!

1 CORINTIOS. . . DIECISÉIS

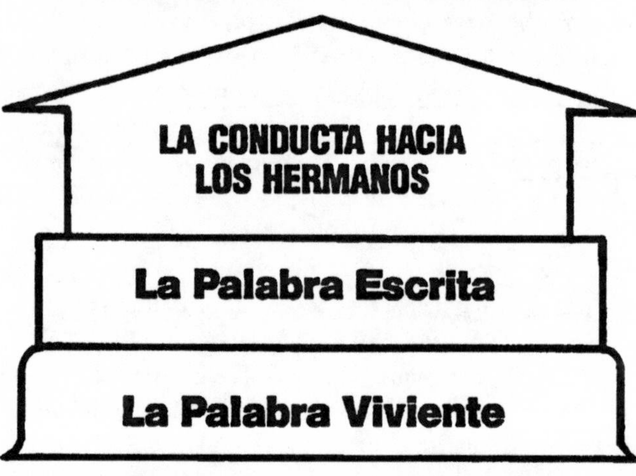

LA COLECTA PARA LOS SANTOS

LA FE SIN OBRAS
ES MUERTA

1 Corintios 16:1-9

En cuanto a la ofrenda para los santos, haced vosotros también
de la manera que ordené en las iglesias de Galacia.
2 Cada primer día de la semana cada uno de vosotros ponga
aparte algo, según haya prosperado, guardándolo, para cuando yo
llegue no se recojan entonces ofrendas.
3 Y cuando haya llegado, a quienes hubiereis designado por
carta, a éstos enviaré para que lleven vuestro donativo a Jerusalén.
4 Y si fuere propio que yo también vaya, irán conmigo.
5 Iré a vosotros, cuando haya pasado por Macedonia, pues por
Macedonia tengo que pasar.
6 Y podrá ser que me quede con vosotros, o aun pase el
invierno, para que vosotros me encaminéis a donde haya de ir.
7 Porque no quiero veros ahora de paso, pues espero estar con
vosotros algún tiempo, si el Señor lo permite.
8 Pero estaré en Éfeso basta Pentecostés;
9 Porque se me ha abierto puerta grande y eficaz, y muchos
son los adversarios.

Con cuánta rapidez se vuelve Pablo de la victoria de la resurrección a la conducta práctica de los creyentes unos a otros cuando hay una necesidad. Pero la verdad de la resurrección y la conducta del creyente no están desprovistas de relación. Efectivamente, la una impulsa a la otra. La creencia en la resurrección transforma nuestra conducta. Ahora resulta más apropiado que Pablo hable de la ofrenda para los santos de Jerusalén.

En el capítulo nueve hablamos de cómo el creyente debe sostener el ministerio. No es de eso de lo que estamos hablando aquí ahora. En el capítulo nueve se habló respecto al diezmo y de la mayordomía. De lo que se trata aquí es de dar a los pobres y de socorrer a los hermanos que tienen necesidad.

Pablo estaba empeñado en recibir una ofrenda para los hermanos en Jerusalén. Los tales habían sufrido una fuerte persecución y se hallaban en gran necesidad. Las iglesias de Galacia y Macedonia habían sido bendecidas grandemente en lo espiritual por los hermanos procedentes de Jerusalén. Era lo justo que los gálatas y macedonios tomaran una ofrenda para ellos.

Pablo sugirió que ellos apartaran su ofrenda cada primer día de la semana. Eso sería el domingo, porque el Sabbath judío era el último día de la semana, el sábado. Cada uno había de dar «según haya prosperado» (v. 2). Para cuando Pablo llegara a Corinto el dinero debía estar listo, y entonces sería enviado por mano de cualquiera a quien los corintios aprobasen mediante carta. Nótese lo cuidadoso que era Pablo en sus asuntos. El portador del dinero tenía que contar con la aprobación de la iglesia mediante una carta. No seamos descuidados, ni en nuestros negocios ni en los negocios del Señor.

Pablo era un hombre ocupado. Tenía planes de pasar por Corinto. En efecto, él tenía planes serios de pasar el invierno allí (v. 6). Sin embargo, no iba de inmediato porque Dios había abierto una gran oportunidad en Éfeso y él tenía planes de quedarse hasta Pentecostés para aprovechar de esa situación (v. 9).

EL MINISTERIO DE LOS SANTOS

DEDICACIÓN ESPIRITUAL

«Ellos se han dedicado al servicio de los santos».

«No vino para ser servido, sino para servir».

1 Corintios 16:10-24

10 Y si llega Timoteo, mirad que esté con vosotros con tranquilidad, porque él hace la obra del Señor así como yo.
11 Por tanto, nadie le tenga en poco, sino encaminadle en paz, para que venga a mí, porque le espero con los hermanos.
12 Acerca del hermano Apolos, mucho le rogué que fuese a vosotros con los hermanos, mas de ninguna manera tuvo voluntad de ir por ahora; pero irá cuando tenga oportunidad.
13 Velad, estad firmes en la fe; portaos varonilmente, y esforzaos.
14 Todas vuestras cosas sean hechas con amor.
15 Hermanos, ya sabéis que la familia de Estéfanas es las primicias de Acaya, y que ellos se han dedicado al servicio de los santos.
16 Os ruego que os sujetéis a personas como ellos, y a todos los que ayudan y trabajan.
17 Me regocijo con la venida de Estéfanas, de Fortunato y de Acaico, pues ellos han suplido vuestra ausencia.
18 Porque confortaron mi espíritu y el vuestro; reconoced, pues, a tales personas.
19 Las iglesias de Asia os saludan. Aquila y Priscila, con la iglesia que está en su casa, os saludan mucho en el Señor.
20 Os saludan todos los hermanos. Saludaos los unos a los otros con ósculo santo.
21 Yo, Pablo, os escribo esta salutación de mi propia mano.
22 El que no amare al Señor Jesucristo, sea anatema. El Señor viene.
23 La gracia del Señor Jesucristo esté con vosotros.
24 Mi amor en Cristo Jesús esté con todos vosotros. Amén.

En el versículo 15 Pablo dice:

«Sabéis que la familia de Estéfanas . . . se han dedicado al servicio de los santos». ¡Dedicado al servicio de los santos! ¡Qué testimonio! ¡Qué ministerio! Una y otra vez demostró Pablo que no era su ministerio ser servido sino servir. El mismo espíritu mostraron los corintios en la ofrenda para los santos de Jerusalén. «Más bienaventurado es dar que recibir». Existen muchos creyentes maravillosos que han aprendido el gozo de esta dedicación. Los que viven egoístamente jamás sabrán lo que es eso. ¡Bienaventurados son los que así se dedican!

Pablo fue uno de ellos. Se dio sin reservas. Fue de congregación en congregación colectando dinero para los pobres en Jerusalén. Estaba dispuesto, si fuese necesario, a hacer el viaje para entregarlo (v. 4).

Timoteo era otro. «Él hace la obra del Señor así como yo» (v. 10).

Apolos era otro. «Irá (a ustedes) cuando tenga oportunidad» (v. 12).

Estéfanas, Fortunato y Acaico . . . «ellos han suplido vuestra ausencia. Porque confortaron mi espíritu y el vuestro» (vv. 17,18) .

Aquila y Priscila . . . «con la iglesia que está en su casa, os saludan mucho en el Señor» (v. 19). Ellos abrieron su hogar como un lugar de reuniones para los creyentes. ¡Estaban dedicados al ministerio de los santos!

Concluyamos nuestro estudio de este capítulo y del libro de Primera de Corintios al señalar varias exhortaciones finales concernientes a la conducta de los creyentes.

«Velad» . . . . (v. 13).
«Estad firmes en la fe» . . . . (v. 13).
«Portaos varonilmente» . . . . (v. 13).
«Esforzaos» . . . . (v. 13).
«Todas vuestras cosas sean hechas con amor». . . . .(v. 14).

Concluye con una seria advertencia seguida de una cariñosa exhortación:

«El que no amare al Señor Jesucristo, sea anatema. El Señor viene».

«Mi amor en Cristo Jesús esté con todos vosotros. Amén».

1-7

2 CORINTIOS. . . UNO

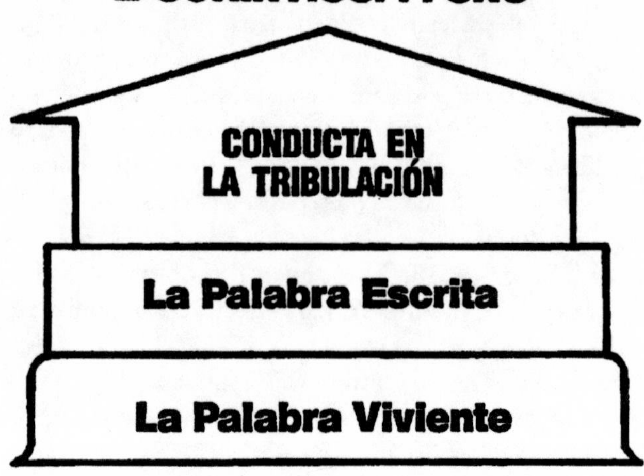

EL DIOS DE TODO CONSUELO

2 Corintios 1:1-7

Pablo, apóstol de Jesucristo por la voluntad de Dios, y el hermano Timoteo, a la iglesia de Dios que está en Corinto, con todos los santos que están en toda Acaya:

2 Gracia y paz a vosotros, de Dios nuestro Padre y del Señor Jesucristo.

3 Bendito sea el Dios y Padre de nuestro Señor Jesucristo, Padre de misericordias y Dios de toda consolación,

4 el cual nos consuela en todas nuestras tribulaciones, para que podamos también nosotros consolar a los que están en cualquier tribulación, por medio de la consolación con que nosotros somos consolados por Dios.

5 Porque de la manera que abundan en nosotros las aflicciones de Cristo, así abunda también por el mismo Cristo nuestra consolación.

6 Pero si somos atribulados, es para vuestra consolación y salvación; o si somos consolados, es para vuestra consolación y salvación, la cual se opera en el sufrir las mismas aflicciones que nosotros también padecemos.

7 Y nuestra esperanza respecto de vosotros es firme, pues sabemos que así como sois compañeros en las aflicciones, también lo sois en la consolación.

Esta segunda carta es escrita, del mismo modo como lo fue la primera, a la «iglesia de Dios que está en Corinto». El apóstol Pablo escribió desde Filipos en donde había sido perseguido y encarcelado. Dios lo había librado en manera maravillosa. A consecuencia de la tribulación que padeció, algo bueno resultó, pues el carcelero y su familia se convirtieron en creyentes.

Es importante tomar nota de lo que Pablo tiene que decir respecto a su tribulación. Él no miraba su encarcelamiento como una cosa mala. Más bien, aprendió algo de ello. Descubrió la gran consolación que el «Dios de toda consolación» puede darnos en tiempo de sufrimiento. De no haber sido por la persecución, él no hubiese conocido lo maravillosa que es la consolación del Señor.

Pablo reconoció cuál era la razón de que Dios permitiera que viniera a él la tribulación. Primero, él mismo aprendió a ser consolado por Dios. Segundo, a causa de haber experimentado la consolación de Dios, él podía «consolar a los que están en cualquier tribulación» (v. 4). Los que nunca han sufrido tienen dificultad para ayudar a los que sufren. Les cuesta a ellos comprender cómo se siente el que sufre porque ellos no han sufrido.

Pero el cristiano que ha sufrido y que ha experimentado la «consolación de Dios» tiene algo que decir a los que están atribulados y no conocen la consolación que puede darles Dios. Esta es una de las razones por las cuales Dios permite que los creyentes sufran.

El apóstol sabía lo que era la aflicción. Él sabía también lo que era la consolación de Dios. No podemos ayudar a otros a menos que conozcamos ambas. Por esto es que Pablo dice en el versículo 6:

1. «Si somos *atribulados*, es para vuestra consolación y salvación, o
2. «Si somos *consolados*, es para vuestra consolación y salvación».

Él vio que había algo bueno en la tribulación y en la consolación. ¡Ambas lo habilitaban para llevar consolación y salvación a los corintios! El creyente no debiera quejarse cuando vengan las tribulaciones. Más bien debiera procurar aprender aquello que Dios está enseñándole. Y debe fijarse en el «bien» así como «que todas las cosas obran para bien» y pueden traer bien a los que aman a Dios (Romanos 8:28).

SENTENCIA DE MUERTE

«SI ALGUNO QUIERE VENIR EN POS DE MI, NIÉGUESE A SÍ MISMO, Y TOME SU CRUZ, Y SÍGAME»

2 Corintios 1:8-11

8 Porque hermanos, no queremos que ignoréis acerca de nuestra tribulación que nos sobrevino en Asia; pues fuimos abrumados sobremanera más allá de nuestras fuerzas, de tal modo que aun perdimos la esperanza de conservar la vida.
9 Pero tuvimos en nosotros mismos sentencia de muerte, para que no confiásemos en nosotros mismos, sino en Dios que resucita a los muertos;
10 el cual nos libró, y nos libra, y en quien esperamos que aún nos librará, de tan gran muerte;
11 cooperando también vosotros a favor nuestro con la oración, para que por muchas personas sean dadas gracias a favor nuestro por el don concedido a nosotros por medio de muchos.

Desde el momento de su nacimiento, nuestro Señor tenía sobre sí la «sentencia de muerte». Él nació para morir. La muerte de Jesús fue parte del plan de Dios. El perdón de pecados y la victoria sobre Satanás hacían necesaria la muerte del Hijo de Dios. Para llevar el evangelio a todo el mundo se necesita el sacrificio y sufrimiento por parte de sus seguidores. Jesús dijo: «Si alguno quiere venir en pos de mí, niéguese a sí mismo, y tome su cruz, y sígame».

Así como el mundo se mostró hostil a Jesús, así también el mundo se manifestará hostil al creyente. «Yo os envío como corderos en medio de lobos» (Lucas 10:3) dijo el pastor. Todo creyente que quiera seguir a su Señor tiene en él la «sentencia de muerte». Todo misionero que cruza el océano tiene en él la «sentencia de muerte». Todo pastor que predica la verdad en su integridad debe estar preparado para ser incomprendido y perseguido. Debe estar preparado para ser «abrumado sobremanera» (v. 8) hasta perder «la esperanza de conservar la vida».

Efectivamente, la vida del hijo de Dios totalmente consagrado es un milagro. Es una vida hecha posible mediante «Dios que resucita a los muertos» (v. 9). Es una vida en la cual el «yo» debe estar muerto.

Una vida en la cual el «yo» debe ser crucificado. «Con Cristo estoy juntamente crucificado, y ya no vivo yo, mas vive Cristo en mí; y lo que ahora vivo en la carne, lo vivo en la fe del Hijo de Dios, el cual me amó y se entregó a sí mismo por mí» (Gálatas 2:20).

De este modo el creyente consagrado porta la cruz de la autonegación y está marcado para muerte. No busca lo suyo. No se agrada a sí mismo. Está dispuesto a ir doquiera y a hacer cualquier cosa que su Señor le mande. Cada día que vive es un milagro, porque ha renunciado a sus derechos a la vida en su determinación de seguir a Jesús. Está totalmente en manos de «Aquel que libró . . .libra, y . . .aún nos librará» de la muerte física (v. 10). Sabe que la vida es un don . . . sustentado por las oraciones de los hijos de Dios (v. 11). Se muestra agradecido por la vida mientras ella dure, pero está dispuesto a ser ofrecido en cualquier momento, porque tiene en él la «sentencia de muerte».

VIAJE CON OBSTÁCULOS

2 Corintios 1:12-24

12 Porque nuestra gloria es ésta: el testimonio de nuestra conciencia, que con sencillez y sinceridad de Dios, no con sabiduría humana, sino con la gracia de Dios, nos hemos conducido en el mundo, y mucho más con vosotros.

13 Porque no os escribimos otras cosas de las que leéis o también entendéis; y espero que hasta el fin las entenderéis;

14 como también en parte habéis entendido que somos vuestra gloria, así como también vosotros la nuestra, para el día del Señor Jesús.

15 Con esta confianza quise ir primero a vosotros, para que tuvieseis una segunda gracia,

16 y por vosotros pasar a Macedonia, y desde Macedonia venir otra vez a vosotros, y ser encaminado por vosotros a Judea.

17 Así que, al proponerme esto, ¿usé quizá de ligereza? ¿O lo que pienso hacer, lo pienso según la carne, para que haya en mí Sí y No?

18 Mas, como Dios es fiel, nuestra palabra a vosotros no es Sí y No.

19 Porque el Hijo de Dios, Jesucristo, que entre vosotros ha sido predicado por nosotros, por mí, Silvano y Timoteo, no ha sido Sí y No; mas ha sido Sí en él;

20 porque todas las promesas de Dios son en él Sí, Y en él Amén, por medio de nosotros, para la gloria de Dios.

21 Y el que nos confirma con vosotros en Cristo, y el que nos ungió, es Dios,

22 el cual también nos ha sellado, y nos ha dado las arras del Espíritu en nuestros corazones.

23 Mas yo invoco a Dios por testigo sobre mi alma, que por ser indulgente con vosotros no he pasado todavía a Corinto.

24 No que nos enseñoreemos de vuestra fe, sino que colaboramos para vuestro gozo; porque por la fe estáis firmes.

Dos cosas producían gozo al apóstol:

1. El testimonio de su propia conciencia (v. 12).
2. Los convertidos corintios mismos (v. 14).

Una buena conciencia es un manantial de gozo. La sencillez y una piadosa sinceridad caracterizaban la conducta de Pablo, «en el mundo» y entre los creyentes corintios. No había hipocresía en Pablo, nada de simulación. Era tal cual parecía. Por el hecho de que no tenía nada que esconder, no tenía nada de lo cual avergonzarse. Por cuanto su conciencia estaba limpia, tenía paz con Dios, con el hombre, y consigo mismo. Una conciencia tal reporta gozo a quien la posee.

Otra razón por la cual estaba gozoso era porque su ministerio era fructífero. Cada convertido llegaba a ser una «corona de gloria» para el apóstol, gozo para el presente, y gozo en el día en que hubiera de presentarse delante de Cristo en su venida (1 Tesalonicenses 2:19).

En los versículos 15-20 Pablo usa su cambio de planes para ilustrar la naturaleza inmutable de las promesas de Dios. El había hablado de su intención de visitar Corinto en su primera carta. Sin embargo, había sido impedido y no pudo hacer el viaje. Pablo estaba vivamente contrariado. Él deseaba que los corintios supieran que para él no era una cosa liviana el no haber podido visitarles. No les había hablado con dos lenguas. No era su carácter decir una cosa y hacer otra. Él no deseaba que ellos pensaran que por el hecho de que sus planes eran susceptibles de sufrir alteración, su evangelio era también variable. Cierto era que no había podido visitarles como había planeado; su promesa fue quebrantada por circunstancias imprevistas. Pero, las promesas de Dios son diferentes. Ni las circunstancias, ni el hombre, y ni siquiera el diablo, pueden cambiar lo que Dios ha dicho. «Porque todas las promesas de Dios son en él Sí, y en él Amén, por medio de nosotros, para la gloria de Dios» (v. 20).

En los versículos 21 y 22 Pablo se refería a la obra de la Trinidad en el creyente. Dios desea que cada creyente sea confirmado en Cristo, ungido por Dios, y «sellado» por el Espíritu. El Espíritu Santo selló a los creyentes el día de Pentecostés, y eso es lo que el Espíritu Santo hace todavía en la actualidad. Pedro dijo que la «promesa» (del bautismo con el Espíritu Santo) es para ustedes, y para sus hijos, y para todos los que están lejos, para cuantos el Señor nuestro Dios llamare» (Hechos 2:39).

El apóstol concluye el capítulo con otra razón para no ir a Corinto en esa oportunidad. Por causa de su pecado, ellos necesitaban ser reprendidos, y él deseaba ahorrarles una confrontación cara a cara con él. Tenía autoridad apostólica para decirles cómo tenían ellos que comportarse, pero no tenía dominio apostólico sobre la fe de ellos. La decisión de comportarse como hombres de fe debían tomarla ellos.

Sin embargo, en su calidad de apóstol, él deseaba ayudarlos a que hallaran la vida de gozo que proporciona la fe, y era por esta razón que él escribió la primera, y ahora la segunda carta.

2 CORINTIOS. . . DOS

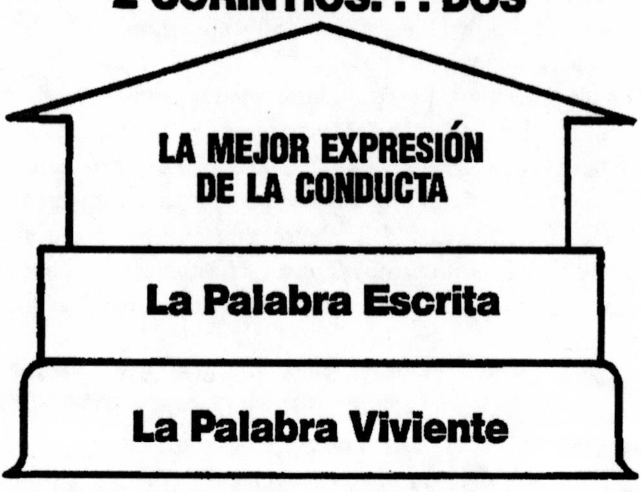

EL PERDÓN CRISTIANO

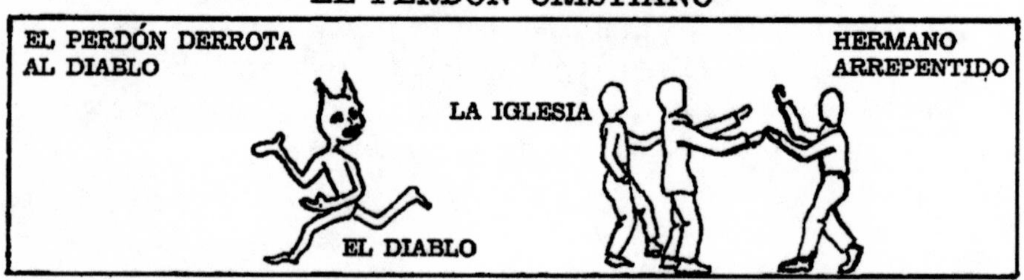

2 Corintios 2:1-11

Esto, pues, determiné para conmigo, no ir otra vez a vosotros con tristeza.

2 Porque si yo os contristo, ¿quién será luego el que me alegre, sino aquel a quien yo contristé?

3 Y esto mismo os escribí, para que cuando llegue no tenga tristeza de parte de aquellos de quienes me debiera gozar; confiando en vosotros todos que mi gozo es el de todos vosotros.

4 Porque por la mucha tribulación y angustia del corazón os escribí con muchas lágrimas, no para que fueseis contristados, sino para que supieseis cuán grande es el amor que os tengo.

5 Pero si alguno me ha causado tristeza, no me la ha causado a mí solo, sino en cierto modo (por no exagerar) a todos vosotros.

6 Le basta a tal persona esta reprensión hecha por muchos;

7 así que, al contrario, vosotros más bien debéis perdonarle y consolarle, para que no sea consumido de demasiada tristeza.

8 Por lo cual os ruego que confirméis el amor para con él.

9 Porque también para este fin os escribí, para tener la prueba de si vosotros sois obedientes en todo.

10 Y al que vosotros perdonáis, yo también; porque también yo lo que he perdonado, si algo he perdonado, por vosotros lo he hecho en presencia de Cristo,

11 para que Satanás no gane ventaja alguna sobre nosotros; pues no ignoramos sus maquinaciones.

El perdón es la conducta cristiana en su mejor expresión. El apóstol deseaba que los creyentes corintios practicaran esta conducta. En este pasaje, tres son las cosas que preocupan a Pablo:

1. El modo en que el perdón de ellos lo afectaba a él.
2. El modo en que el perdón de ellos afectaba a la iglesia.
3. El modo en que el perdón de ellos afectaba al hermano que había pecado.

Si disfrutamos con la administración de la disciplina, y hallamos placer en la incomodidad que esta produce, hay algo malo en nuestro espíritu. Pablo no vacilaba en reprender a los que se portaban mal, pero jamás disfrutó al hacerlo.

El gozo genuino, lo mismo como el genuino amor, debe ser compartido. Nuestro gozo no debe estar fundado en la miseria de otros. «Si yo os contristo», dijo Pablo (v. 2), «¿quién será luego el que me alegre, sino aquel a quien yo contristé?» Por tanto, tras haber corregido la conducta de los corintios, el apóstol estaba ansioso de que ellos experimentaran una vez más el gozo de una buena conciencia para que él pudiera gozarse con el gozo de ellos.

En 1 Corintios 5 aprendimos que Pablo deseaba que la disciplina que se le administrara al hermano que había pecado fuese recuperativa. Su primera carta instaba a los corintios a que expulsaran al hermano de la iglesia. Había sido una carta difícil de escribir (v. 4), pero había cumplido su propósito. La iglesia había tomado una posición contra el pecado. El hermano que había pecado se había arrepentido. La preocupación de Pablo ahora era porque los creyentes corintios pudieran añadir misericordia al juicio y que el castigo condujera a la restauración.

¡Qué importante es tratar con el pecado! No obstante, cuánto más importante es hacer que la disciplina resulte recuperativa. Hay demasiados creyentes que están satisfechos con tener una norma de santidad. Le dan énfasis a la «santificación» y se deleitan expulsando de la iglesia a la gente que peca. Les hace sentirse justos el estar sentados en el juicio de aquellos que caen. Los que hacen esto debieran recordar que la «justificación propia» es una cosa mala, ¡tan mala como el pecado que juzga! «Hermanos, si alguno fuere sorprendido en alguna falta, vosotros que sois espirituales, restauradle con espíritu de mansedumbre, considerándote a ti mismo, no sea que tú también seas tentado» (Gálatas 6:1).

Así, en esta segunda carta, el apóstol dijo a los corintios que debían perdonar al hermano que pecó, y consolarle para que no fuera «consumido de demasiada tristeza» (v. 7). Pablo los elogia por su obediencia a su primera carta, y les pide que le obedezcan de nuevo perdonando al hermano. «Y al que vosotros perdonáis, yo también . . . en presencia de Cristo» (v. 10).

«Que Satanás no gane ventaja alguna» de esto, les dijo. Satanás había ganado una «ventaja» (v. 11) por el pecado del hermano y por la indiferencia de la iglesia hacia su pecado. Ahora esto había sido corregido, y la iglesia había recobrado la ventaja que les había sacado Satanás. Sin embargo, si ellos fallaban en perdonar y en restaurar al hermano, Satanás podría una vez más ganar ventaja. Esto no debía suceder. Por tanto, el hermano debía ser perdonado y recibido de vuelta en la comunión, de modo que Satanás continuara en derrota. «No ignoramos sus maquinaciones», dijo Pablo (v. 11). El perdón es la conducta del creyente en su mejor expresión. Perdonar es divino.

OLOR DE VIDA

2 Corintios 2:12-17

12 Cuando llegué a Troas para predicar el evangelio de Cristo, aunque se me abrió puerta en el Señor,

13 no tuve reposo en mi espíritu, por no haber hallado a mi hermano Tito; así, despidiéndome de ellos, partí para Macedonia.

14 Mas a Dios gracias, el cual nos lleva siempre en triunfo en Cristo Jesús, y por medio de nosotros manifiesta en todo lugar el olor de su conocimiento.

15 Porque para Dios somos grato olor de Cristo en los que se salvan, y en los que se pierden;

16 a éstos ciertamente olor de muerte para muerte, y a aquéllos olor de vida para vida. Y para estas cosas, ¿quién es suficiente?

17 Pues no somos como muchos, que medran falsificando la palabra de Dios, sino que con sinceridad, como de parte de Dios, y delante de Dios, hablamos en Cristo.

¡Cuán completamente estaba la vida de Pablo en las manos de su Señor! Ya sea que se tratase de la disciplina y el cuidado de las iglesias, ya fuese aflicción, consolación, o predicación del evangelio, Pablo podía decir: «Mas a Dios gracias, el cual nos lleva siempre en triunfo en Cristo Jesús» (v. 14).

Fue en Troas donde fueron cambiados los planes del apóstol. El pretendía ir a Asia, pero un hombre se le apareció en una visión y le pidió que fuera a Macedonia. «¡A Dios gracias!» fue la reacción de Pablo a este cambio de itinerario. Fue a Filipos, y allí lo encarcelaron por causa de la muchacha con espíritu pitónico que fue sanada. «¡A Dios gracias!» fue la reacción de Pablo mientras él y Silas cantaban con sus pies aprisionados en el cepo. Era imposible desalentar a Pablo. Su vida estaba completamente consagrada a Dios. Él daba gracias a Dios en todo. Cada prueba, cada contratiempo, cada carga, cada alegría, cada consolación, ¡todos eran parte de su triunfo en Cristo! Su conducta era la de quien está totalmente consagrado.

Pablo comparó su mensaje con un olor suave. El conocimiento acerca de Cristo que el apóstol llevaba consigo hacía que su presencia fuese agradable a los que estaban dispuestos a creer (vv. 14, 15). Sin embargo, aunque su presencia era como la fragancia suave de las flores para los que creían, era como el olor de muerte para los que rechazaban a Cristo. Su presencia los irritaba. Les hacía encararse con su pecado, y esto a ellos no les agradaba. No querían pensar en el castigo por el pecado. No querían pensar en la muerte, y no querían que gente como Pablo mencionara la resurrección y el juicio. Preferían vivir para el presente. Hubieran preferido a predicadores que adulteraran la Palabra de Dios. Deseaban que se les dijera que todos estaban bien y que no se perderían eternamente (v. 17).

Pero Pablo rehusaba predicar otra cosa que no fuera que la verdad del evangelio, aun cuando fuese como el hedor de muerte para sus incrédulos oyentes! ¡Qué lección es esta! El evangelio son «buenas nuevas».

Es un suave y fragante aroma. Su «olor» es siempre el mismo. Sin embargo, a causa de la maldad del corazón de los hombres, el evangelio, cuya intención original fue traer vida eterna y gozo, trae en cambio muerte y juicio, no porque Dios quisiese que fuera así, sino a causa de que los hombres se niegan a creer. «No queriendo que ninguno perezca, sino que todos procedan al arrepentimiento» (2 Pedro 3:9).

2 CORINTIOS. . . TRES

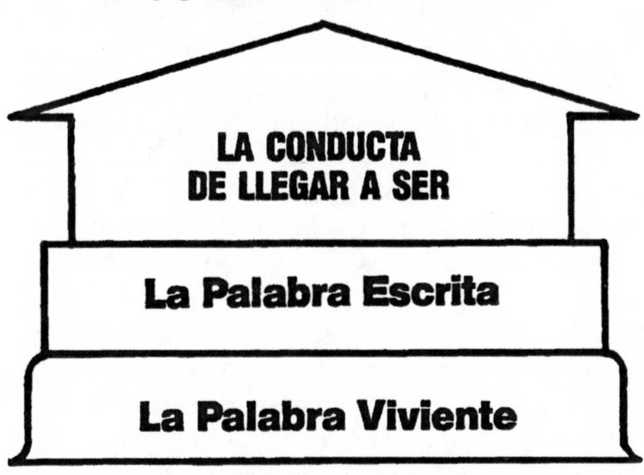

LA EPÍSTOLA DE CRISTO

2 Corintios 3:1-3

¿Comenzamos otra vez a recomendarnos a nosotros mismos? ¿O tenemos necesidad como algunos, de cartas de recomendación para vosotros, o de recomendación de vosotros?

2 Nuestras cartas sois vosotros, escritas en nuestros corazones, conocidas y leídas por todos los hombres;

3 siendo manifiesto que sois carta de Cristo expedida por nosotros, escrita no con tinta, sino con el Espíritu del Dios vivo; no en tablas de piedra, sino en tablas de carne del corazón.

El mundo incrédulo juzga a Cristo por la conducta del creyente. Juzga también a la Biblia por la conducta del creyente. El carácter del creyente testifica respecto de Jesús y de la Biblia. Somos la única carta que el incrédulo está dispuesto a creer y a aceptar. ¡Somos la Palabra demostrada!

¡Qué solemne responsabilidad! Podemos tener la mejor literatura, los templos más hermosos, la suprema elocuencia en el púlpito; pero si la conducta del creyente, ya sea del laico en la banca o del predicador en el púlpito, no es a semejanza de Cristo, luego serán rechazadas tanto la PALABRA VIVA como la PALABRA ESCRITA. El creyente no puede decirle al pecador: «Cree lo que digo pero no hagas lo que hago». Las acciones del creyente hablan con mayor fuerza que sus palabras. ¡Somos cartas, conocidas y leídas de todos los hombres! (v. 2).

Había quienes cuestionaban el apostolado de Pablo. Ellos deseaban cartas de recomendación que comprobaran el derecho que él tenía de decirles cómo debían portarse. «Yo no necesito cartas de recomendación escritas con tinta», dijo el apóstol, «porque ustedes, los corintios, son toda la recomendación que yo necesito. ¡El Espíritu del Dios viviente ha escrito una recomendación de mi trabajo sobre las tablas de sus corazones! La fe y la conducta de ustedes son lo que yo señalo a los hombres cuando ellos me piden que pruebe mi apostolado».

Un verdadero hombre de Dios no necesita pruebas de que es un hombre de Dios. Sus obras hablarán por él. Las vidas de aquellos que han sido cambiados por su ministerio testificarán en su favor. Y ni siquiera tiene que probar que Jesús vive y que resucitó de los muertos. ¡Su nueva vida comprobará la realidad de la resurrección!

EL NUEVO PACTO

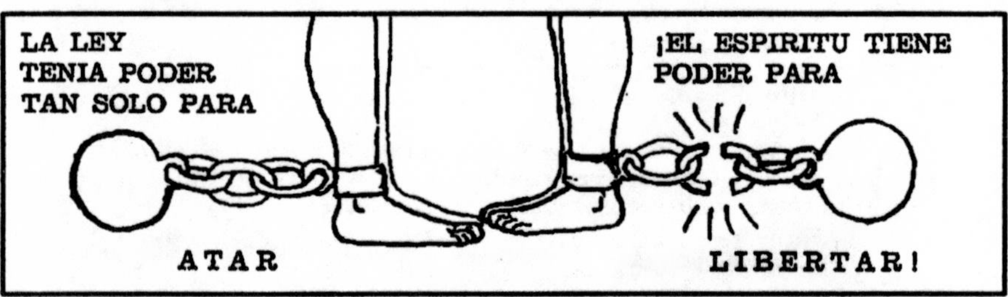

2 Corintios 3:4-6

4 Y tal confianza tenemos mediante Cristo para con Dios;

5 no que seamos competentes por nosotros mismos para pensar algo como de nosotros mismos, sino que nuestra competencia proviene de Dios,

6 el cual asimismo nos hizo ministros competentes de un nuevo pacto, no de la letra, sino del espíritu; porque la letra mata, mas el espíritu vivifica.

Pablo explica en la conclusión de este capítulo cómo es que la conducta de un creyente puede «llegar a ser» semejante a la de Cristo.

El Nuevo Pacto puede hacer lo que no podía hacer el Antiguo. Las leyes que recibió Moisés en el Monte Sinaí podían condenar la mala conducta, pero no tenían poder para hacer que un hombre llegase a ser como Jesús. Pero el Evangelio que Pablo predicaba no era el evangelio del Antiguo Testamento (Pacto). Era las «buenas nuevas» del Nuevo Testamento (Pacto), la «ley del Espíritu» escrita sobre las «tablas de carne del corazón» y no una ley escrita sobre «tablas de piedra». Las leyes escritas en piedra, o en los reglamentos eclesiásticos, o en constituciones, aun cuando sean buenas y nos muestren lo que debiera ser, no tienen poder para cambiar al hombre, y pueden por tanto solamente condenar y acarrear castigo. «La letra mata» (v. 6).

Pero la ley del Espíritu es diferente. Se halla escrita en el corazón de un hombre. Viene por fe. ¡Da vida! (v. 6). «Porque la ley del Espíritu de vida en Cristo Jesús me ha librado de la ley del pecado y de la muerte. Porque lo que era imposible para la ley, por cuanto era débil por la carne, Dios, enviando a su Hijo en semejanza de carne de pecado y a causa del pecado, condenó al pecado en la carne; para que la justicia de la ley se cumpliese en nosotros, que no andamos conforme a la carne, sino conforme al Espíritu» (Romanos 8:2-4).

Esta nueva vida «conforme al Espíritu» no es posible mediante nuestro propio poder, pero es posible mediante el poder de Dios. «Nuestra competencia proviene de Dios» (v. 5). ¡Lo que no fue posible bajo el Antiguo Pacto es ahora posible bajo el Nuevo Pacto! ¡Podemos ser semejantes a Cristo! ¡Su gracia y su poder son suficientes!

LA GLORIA MÁS EMINENTE

2 Corintios 3:7-16

7 Y si el ministerio de muerte grabado con letras en piedras fue con gloria, tanto que los hijos de Israel no pudieron fijar la vista en el rostro de Moisés a causa de la gloria de su rostro, la cual había de perecer,

8 ¿cómo no será más bien con gloria el ministerio del espíritu?

9 Porque si el ministerio de condenación fue con gloria, mucho más abundará en gloria el ministerio de justificación.

10 Porque aun lo que fue glorioso, no es glorioso en este respecto, en comparación con la gloria más eminente.

11 Porque si lo que perece tuvo gloria, mucho más glorioso será lo que permanece.

12 Así que, teniendo tal esperanza, usamos de mucha franqueza;

13 y no como Moisés, que ponía un velo sobre su rostro, para que los hijos de Israel no fijaran la vista en el fin de aquello que había de ser abolido.

14 Pero el entendimiento de ellos se embotó; porque hasta el día de hoy, cuando leen el antiguo pacto, les queda el mismo velo no descubierto, el cual por Cristo es quitado.

15 Y aun hasta el día de hoy, cuando se lee a Moisés, el velo está puesto sobre el corazón de ellos.

16 Pero cuando se conviertan al Señor, el velo se quitará.

Estos versículos comparan la gloria del Antiguo Pacto con la gloria del Nuevo Pacto. Nótese cómo la gloria del Nuevo Pacto excedía la del Antiguo:

NUEVO PACTO
Escrito en tablas del corazón
El Espíritu da vida
Justicia
Gloria más eminente
Permanece
El velo es quitado
Nosotros contemplamos a cara descubierta
Nosotros, al mirar, somos transformados

DE GLORIA EN GLORIA

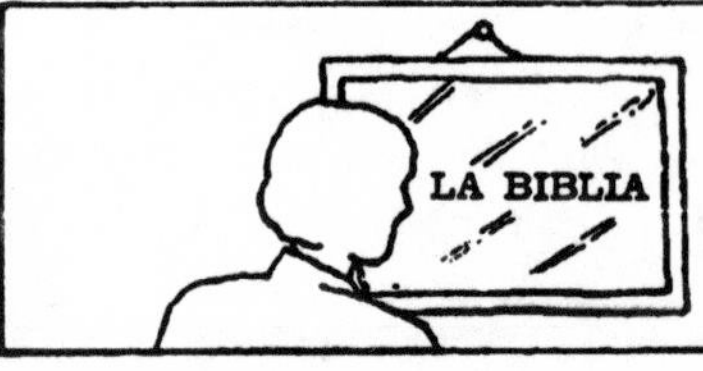

"POR TANTO, NOSOTROS TODOS, MIRANDO ... COMO EN UN ESPEJO LA GLORIA DEL SEÑOR, SOMOS TRANSFORMADOS ... EN LA MISMA IMAGEN ..."

2 Corintios 3:17-18

17 Porque el Señor es el Espíritu; y donde está el Espíritu del Señor, allí hay libertad.

18 Por tanto, nosotros todos, mirando a cara descubierta como en un espejo la gloria del Señor, somos transformados de gloria en gloria en la misma imagen, como por el Espíritu del Señor.

Hablemos ahora respecto a la «conducta de llegar a ser», esto es, el proceso de llegar a ser como Jesús. Estos dos últimos versículos del capítulo tres nos muestran cómo sucede esto. Debemos comenzar con un encuentro personal con el Señor. No podemos comportarnos como es debido si es que nuestro fundamento es tan sólo un conjunto de leyes como el Antiguo Pacto. El cristianismo significa seguir a Jesús. El cristianismo significa hacer a Jesús el Señor de nuestras vidas. El cristianismo significa permitir que Cristo habite en nosotros, «¡y donde está el Espíritu del Señor, allí hay libertad!» (v. 17). «Porque la ley del Espíritu de vida en Cristo Jesús me ha librado de la ley del pecado y de la muerte» (Romanos 8:2). De modo que comenzamos por hacer de Cristo el fundamento de nuestra vida y de nuestra conducta. Esto lo hacemos mediante la fe.

El paso siguiente en llegar a ser como Jesús es «mirar». Debemos mirar «como en un espejo la gloria del Señor». La Biblia es el espejo que revela la gloria del Señor y nuestra propia pecaminosidad.

Ahora, para ver algo es necesario mirarlo. Para ver en un espejo uno debe pararse directamente en frente de él. Sin embargo, lo que vemos cuando nos paramos ante la Palabra de Dios es diferente de lo que vemos cuando nos paramos frente a un espejo. Cuando nos paramos frente a la Palabra de Dios no vemos nuestra propia gloria. Vemos la gloria de él. Ciertamente que nos veremos nosotros también, pero no hay nada respecto de nuestra imagen como para hacernos sentir orgullosos. Pero a medida que miramos por fe, comenzaremos a ver lo que podemos ser en Cristo. Veremos lo que podemos ser mediante el poder de su Espíritu. Y, a medida que miramos y creemos, somos cambiados de gloria en gloria, ¡del carácter que teníamos al carácter que Dios desea que tengamos! ¡Aleluya!

En Romanos 12:1 se nos dice que nos «presentemos» a Dios, para que podamos «comprobar» la voluntad de Dios. La voluntad de Dios es que seamos semejantes a Jesús. Llegamos a ser semejantes a Jesús por medio de presentarnos a él, por paramos ante él y contemplar su gloria. Y a la medida que nos presentamos a su Palabra, a la oración y a la meditación, a la medida que permitimos que el reflejo de su gloria brille sobre nosotros, somos cambiados día tras día a su semejanza. ¡Llegamos a ser una prueba viviente de su perfecta voluntad! (Romanos 12:2).

Una persona «llega a ser» aquello a lo cual se «presenta» o expone. Si usted se expone a las malas compañías, llegará a ser como aquellos a los cuales se asocia. Si se expone a malos libros, usted llega a ser lo que lee. Si permite que su mente viva en la sensualidad y en la concupiscencia, no habrá de pasar mucho tiempo antes de que esté usted buscando maneras de satisfacer sus deseos. Si usted gasta su tiempo procurando hacerse rico y si utiliza su fuerza para adquirir riquezas y placer, entonces usted será aquello a lo cual se ha expuesto. Es tan cierto como la ley de la cosecha. «Todo lo que el hombre sembrare, eso, también segará» (Gálatas 6:7).

Santiago nos dice lo que debiera hacer el creyente. «El que mira atentamente en la perfecta ley, la de la libertad, y persevera en ella, no siendo oidor olvidadizo, sino hacedor de la obra, éste será bienaventurado en lo que hace» (Santiago 1:25). ¡Es en la «perfecta ley, la de la libertad», en la Palabra de Dios, que contemplamos la gloria del Señor. Esta es la razón por la cual la Palabra de Dios es el fundamento de la conducta del creyente. Si hemos de llegar a ser como Jesús, debemos contemplarle en su Palabra. Cuando estudiamos la Biblia y meditamos, el Espíritu de Dios hace que Jesús se nos revele. De este modo somos transformados «de gloria en gloria». Es cuando nos «presentamos» al espejo de la Palabra de Dios que somos «transformados por medio de la renovación de nuestro entendimiento» (Romanos 12:2). Somos «transformados en la misma imagen» (v. 18), ¡la imagen de Jesús! De esta manera es como «comprobamos» la voluntad de Dios. Así es como llegamos a ser conformes «a la imagen de su Hijo, para que él sea el primogénito entre muchos hermanos» (Romanos 8:29).

Por tanto, es la predestinada voluntad de Dios que la conducta del creyente llegara a ser semejante a la conducta de Jesús. Pero no puede cumplirse mediante leyes escritas en piedra con tinta, o con tinta en los reglamentos de la iglesia y declaraciones de fe. Estos son buenos y necesarios, pero no tienen poder para hacer al creyente semejante a Jesús. Esto puede suceder únicamente cuando una persona confiesa a Jesús como su Salvador personal, cuando mira en la PALABRA

ESCRITA Y aprende a conocer la PALABRA VIVIENTE. Al hacer esto en forma regular y devocionalmente, mirará «como en un espejo la gloria del Señor» y será transformado en la misma imagen, «de gloria en gloria, como por el Espíritu del Señor» (v. 18).

2 CORINTIOS. . . CUATRO

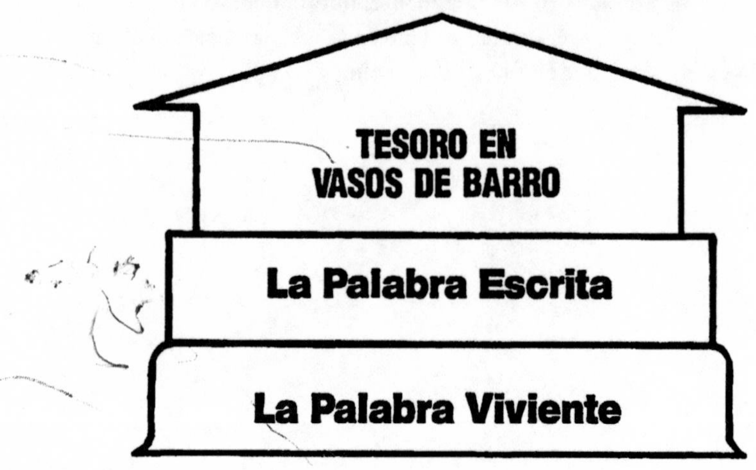

ESTE MINISTERIO

2 Corintios 4:1-6

Por lo cual, teniendo nosotros este ministerio según la misericordia que hemos recibido, no desmayamos.

2 Antes bien renunciamos a lo oculto y vergonzoso, no andando con astucia, ni adulterando la palabra de Dios, sino por la manifestación de la verdad recomendándonos a toda conciencia humana delante de Dios.

3 Pero si nuestro evangelio está aún encubierto, entre los que se pierden está encubierto;

4 en los cuales el dios de este siglo cegó el entendimiento de los incrédulos, para que no les resplandezca la luz del evangelio de la gloria de Cristo, el cual es la imagen de Dios.

5 Porque no nos predicamos a nosotros mismos, sino a Jesucristo como Señor, y a nosotros como vuestros siervos por amor de Jesús.

6 Porque Dios, que mandó que de las tinieblas resplandeciese la luz, es el que resplandeció en nuestros corazones, para iluminación del conocimiento de la gloria de Dios en la faz de Jesucristo.

«Por lo cual, teniendo nosotros este ministerio...» ¿De qué ministerio hablaba el apóstol? Bueno, en el capítulo 3:6 él dijo que Dios nos hizo «ministros competentes de un nuevo pacto», y en seguida contrastó el Nuevo Pacto con el Antiguo. Por consiguiente, en este capítulo él habla de la misma cosa: del «ministerio del Espíritu» (3:8), ¡del glorioso evangelio que tiene poder para transformar a un hombre en la misma imagen del Señor! (3:18).

¡Nunca había habido un evangelio tal como el que Pablo predicaba! Había muchas religiones, muchas leyes, muchos pactos. Pero todos habían fracasado en hacer que los hombres se comportaran apropiadamente. Ninguno tenía poder para hacer piadosos a los hombres. Podían condenar, podían mostrar lo que un hombre debía ser, pero ninguno podía cambiar el corazón de un hombre. ¡No causa asombro el hecho de que Pablo fuese tan feliz de ser un ministro del Evangelio de Cristo! «Porque no me avergüenzo del evangelio» dijo él en Romanos 1:16, «porque es poder de Dios para salvación a todo aquel que cree». El apóstol estaba ansioso de que todo el mundo oyera las buenas nuevas de lo que Cristo había hecho posible a los hombres mediante la fe. Nosotros también, los que hemos creído, debiéramos estar ansiosos de que el mundo lo supiera.

Por esta razón es que nosotros, como Pablo, debiéramos renunciar a «lo oculto y vergonzoso» (v. 2), debiéramos caminar sin astucia y no debiéramos manipular engañosamente la Palabra de Dios. ¿Por qué? ¡Porque las vidas de los hombres dependen de ello! Lo que decimos y la manera en que nos comportamos constituirán la diferencia entre si los hombres creen o no el evangelio de Cristo. Debemos asegurarnos de que no somos los causantes de su incredulidad.

Sabemos que algunos se perderán; ellos no permitirán que brille en sus corazones la luz que les haría conocer la verdad (v. 6) porque sus mentes han estado enceguecidas por el dios de este mundo (v. 4). Pero jamás debemos ser nosotros la causa de que ellos se pierdan. Debemos recomendarnos «a toda conciencia humana delante de Dios» (v. 2). No debemos pensar en nosotros mismos o predicar respecto de nosotros mismos. No debemos atraer la atención a nosotros o buscar la alabanza de los hombres. Debemos predicar al

Señor Jesucristo y pensar de nosotros mismos como siervos de aquellos a los cuales predicamos por causa de Jesús (v. 5).

TESORO EN VASOS DE BARRO

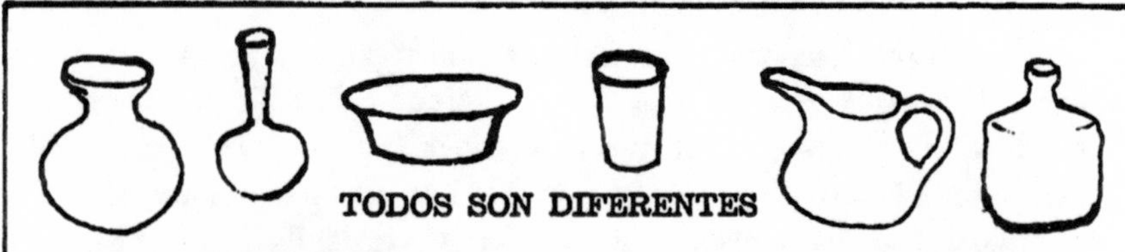

2 Corintios 4:7-15

7 Pero tenemos este tesoro en vasos de barro, para que la excelencia del poder sea de Dios, y no de nosotros,

8 que estamos atribulados en todo, más no angustiados; en apuros, mas no desesperados,

9 perseguidos, mas no desamparados; derribados, pero no destruidos;

10 llevando en el cuerpo siempre por todas partes la muerte de Jesús, para que también la vida de Jesús se manifieste en nuestros cuerpos.

11 Porque nosotros que vivimos, siempre estamos entregados a muerte por causa de Jesús, para que también la vida de Jesús se manifieste en nuestra carne mortal.

12 De manera que la muerte actúa en nosotros, y en vosotros la vida.

13 Pero teniendo el mismo espíritu de fe, conforme a lo que está escrito: Creí, por lo cual hablé, nosotros también creemos, por lo cual también hablamos,

14 sabiendo que el que resucitó al Señor Jesús, a nosotros también nos resucitará con Jesús, y nos presentará juntamente con vosotros.

15 Porque todas estas cosas padecemos por amor a vosotros, para que abundando la gracia por medio de muchos, la acción de gracias sobre abunde para gloria de Dios.

En el versículo 1 Pablo habló acerca de «este ministerio». Ahora, en el versículo 7 él habla respecto de «este tesoro». Lo cierto es que habla de la misma cosa. Él desea manifestar lo maravilloso que es el evangelio, y lo maravilloso que es el plan de Dios mediante el cual el evangelio ha de ser dado al mundo. Con el fin de hacer esto, él compara al creyente con una vasija de barro en la cual se deposita un precioso tesoro. La vasija nada es. El tesoro lo es todo. La vasija es temporal. El tesoro es eterno. La «excelencia del poder» del evangelio debe ser lo que atraiga a los hombres, ¡no la vasija en la que está almacenado! (v. 7).

Cuando decimos que la vasija nada es, no estamos diciendo que el hombre carece de importancia. El hombre es muy importante, porque Dios lo creó y lo ama. Dios ha provisto vida eterna para el hombre y «nos resucitará con Jesús, y nos presentará juntamente con vosotros» (v. 14). Sin embargo, una vasija no es de valor alguno hasta que se coloque algo precioso en ella. Entonces es valiosa únicamente a causa de lo que contiene. Del mismo modo sucede con el hombre. El hombre sin Dios es nada. Está incompleto. Está irrealizado e infeliz. ¿Por qué? Porque fue creado para ser «depositario» de la vida de Dios. Tan solo cuando ha creído y el Espíritu de Dios está en él es que llega a ser «algo».

Pablo sabía que la persecución y tribulación que él experimentaba no podían destruir aquello que estaba en él. «Estamos atribulados en todo, mas no angustiados; en apuros, mas no desesperados; perseguidos, mas no desamparados; derribados, pero no destruidos; llevando en el cuerpo (la vasija) siempre la muerte del Señor para que también la vida de Jesús (el tesoro, el ministerio) pueda manifestarse en nuestro cuerpo.» No importaba lo que el hombre pudiera hacerle a Pablo, pero no podían quitarle el «tesoro» que su cuerpo contenía. Aun cuando fuesen a destruir la «vasija», el «tesoro» indestructible que contenía le aseguraría la resurrección, ¡y la «vasija» que los hombres deseaban destruir se levantaría con un cuerpo glorioso y eterno en el día en que Jesús venga! ¡No es de extrañar que Pablo y Silas cantasen en prisión! ¡No causa extrañeza que Esteban orara por los hombres que le apedrearon! Ellos podían destruir la vasija de barro, pero no podían destruir su contenido, ¡y el contenido era una garantía de una vasija más gloriosa, no terrenal, sino eterna!

EL HOMBRE INTERIOR

2 Corintios 4:16-18

16 Por tanto, no desmayamos; antes aunque este nuestro hombre exterior se va desgastando, el interior no obstante se renueva de día en día.

17 Porque esta leve tribulación momentánea produce en nosotros un cada vez más excelente y eterno peso de gloria;

18 no mirando nosotros las cosas que se ven, sino las que no se ven; pues las cosas que se ven son temporales, pero las que no se ven son eternas.

Pablo prosigue haciendo el contraste entre la vasija y lo que ella contiene, pero ahora él se refiere a ella como el «hombre exterior» (la vasija) y el «hombre interior» (el tesoro). Hace comparaciones para mostrar lo importante que es el tesoro en contraste con la vasija que lo contiene. Fíjese en lo que sigue:

EL «HOMBRE EXTERIOR»	EL «HOMBRE INTERIOR»
1. Es perecedero	1. Se renueva de día en día
2. Experimenta tribulación	2. Excelente gloria
3. Las tribulaciones son leves	3. Peso de gloria
4. Tribulaciones momentáneas	4. La gloria es eterna
5. Se relaciona con las cosas que se ven	5. Se relaciona con las cosas que no se ven
6. Se relaciona con las cosas temporales	6. Se relaciona con las cosas eternas

Pablo se refirió a «este ministerio» en el versículo 1, señalando de este modo lo que era una obra interior del Espíritu, escrito «en tablas de carne del corazón» (3:3). Esto estaba en contraste con leyes escritas en piedra, o en libros, las que les dicen a los hombres cómo deben comportarse pero no tienen poder para ayudarles a comportarse como es debido.

Habla luego de este «tesoro» en el versículo 7, la obra del Espíritu dentro del creyente cuyo cuerpo es semejante a una «vasija» que contiene el «tesoro». En estos versículos él muestra cómo es que la «vasija» se encuentra en proceso de decadencia, que es perecedera y que a menudo sufre. Insta a los creyentes a no desanimarse por lo que vean y sientan, aun cuando sus experiencias sean dolorosas. Deben ellos recordar que el tesoro en el interior de la vasija no puede ser destruido, y que aun cuando su cuerpo esté enfermo, sea perseguido y envejezca, ¡sin embargo el «hombre interior» se renueva de día en día y es indestructible! Debieran ellos recordar que la tribulación del hombre exterior es «leve» en comparación con el «peso» de gloria que experimentará el «hombre interior» cuando llegue el día de la resurrección. Les anima a no permitir que las cosas que son temporales y visibles les hagan perder de vista las cosas que son invisibles y eternas. «Un cristiano no debiera preocuparse tanto del cuidado de la «vasija» como para descuidar el «tesoro» que tiene en su interior! Jamás debe el «hombre exterior» recibir más atención que el «hombre interior».

¡En el versículo 17 dice que nuestra tribulación «produce en nosotros»! ¡Qué declaración más extraña! No obstante, es cierta. Jesús dijo que ningún hombre que deja padre, madre, casas o tierras por su causa dejará de tener su recompensa. Del mismo modo sucede con las tribulaciones: si sufrimos con él, reinaremos con él. Pablo dijo que él deseaba conocer a Jesús en la «participación» de sus padecimientos. ¡Qué consolador resulta esto para aquellos que han sufrido o que han visto sufrir a sus seres queridos.

Es interesante que Pablo dijo que sus tribulaciones eran «leves». En el versículo 8 dijo que estaba atribulado en todo, que estaba en apuros, que era perseguido, que era derribado, y que llevaba siempre en su cuerpo (vasija terrenal) la muerte del Señor Jesús. ¿Cómo podía referirse a todo esto como «tribulaciones leves»? ¡La mayoría de los cristianos piensan que una rueda pinchada, o un robo de sus pertenencias, o una mala cosecha, o la pérdida de un empleo, son «graves tribulaciones»! Sin embargo, estas no pueden compararse con lo que experimentó Pablo. ¿Qué es lo que constituye la diferencia entre la actitud de Pablo y la de los cristianos de hoy? La diferencia es esta: Pablo miraba al futuro, él miraba a las cosas invisibles y eternas, y el futuro era tan real para él, y la gloria prometida era tan grande que, por comparación, él consideraba que esta tribulación era leve. Los que quitan sus ojos de lo eterno e invisible y ven tan solo lo presente y visible son los que se quejan y lamentan de que sus tribulaciones son «pesadas».

2 CORINTIOS. . . CINCO

LA CONDUCTA DE
LA NUEVA CRIATURA

La Palabra Escrita

La Palabra Viviente

NUESTRA CASA EN EL CIELO

2 Corintios 5:1-8

**Porque sabemos que si nuestra morada terrestre, este
tabernáculo, se deshiciere, tenemos de Dios un edificio, una casa
no hecha de manos, eterna, en los cielos.
2 Y por esto también gemimos, deseando ser revestidos de
aquella nuestra habitación celestial;
3 pues así seremos hallados vestidos, y no desnudos.
4 Porque asimismo los que estamos en este tabernáculo gemimos con angustia; porque no quisiéramos ser desnudados, sino
revestidos, para que lo mortal sea absorbido por la vida.
5 Mas el que nos hizo para esto mismo es Dios, quien nos ha
dado las arras del Espíritu.
6 Así que vivimos confiados siempre, y sabiendo que entre
tanto que estamos en el cuerpo, estamos ausentes del Señor
7 (porque por fe andamos, no por vista);
8 pero confiamos, y más quisiéramos estar ausentes del
cuerpo, y presentes al Señor.**

Los predicadores hablan mucho de las calles de oro y de las mansiones en el cielo. Esto se debe a que la idea de felicidad que tiene el hombre se halla asociada con la posesión de abundantes cosas materiales. ¡Cuán equivocado es esto! Las calles de oro y los palacios son ciertamente una parte del cielo, pero no son las cosas que hacen que el cielo sea codiciable.

Lo que nos hará felices en el cielo es la clase de personas que seremos, la clase de gente con la que tendremos comunión, y la presencia visible de nuestro Rey y Salvador. En los primeros versículos del capítulo cinco Pablo habla respecto de la clase de cuerpos que tendremos en el cielo. Los compara a los cuerpos que tenemos aquí en la tierra.

NUESTROS CUERPOS EN LA TIERRA	NUESTROS CUERPOS EN EL CIELO
1. Terrenales	1. Celestiales
2. Tabernáculo	2. Edificio de Dios
3. Serán deshechos	3. Serán Eternos

El versículo 2 dice: «Por esto también gemimos». Lo que quiere decir: en este cuerpo terrenal gemimos, «deseando ser revestidos de aquella nuestra habitación (cuerpo) celestial».

Luego él dice: «Pues así seremos hallados vestidos, y no desnudos». ¿Qué es lo que quiere decir con eso de no ser hallados «desnudos»? El siguiente versículo explica: Gemimos y estamos angustiados por el hecho de que los cristianos deben pasar por la muerte para llegar al cielo. La muerte jamás es una cosa agradable. Es parte de la maldición. El cristiano gime, pero su muerte no es como la del pecador. El pecador muere sin esperanza. El creyente muere con esperanza, y por consiguiente no teme a la muerte, aun cuando esta no es agradable.

Pero hay una cosa que todo creyente anhela. Es una cosa que sucederá a los creyentes que estén vivos todavía cuando vuelva Jesús. ¡No tendrán que morir! Irán directamente al encuentro del Señor. Así es como Pablo dice, en el versículo 4: «¡No quisiéramos ser desnudados (por la muerte), sino revestidos, para que lo mortal sea absorbido por la vida!» Este es el misterio del cual leemos en 1 Corintios 15; «¡No todos dormiremos; pero todos seremos transformados!» ¡Aleluya!

El Espíritu Santo es quien mantiene esta esperanza viva en nuestros corazones. Una de las razones por las cuales el creyente debiera ser bautizado con el Espíritu Santo es la de mantener viva la esperanza.

«Mas el que nos hizo para esto mismo es Dios, quien nos ha dado las arras del Espíritu» (2 Corintios 5:5). De modo que el creyente lleno del Espíritu es un creyente que vive en esperanza, que vive confiando siempre en que la vida en este cuerpo es temporal y que será mucho mejor cuando estemos con el Señor. Un creyente semejante no coloca sus afectos en las cosas de esta tierra. Su esperanza y su amor están puestos en las cosas de arriba, donde está Cristo. Es un hombre que camina por fe y no por vista (1 Corintios 5:7). Su fe es la «substancia» y la «evidencia» de todas las cosas que espera (Hebreos 11:1), y son tan reales que las cosas visibles y terrenas no ejercen atracción sobre él.

EL TEMOR DEL SEÑOR

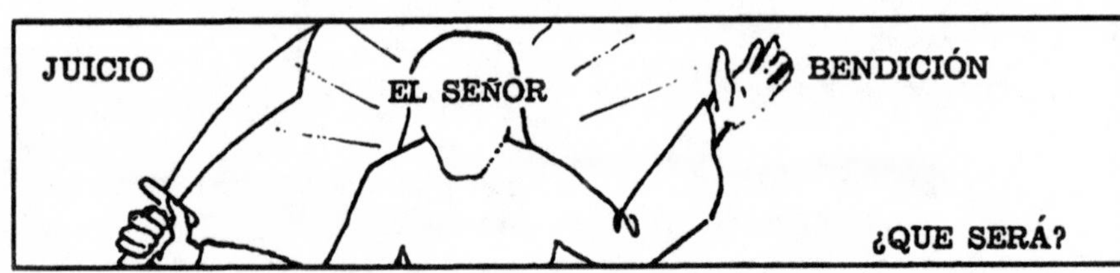

2 Corintios 5:9-11

9 Por tanto procuramos, también, o ausente o presentes, serle agradables.

10 Porque es necesario que todos nosotros comparezcamos ante el tribunal de Cristo, para que cada uno reciba según lo que haya hecho mientras estaba en el cuerpo, sea bueno o malo.

11 Conociendo, pues, el temor del Señor, persuadimos a los hombres; pero a Dios le es manifiesto lo que somos; y espero que también lo sea a vuestras conciencias.

El creyente trabaja para el Señor, no porque tenga miedo de Dios, sino porque ama a Dios y desea ser aceptado por él (2 Corintios 5:9). Sabe que será juzgado, no por sus pecados, sino por las cosas hechas «en su cuerpo», esto es, por las cosas hechas mientras estuvo en la tierra. Sabe que si trabaja egoístamente o en desobediencia, perderá su recompensa. Sabe que, si lo que lo motiva es el amor por Cristo, su obra será aceptable a Dios.

El creyente conoce también el temor del Señor, esto es, él sabe que los incrédulos lo experimentarán. Por consiguiente él se preocupa y trabaja arduamente para convencer a los hombres a que crean. La predicación sobre el amor es popular en estos días. «Dios es un Dios bueno», dicen los predicadores, y lo que dicen es cierto. Pero lo que conduce a error es lo que dejan sin decir. Dios es un Dios bueno, pero también es un Dios justo. También es un Dios santo. Es un Dios que ha de vengarse de los obradores de iniquidad, y el error que se comete al enfatizar tan solamente la bondad de Dios es el razonamiento implicado de que él no juzgará a los perversos. Repetimos, a menos que el creyente realmente crea que hay algo como «el temor del Señor», no ha de tratar de persuadir a los incrédulos a que se arrepientan y escapen.

DIFERENCIAS QUE DIVIDEN

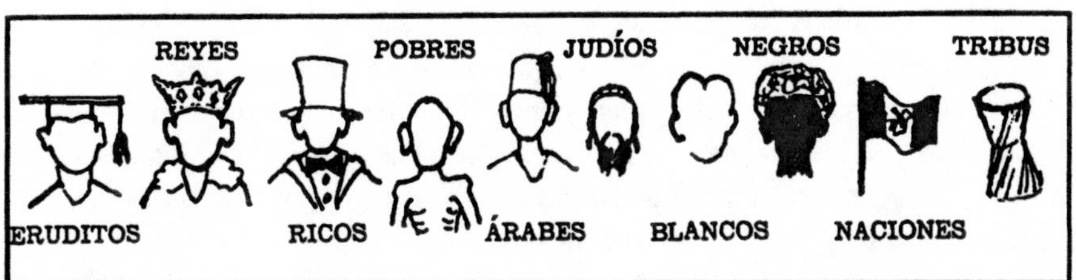

2 Corintios 5:12-17

12 No nos recomendamos, pues, otra vez a vosotros, sino os damos ocasión de gloriaros por nosotros, para que tengáis con qué responder a los que se glorían en las apariencias y no en el corazón.

13 Porque si estamos locos, es para Dios; y si somos cuerdos, es para vosotros.

14 Porque el amor de Cristo nos constriñe, pensando esto: que si uno murió por todos, luego todos murieron;

15 y por todos murió, para que los que viven, ya no vivan para sí, sino para aquel que murió y resucitó por ellos.

16 De manera que nosotros de aquí en adelante a nadie conocemos según la carne; y aun si a Cristo conocimos según la carne, ya no lo conocemos así.

17 De modo que si alguno está en Cristo, nueva criatura es; las cosas viejas pasaron; he aquí todas son hechas nuevas.

Esta porción del capítulo cinco contiene una tremenda verdad. Pablo comienza por asegurar a los corintios que él estaba motivado en todo lo que hacía por un deseo de ayudarles.

En seguida muestra que un creyente es completamente diferente de un incrédulo en motivación y en juicio. El amor de Cristo motiva al creyente. ¿En qué manera? Pablo razona de este modo:

Si creo que Cristo murió por todos (incluyéndome a mí), entonces todos están muertos (incluyéndome a mí). Estoy «muerto».

Yo, el hombre blanco, estoy muerto.

Yo, el americano, estoy muerto.

Yo, el pecador, estoy muerto.

Yo, el hombre educado, estoy muerto.

No tan solamente estoy yo «muerto», sino que todos están «muertos» para mí.

Los demás: blancos, negros, amarillos y cobrizos, están muertos.

Los demás: americanos, brasileños, africanos, hindúes, están muertos.

Los demás: pobres, ricos, ignorantes, educados, están muertos.

Las diferencias de todos los hombres desaparecen con la muerte. ¡Por consiguiente, si todos están muertos, entonces las diferencias están muertas! ¡Las diferencias ya no constituyen diferencia! El amor de Cristo hace posible esto. Por esto es que Pablo dice: «Si alguno está en Cristo, nueva criatura es; las cosas viejas pasaron; he aquí todas son hechas nuevas» (2 Corintios 5:17).

Las «cosas viejas» que han pasado son las antiguas maneras de mirar a los demás. «De manera que nosotros de aquí en adelante a nadie conocemos según la carne» (2 Corintios 5:16). Cuando el creyente cree de verdad, entonces deja de mirar a la gente como solía mirarla. Ahora ve tan sólo dos clases de personas en el mundo: creyentes y no creyentes.

El mundo ve a hombres de muchas razas, naciones, tribus, culturas, educación, clases y posesiones diferentes. Ellos les conocen «según la carne». Estas diferencias provocan muchos odios y rencillas. Los hombres procuran poner fin a la enemistad causada por las diferencias, pero han fracasado. Los comunistas dicen que ellos eliminarán las diferencias y que establecerán una sociedad sin clases, pero no han tenido éxito tampoco. ¿Cuál es la respuesta? Hallaremos esa respuesta, pero primeramente permítasenos ilustrar el problema:

LAS DIFERENCIAS

Judío .... árabe
negro .... blanco
rico .... pobre
ignorante .... sabio
famoso .... desconocido
americano .... francés

¿Qué es lo que puede hacer que un judío se reconcilie con un árabe?

¿Qué es lo que puede hacer que un negro se reconcilie con un blanco?

¿Qué es lo que puede hacer que un americano se reconcilie con un francés?

El problema es un problema de reconciliación.

Los hombres han fracasado en conciliar sus diferencias.

¿Cómo se propone hacer eso Dios? Los últimos versículos del capítulo nos lo dicen.

MINISTERIO DE RECONCILIACIÓN

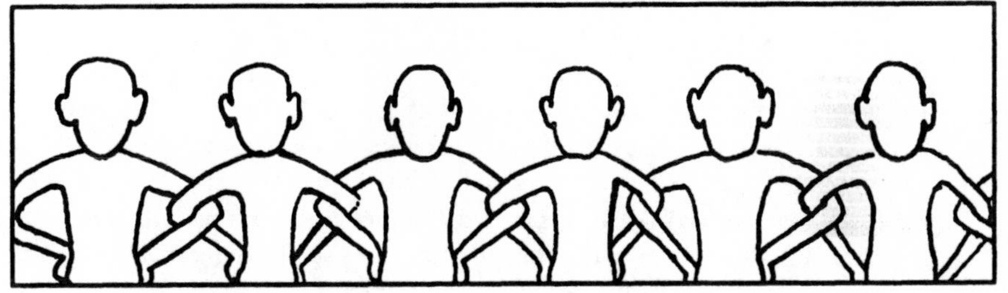

2 Corintios 5:18-21

18 Y todo esto proviene de Dios, quien nos reconcilió consigo mismo por Cristo, y nos dio el ministerio de la reconciliación;

19 que Dios estaba en Cristo reconciliando consigo al mundo, no tomándoles en cuenta a los hombres sus pecados, y nos encargó a nosotros la palabra de la reconciliación.

20 Así que, somos embajadores en nombre de Cristo, como si Dios rogase por medio de nosotros; os rogamos en nombre de Cristo: Reconciliaos con Dios.

21 Al que no conoció pecado, por nosotros lo hizo pecado, para que nosotros fuésemos hechos justicia de Dios en él.

Pablo habla ahora de la mayor de las reconciliaciones que haya tomado lugar. Puesto que fue la mayor de las reconciliaciones, tuvo que haber afectado a la mayor de las diferencias. ¿Cuál es la mayor diferencia que puede haber existido? ¿La diferencia entre un judío y un árabe? ¡No! ¿La diferencia entre un blanco y un negro? ¡No! ¿La diferencia entre un americano y un francés? ¡No!

La mayor de las diferencias que haya existido era la diferencia entre un Dios santo y el hombre pecaminoso. Ninguna otra diferencia es tan grande como esta.

Ahora, si esta diferencia podía ser reconciliada, entonces debiera ser fácil reconciliar todas las otras diferencias. Y esto es exactamente lo que hizo Dios. «Y todo esto proviene de Dios, quien nos reconcilió consigo mismo por Cristo» (2 Corintios 5:18).

Podemos representar las diferencias que dividen a los hombres mediante una línea horizontal:

Judío — árabe
negro — blanco
rico ◄·········Reconciliación fracasada·········► pobre
ignorante — sabio
famoso — desconocido
americano — francés

Todos los esfuerzos que hace el hombre para reconciliar sus diferencias con los demás hombres terminan en el fracaso. Las Naciones Unidas fueron creadas para buscar la paz entre las naciones. Está resultando un fracaso. Los embajadores viajan a «mesas de paz» tan sólo para salir frustrados. El racismo, el nacionalismo, el tribialismo, las luchas de clases, y la desigualdad dividen a los hombres tan profundamente en la actualidad como siempre. ¿Cuál es la solución? La solución se halla en la reconciliación del hombre con Dios. Tan solo cuando el hombre se halla en paz con su Creador puede estar en paz con sus semejantes. Solamente cuando la mayor de las diferencias ha sido reconciliada es que pueden ser reconciliadas las diferencias menores. De modo que la respuesta se halla en la cruz; algo así como esto:

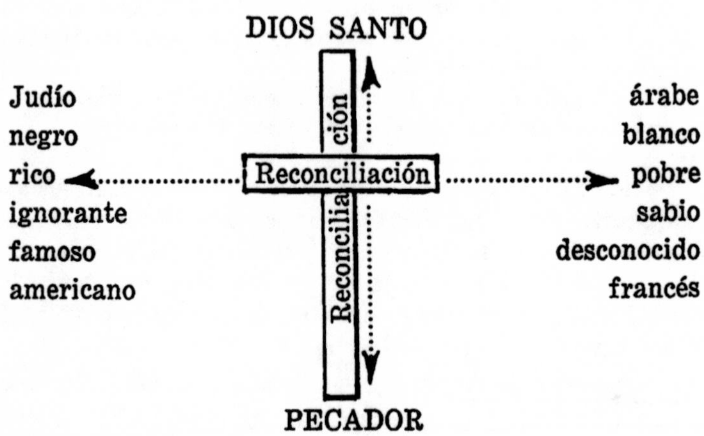

¡La reconciliación vertical hace que sea posible la reconciliación horizontal! Nótese que no decimos que nuestra reconciliación con Dios nos haya reconciliado con todos los hombres. Lo que decimos es que ha hecho que dicha reconciliación sea posible. Muchos creyentes jamás se valen de las posibilidades que les ofrece la cruz. Ello se debe a que la cruz significa «crucifixión», y crucifixión significa muerte al yo. Cuando el «yo» muere, es posible vivir en paz con toda la humanidad. Esa es la razón de que el versículo 15 preceda al versículo 16: «y por todos murió, para que los que viven, ya no vivan para sí, sino para aquel que murió y resucitó por ellos». Unicamente cuando cesamos de vivir para nosotros mismos es que la obra de la cruz puede llegar a ser eficaz en nuestra relación con otros. Cuando el «yo» es crucificado, se cumple que «de aquí en adelante a nadie conocemos según la carne».

También resulta significativo que nuestra habilidad para no conocer a nadie «según la carne» dependa de que ya no conozcamos a Cristo según la carne (2 Corintios 5:16). Si Cristo era el hijo de José (según la carne) no podría ayudarnos, pues sería meramente un hombre. Pero puesto que es el Hijo de Dios, nacido de la virgen María, le conocemos, no según la carne, sino como realmente es: el Hijo del Dios viviente. ¡Esto es lo que nos coloca sobre el FUNDAMENTO de la fe y hace posible una conducta apropiada hacia los hombres de otras razas, naciones, credos y clases! ¡Gloria a Dios!

Una vez que el Señor ha reconciliado al creyente con él, y ha hecho posible la reconciliación del creyente con sus semejantes, le da entonces al creyente el ministerio de la reconciliación. Será tarea nuestra difundir la palabra de reconciliación. Le diremos a un mundo convulsionado con luchas y odios cómo es que puede obtenerse la paz entre los hombres. Debemos demostrar que para que haya paz entre los hombres es necesaria la reconciliación con Dios. Este fue el mensaje de los ángeles cuando nació Cristo: «Os ha nacido hoy. . . un Salvador, que es Cristo el Señor . . .¡Gloria a Dios en las alturas, y en la tierra paz!»

No debemos solamente proclamar el mensaje. Debemos DEMOSTRARLO. No esperemos convencer a otros de que el evangelio es bueno si es que nosotros mismos no hemos comprobado que es bueno. A menos que amemos y vivamos en paz con otras razas, naciones, tribus, culturas, credos y clases, no podemos decir que «las cosas viejas pasaron; he aquí todas son hechas nuevas».

«Así que, somos embajadores en nombre de Cristo, como si Dios rogase por medio de nosotros; os rogamos en nombre de Cristo: Reconciliaos con Dios». Eso debe venir primero. La reconciliación con los hombres vendrá a continuación, si los hombres así lo quieren. Pero esto requerirá la crucifixión del yo, tal como se necesitó la crucifixión del Hijo de Dios. «Al que no conoció pecado, por nosotros lo hizo pecado, para que nosotros fuésemos hechos justicia de Dios en él». Si hemos de ser hechos justos tal como Dios es justo, si no hemos de hacer distinción de personas, si hemos de llegar a no hacer diferencia de personas, si hemos de amar a la gente de todas las razas, naciones, credos, tribus, culturas y clases, debemos entonces experimentar y conocer la reconciliación con Dios y con los hombres. ¿Es posible? Sí, es posible. ¡La reconciliación es posible mediante la crucifixión!

2 CORINTIOS. . . SEIS

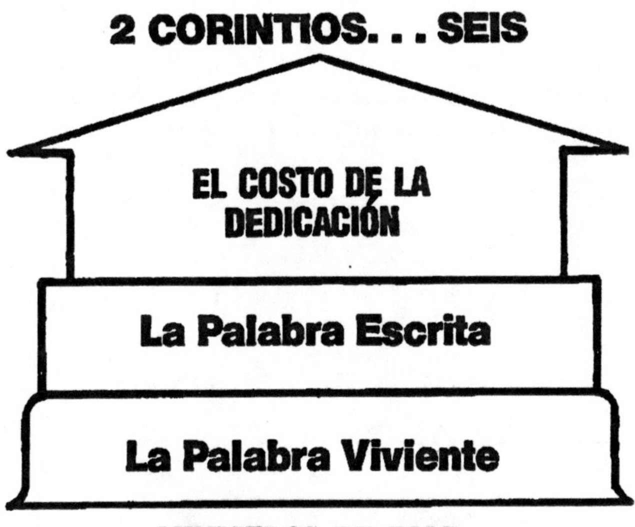

MINISTROS DE DIOS

2 Corintios 6:1-3

Así, pues, nosotros, como colaboradores suyos, os exhortamos también a que no recibáis en vano la gracia de Dios.

2 Porque dice: En tiempo aceptable te he oído, y en día de salvación te he socorrido. He aquí ahora el tiempo aceptable; he aquí ahora el día de salvación.

3 No damos a nadie ninguna ocasión de tropiezo, para que nuestro ministerio no sea vituperado.

La primera porción de este capítulo muestra la manera en que la conducta del creyente afecta el ministerio de reconciliación. Una mala conducta acarrea descrédito, y le da al mundo una excusa para hacer desprecio del evangelio. ¿Cómo puede predicar la reconciliación un racista o un fanático? Sus obras hacen que sus palabras resulten mentirosas. Los corintios son advertidos de que es posible recibir «en vano la gracia de Dios» (2 Corintios 6:1). El versículo dos muestra que no es suficiente haber recibido la gracia de Dios. «He aquí ahora el tiempo aceptable; he aquí ahora el día de salvación». Pero ese «hoy» ahora ya es ayer, y la gracia de ayer no es lo que nos sostiene hoy. La salvación debe estar siempre al día. Hoy es el día de salvación, y si el creyente no mantiene la fe mediante la cual creyó, la gracia de ayer será en vano.

Así es como no basta con haber sido salvado ayer. La conducta del creyente debe ser constante, un caminar diario que DEMUESTRE la realidad de la PALABRA VIVIENTE y el poder de la PALABRA ESCRITA. «Si vivimos por el Espíritu, andemos también por el Espíritu». (Gálatas 5:25).

LA PRUEBA DE NUESTRO MINISTERIO

2 Corintios 6:4-13

4 Antes bien, nos recomendamos en todo como ministros de Dios, en mucha paciencia, en tribulaciones, en necesidades, en angustias;

5 en azotes, en cárceles, en tumultos, en trabajos, en desvelos, en ayunos;

6 en pureza, en ciencia, en longanimidad, en bondad, en el Espíritu Santo, en amor sincero,

7 en palabra de verdad en poder de Dios, con armas de justicia a diestra y a siniestra;

8 por honra y por deshonra, por mala fama y por buena fama; como engañadores, pero veraces;

9 como desconocidos, pero bien conocidos; como moribundos, mas he aquí vivimos; como castigados, mas no muertos;

10 como entristecidos, mas siempre gozosos; como pobres; mas enriqueciendo a muchos; como no teniendo nada, mas poseyéndolo todo.

11 Nuestra boca se ha abierto a vosotros, oh corintios; nuestro corazón se ha ensanchado.

12 No estáis estrechos en nosotros, pero sí sois estrechos en vuestro propio corazón.

13 Pues, para corresponder del mismo modo (como a hijos hablo), ensanchaos también vosotros.

¿Cuáles son las cualidades de un ministro de Dios? ¿Qué es lo que puede hacer para tener un ministerio aprobado?

Permítasenos decir, primeramente, que existe una diferencia entre la preparación para el ministerio y la prueba del ministerio. Algo de preparación puede conseguirse en una sala de clases. La prueba no puede conseguirse allí. La prueba del ministerio de un hombre se gana tan solo mediante el ejercicio del ministerio. Ninguna cantidad de estudio en clases, ningún grado honorífico concedido a un hombre por cursos terminados, puede probar su ministerio. Los estudios pueden preparar a los hombres para que queden aptos, pero los estudios no prueban nada.

Esto quiere decir que un hombre de Dios debiera prepararse mediante estudio. La Biblia nos dice que cada uno debe presentarse «a Dios aprobado, como obrero que no tiene de qué avergonzarse, que usa bien la palabra de verdad» (2 Timoteo 2:15). La meta de estudiar no es la obtención de un título. No es la aprobación de los hombres. Aun cuando pueda darnos las herramientas académicas como para ser director de una escuela, o para conseguir un mejor empleo, el estudio debe tener como objetivo algo más importante: la habilidad de cumplir con una tarea dada por Dios.

Pero la prueba del ministerio de un hombre está determinada por la manera en que hace uso de su adiestramiento, cómo pone en práctica la preparación que ha tenido. Nos parece que es una vergüenza que se concedan «grados» en base a «preparación» antes que en mérito a «prueba». Las recompensas y reconocimiento de Dios son concedidos «después de la batalla» más bien que «antes de la batalla». El mundo académico concede galardones sobre la base de «belleza de armamento» y «conocimiento de la teoría de la batalla». ¡Dios concede recompensas conforme al «número de cicatrices» y a las «victorias ganadas»! ¡Sería bueno si los «grados» se concedieran diez años después de la graduación!

Pablo hizo una lista de las pruebas de su ministerio. Nótese que tan solo dos o tres de ellas pueden conseguirse en una sala de clases. Podemos dividir las pruebas de Pablo en tres categorías:

Prueba EXPERIENCIA	Prueba por CARÁCTER	Prueba por REPUTACIÓN
1. En mucha paciencia	1. En pureza	1. Como engañadores, pero veraces
2. En tribulaciones	2. En ciencia	2. Como desconocidos pero bien conocidos
3. En necesidades	3. En longanimidad	3. Como moribundos pero he aquí vivimos
4. En angustias	4. En bondad	4. Como castigados, mas no muertos
5. En azotes	5. En el Espíritu Santo	5. Como entristecidos, mas siempre gozosos
6. En cárceles	6. En amor sincero	6. Como pobres, mas enriqueciendo a muchos
7. En tumultos	7. En palabra de verdad	7. Como teniendo nada, mas poseyéndolo todo
8. En trabajos	8. En poder de Dios	
9. En desvelos	9. Con armas de Justicia	
10. En ayunos	10. Por honra y por deshonra	
	11. Por mala fama y buena fama	

Pablo apela en seguida a los corintios para que alcancen todo su potencial. No deben ellos echar la culpa a Pablo o a los demás por sus debilidades y por la ofensa resultante de su carnalidad. «No estáis estrechos en nosotros (restringidos por nosotros), pero sí sois estrechos en vuestro propio corazón (ustedes se restringen a sí mismos)» (2 Corintios 6:12). Los corintios mismos tenían la clave para la corrección de la situación en que se hallaban. Solamente ellos podían remover el estigma. Si dejaban de culpar a los demás, todavía podían ser un testimonio para el evangelio. Requeriría disciplina y crecimiento cristiano de parte de ellos. Tendrían que ser «ensanchados» en su experiencia, en su carácter, y en su reputación. Tendrían que ser aprobados delante de los hombres de modo que su ministerio de reconciliación no fuese desacreditado.

YUGOS DESIGUALES

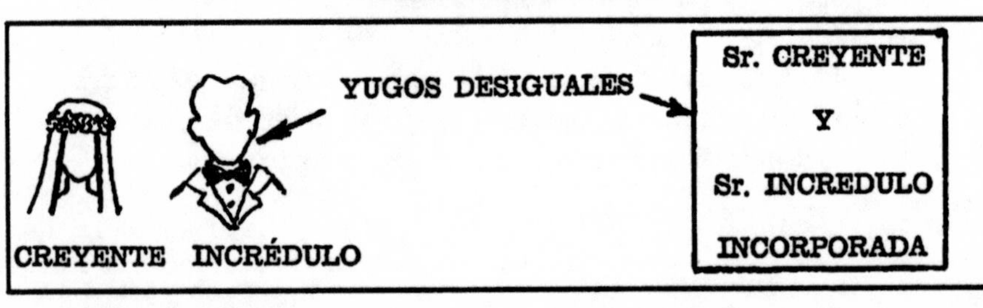

2 Corintios 6:14-18

14 No os unáis en yugo desigual con los incrédulos; porque ¿qué compañerismo tiene la justicia con la injusticia? ¿Y qué comunión la luz con las tinieblas?
15 ¿Y qué concordia Cristo con Belial? ¿O qué parte el creyente con el incrédulo?
16 ¿Y qué acuerdo hay entre el templo de Dios y los ídolos? Porque vosotros sois el templo del Dios viviente, como Dios dijo: Habitaré y andaré entre ellos, y seré su Dios, y ellos serán mi pueblo.
17 Por lo cual, salid de en medio de ellos, y apartaos, dice el Señor, y no toquéis lo inmundo; y yo os recibiré,
18 Y seré para vosotros por Padre, y vosotros me seréis hijos e hijas, dice el Señor Todopoderoso.

En 1 Corintios, capítulo cinco, Pablo habló respecto de separarse de los cristianos que pecaban. Ahora él habla respecto de separación de los incrédulos. Esta separación no era una separación de contacto, por cuanto el mundo está lleno de incrédulos, y sería imposible evitarlos. Mas bien, la separación de los incrédulos había de ser un rechazo a la unión con ellos en cualquier tipo de alianza o de asociación que les atase. Los bueyes tienen un «yugo» que les mantiene juntos mientras trabajan. Es diferente que estar juntos en un corral pero sin yugo. De este modo sucede con el cristiano y con el incrédulo. Nos hallamos en el corral de este mundo, moviéndonos aquí y allá rodeados de incrédulos. Pero no vamos a permitir que cualquier yugo nos ate a ninguno de ellos, porque «¿qué comunión (tiene) la luz con las tinieblas?» (2 Corintios 6:14).

Hay «yugos» de matrimonio. Hay «yugos» de negocios. El yugo de matrimonio es el que causa las mayores dificultades. Un creyente peca si se casa con un incrédulo. La Biblia lo prohibe. Usted recordará la regla de Pablo en las iglesias. Él dijo que si un creyente tenía cónyuge incrédulo, no debía abandonarlo. Pero recuérdese que él dijo esto, de creyentes que ya estaban casados con incrédulos. Nunca dio su aprobación para que un creyente se casara con un incrédulo. Un creyente no debiera poner su cuello en el yugo del matrimonio con un incrédulo. Ello conduce solo a la infelicidad y a desacuerdos en el hogar.

Alguien puede decir: «¡Sí, pero si me caso con él puedo ganarlo para el Señor!» ¡Qué necedad! ¡Qué engaño! Si un hombre (o una mujer) no cree antes del matrimonio, hay muy poca esperanza de que creerá después del matrimonio.

Un creyente que está a punto de casarse debiera precaverse contra una falsa profesión de fe por parte de la persona con quien se desea casar. Muchas veces un creyente ha tenido que lamentar el resto de su vida por haberse casado con alguien que pretendió creer pero que realmente no lo hizo. Esta clase de personas se arrepiente teniendo el matrimonio a la vista, pero no sienten tristeza por el pecado y vuelven a sus antiguos caminos tan pronto como ha pasado la ceremonia de bodas.

Note las cosas que son «desiguales» al producirse estas uniones:

1. Creyentes.. incrédulos
2. Justicia.. injusticias
3. Luz.. tinieblas
4. Cristo.. Belial
5. Templo de Dios.. ídolos

Una vez más puede verse el tema de este libro. «Vosotros sois el templo del Dios viviente». Cristo es nuestro FUNDAMENTO invisible, la PALABRA VIVIENTE. Los creyentes son el templo edificado sobre ese fundamento. Ellos son la «palabra» que el mundo ve. Son la PALABRA DEMOSTRADA. Dios ha prometido vivir en su templo, esto es, en nosotros. Dios ha prometido caminar en su templo, esto es, caminar en nosotros. Dios ha prometido ser nuestro Dios, y ha declarado que nosotros somos su pueblo. No debe extrañar, entonces, que el pueblo de Dios haya de ser separado. Si el Dios santo declara que los creyentes le pertenecen, si él camina en ellos, y vive en ellos, entonces es absolutamente necesario que ellos no toquen «lo inmundo» (2 Corintios 6:17). Si hemos de ser recibidos por Dios, y si hemos de ser hijos e hijas del Dios Todopoderoso, no podemos unirnos en yugo desigual con los incrédulos, con la injusticia, con las tinieblas, con la infidelidad, con los ídolos, ¡o con Belial!

El creyente es como un bote en el agua. Mientras el agua no entre en el bote, todo está bien. Estamos en el mundo, pero no somos del mundo. Mientras el mundo no se introduzca en nosotros, mientras permanezcamos separados del mundo aun cuando estemos en él, todo está bien. «Apartaos» (2 Corintios 6:17) tiene referencia al matrimonio, a las alianzas comerciales, y a cualquier otro tipo de asociaciones que pudiera comprometer nuestro testimonio.

2 CORINTIOS. . . SIETE

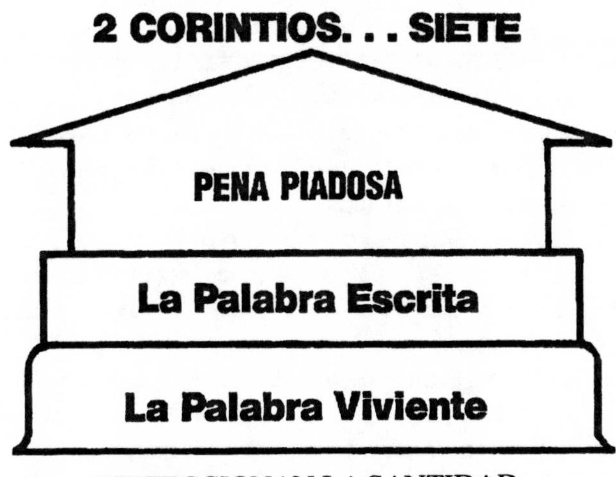

PERFECCIONAN LA SANTIDAD

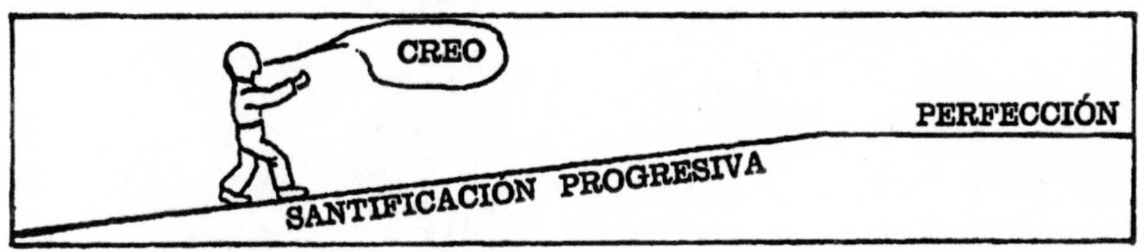

2 Corintios 7:1

Así que, amados, puesto que tenemos tales promesas, limpiémonos de toda contaminación de carne y de espíritu, perfeccionando la santidad en el temor de Dios.

Hay tres declaraciones significativas en este primer versículo. Consideraremos cada una de ellas.

1. Limpiémonos
2. Contaminación de carne y de espíritu
3. Perfeccionan la santidad

1. *«Limpiémonos»*

¿Limpiémonos? ¿Puede un cristiano limpiarse? ¿Es que no hemos estado estudiando el hecho de que solamente Cristo puede limpiar, que no es por obras de justicia que somos salvos? ¿No es esto una contradicción de todo lo que la Biblia enseña respecto a la purificación?

El cristiano se limpia de la misma manera en que puede «ocuparse en su salvación» (Filipenses 2:12). Esto es, él conoce la fuente de salvación y se vale de ella. No puede salvarse a sí mismo, pero sabe

Quién puede salvarle, de modo que, por recurrir a aquel que tiene la respuesta para su problema, ¡«se salva»! De la misma manera, habiéndose salvado el creyente por acudir al Salvador, ¡ahora se limpia por medio de acudir al que puede limpiarle! Es la sangre de Cristo la que nos limpia de todo pecado, en el momento de la salvación y en todos los días de la vida del creyente.

2. *«Contaminación de carne y de espíritu»*

Sabemos que existe algo como «contaminación de la carne». Pero, ¿estamos conscientes de que el espíritu puede contaminarse también? Miremos los pecados mencionados en Gálatas 5:19- 21. Se les llama «obras de la carne», pero muchas de ellas conciernen a la mente y no al cuerpo. La mente es el canal por medio del cual se expresa el espíritu, y la contaminación del espíritu la constituirían los pecados de la mente. Son más que los pecados del cuerpo y son tan malos como esos. Fíjese: (Gálatas 5:19-21)

PECADOS DE LA CARNE	**PECADOS DEL ESPÍRITU**
1. Adulterio	1. Idolatría
2. Fornicación	2. Hechicería
3. Inmundicia	3. Enemistades
4. Lascivia	4. Pleitos
5. Contiendas	5. Celos
6. Homicidios	6. Iras
7. Borracheras	7. Disensiones
8. Orgías	8. Herejías
	9. Envidias

3. *«Perfeccionan la santidad»*

El versículo comienza con las palabras: «Puesto que tenemos tales promesas». Las palabras se refieren a las promesas hechas en los últimos versículos del capítulo 6 a aquellos que habrían de salir de «en medio de ellos», y apartarse (2 Corintios 6: 17). Pero esta salida de en medio de ellos, y esta acción de separarse no ocurren al mismo tiempo. La santificación es progresiva. Hay ciertos pecados que el creyente deja de una vez cuando es salvado. Hay otros pecados, particularmente los del espíritu, con los cuales él lucha hasta conquistarlos. Cuesta desembarazarse de las enemistades y de la envidia. No resultan tan fáciles de dejar como el adulterio y la borrachera. Pero son tan malos como ellos. Por consiguiente, el creyente debe trabajar constantemente «perfeccionando la santidad», haciendo en la práctica aquello con que se le acredita mediante su *posición*. Es absolutamente santo en su posición ante Dios, pero está lejos de ser santo en su estado; y aquí es donde está la batalla. Es posible sobreponerse a la enemistad. Es posible vencer la ira. Es posible contener la envidia. ¡Todas las cosas son posibles, con Dios! Por consiguiente, toda la vida del creyente debiera él trabajar en perfeccionar su santidad. Debiera rendirse al Espíritu Santo de modo que la voluntad predeterminada de Dios pueda ser hecha en él. «Porque a los que antes conoció, también los predestinó para que fuesen HECHOS CONFORMES a la imagen de su Hijo» (Romanos 8:29). Perfeccionamos nuestra santidad mediante la comunicación con la PALABRA VIVIENTE. Perfeccionamos nuestra santidad mediante obediencia a la PALABRA ESCRITA. ¡Nuestra santidad es posible tan solo si nuestra conducta está basada en el adecuado FUNDAMENTO!

PENA PIADOSA

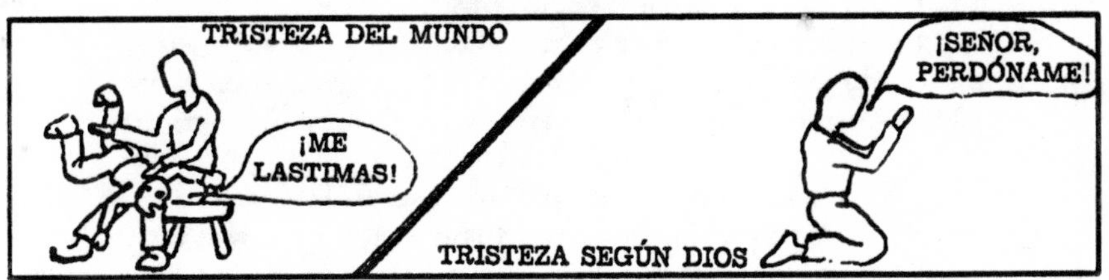

2 Corintios 7:2-16

2 Admitidnos: a nadie hemos agraviado, a nadie hemos corrompido, a nadie hemos engañado.

3 No lo digo para condenaros; pues ya he dicho antes que estáis en nuestro corazón, para morir y para vivir juntamente.

4 Mucha franqueza tengo con vosotros; mucho me glorío con respecto de vosotros; lleno estoy de consolación; sobreabundo de gozo en todas nuestras tribulaciones.

5 Porque de cierto, cuando vinimos a Macedonia, ningún reposo tuvo nuestro cuerpo, sino que en todo fuimos atribulados; de fuera, conflictos; de dentro, temores.

6 Pero Dios, que consuela a los humildes, nos consoló con la venida de Tito;

7 y no sólo con su venida, sino también con la consolación con que él había sido consolado en cuanto a vosotros, haciéndonos saber vuestro gran afecto, vuestro llanto, vuestra solicitud por mí, de manera que me regocijé aun más.

8 Porque aunque os contristé con la carta, no me pesa, aunque entonces lo lamenté; porque veo que aquella carta, aunque por algún tiempo, os contristó.
9 Ahora me gozo, no porque hayáis sido contristados, sino porque fuisteis contristados para arrepentimiento; porque habéis sido contristados según Dios, para que ninguna pérdida padecieseis por nuestra parte.
10 Porque la tristeza que es según Dios produce arrepentimiento para salvación, de que no hay que arrepentirse; pero la tristeza del mundo produce muerte.
11 Porque he aquí, esto mismo de que hayáis sido contristados según Dios, ¡qué solicitud produjo en vosotros, qué defensa, qué indignación, qué temor, qué ardiente afecto, qué celo, y qué vindicación! En todo os habéis mostrado limpios en el asunto.
12 Así que, aunque os escribí, no fue por causa del que cometió el agravio, ni por causa del que lo padeció, sino para que se os hiciese manifiesta nuestra solicitud que tenemos por vosotros delante de Dios.
13 Por esto hemos sido consolados en vuestra consolación; pero mucho más nos gozamos por el gozo de Tito, que haya sido confortado su espíritu por todos vosotros.
14 Pues si de algo me he gloriado con él respecto de vosotros, no he sido avergonzado, sino que así como en todo os hemos hablado con verdad, también nuestro gloriarnos con Tito resultó verdad.
15 Y su cariño para con vosotros es aun más abundante, cuando se acuerda de la obediencia de todos vosotros, de cómo lo recibisteis con temor y temblor.
16 Me gozo de que en todo tengo confianza en vosotros.

Administrar disciplina es una de las cosas más difíciles de hacer. Luchar con un enemigo es difícil. Disciplinar a un hermano es muy penoso, tanto para el hermano como para el que lo disciplina.

Pablo no era diferente de ningún otro hombre en este mundo. Le resultaba penoso tener que reprender y corregir a los corintios. Ellos eran sus hermanos. Los amaba. Sabía que era posible que no le comprendieran. Sabía que era posible que algunos le miraran como enemigo suyo. Sin embargo, los corintios habían pecado y tenían que ser corregidos. Pablo no vaciló en señalar el pecado de ellos y en administrar disciplina, pero no era algo que le producía gozo.

Por esta razón se regocijó tanto cuando con Tito le llegaron las noticias (vv. 6, 7) de que ellos habían respondido favorablemente a la autoridad de Pablo. La respuesta de ellos hizo que el sufrimiento de él fuese fácil de soportar (v. 4). El sufrimiento físico es mucho menos difícil de soportar que el sufrimiento mental. Pablo dijo: «Estáis en nuestro corazón para morir y para vivir juntamente». En otras palabras, los amaba tanto que cuando ellos «morían», él moría; y cuando ellos «vivían», él vivía. La felicidad de Pablo era el gozo de la amistad con sus hermanos. Para Pablo era muy importante ser amado y comprendido por ellos. «Admitidnos: a nadie hemos agraviado, a nadie hemos corrompido, a nadie hemos engañado» (v. 2).

«Aunque os contristé con la carta, no me pesa, aunque entonces lo lamenté» (2 Corintios 7:8). Pablo no estaba triste por haberles enviado la carta de corrección, aunque hubiese estado triste si no hubieran aceptado su corrección. Pero la habían aceptado y, «ahora me gozo, no porque hayáis sido contristados, SINO PORQUE FUISTEIS CONTRISTADOS PARA ARREPENTIMIENTO» (2 Corintios 7:9).

Hay dos clases de tristeza. Ellas son:

1. Tristeza según Dios; arrepentimiento para salvación del cual no hay que arrepentirse.

2. Tristeza del mundo; produce muerte. La tristeza del mundo es la tristeza del ladrón que es sorprendido.

La tristeza del mundo es la tristeza del hombre que lamenta tener que pagar una multa.

La tristeza del mundo es la tristeza que llora pero que no cambia.

La tristeza del mundo no reconoce haber pecado.

La tristeza del mundo no es recuperativa.

¡Cuán diferente es la tristeza según Dios! Es tristeza para arrepentimiento (v. 9). Es tristeza que acepta la corrección y que busca el perdón (v. 9). «Produce arrepentimiento para salvación, de que no hay que arrepentirse» (v. 10).

Note el efecto que tiene la tristeza según Dios en la vida de aquellos que la experimentan (v. 11). ¡Produce solicitud, defensa (para poner las cosas en su lugar), indignación, temor, ardiente afecto, celo y vindicación! ¿Qué significan estas palabras? Estudiémoslas.

1. Solicitud..............caminar conforme a la Palabra.
2. Defensa ....hacer restitución y corregir los males que se han hecho.
3. Indignación...........un sentido de vergüenza y de disgusto contra el pecado.

4. Temor..................escrúpulos, temor de desagradar a Dios.
5. Ardiente afecto........suficientemente comprometido como para hacer algo.
6. Celo.....................una cruzada en pro de la justicia.
7. Vindicación..............voluntad y disposición para disciplinar a los ofensores.

La firme reprensión de Pablo a los corintios había dado resultados. La reacción de ellos confortó al apóstol y le produjo gozo (v. 13). Fíjese en la razón de Pablo para esperar (v. 12).

«No fue por causa del que cometió el agravio,
ni por causa del que lo padeció, sino
para que se os hiciese manifiesta nuestra solicitud que
tenemos por vosotros delante de Dios».

La preocupación de Pablo por el cuerpo total de creyentes era mayor que su preocupación por los individuos involucrados. Sin embargo, al estar preocupado por los creyentes en forma colectiva, podía ayudarlos individualmente. Era importante para Pablo que ellos supieran que se preocupaba por ellos. Se gozaba de que su jactancia respecto a ellos resultase cierta. Así es como, a pesar de la reprensión que les había hecho y del arrepentimiento que esta exigía, él concluye el capítulo diciendo: «¡En todo tengo confianza en vosotros!» (v. 16). El hecho de que el apóstol diga esto después de todas las divisiones y carnalidad que habían manifestado los corintios, prueba que Pablo reconocía la tremenda sensibilidad al Espíritu que tenían ellos y el potencial para el bien que había en la iglesia. Dios puede usar todavía a cristianos que hayan pecado, si es que estos se humillan, se arrepienten, y dejan de hacer lo malo.

2 CORINTIOS. . . OCHO

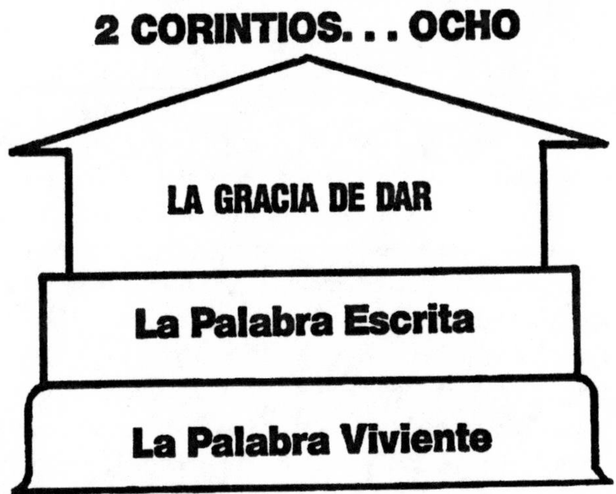

RIQUEZAS DE GENEROSIDAD

2 Corintios 8:1-9

Asimismo, hermanos, os hacemos saber la gracia de Dios que se ha dado a las iglesias de Macedonia;

2 que en grande prueba de tribulación, la abundancia de su gozo y su profunda pobreza abundaron en riquezas de su generosidad.

3 Pues doy testimonio de que con agrado han dado conforme a sus fuerzas, y aun más allá de sus fuerzas,

4 pidiéndonos con muchos ruegos que les concediésemos el privilegio de participar en este servicio para los santos.

5 Y no como lo esperábamos, sino que a sí mismos se dieron primeramente al Señor, y luego a nosotros por la voluntad de Dios;

6 de manera que exhortamos a Tito para que tal como comenzó antes, asimismo acabe también entre vosotros esta obra de gracia.

7 Por tanto, como en todo abundáis, en fe, en palabra, en ciencia, en toda solicitud y en vuestro amor para con nosotros abundad también en esta gracia.

8 No hablo como quien manda, sino para poner a prueba por medio de la diligencia de otros, también la sinceridad del amor vuestro.

9 Porque ya conocéis la gracia de nuestro Señor Jesucristo, que por amor a vosotros se hizo pobre, siendo rico, para que vosotros con su pobreza fueseis enriquecidos.

En este capítulo no estamos hablando del diezmo. De lo que hablamos es de la gracia de dar, a lo que Pablo denomina «participación en el servicio» (2 Corintios 8:4). Diezmar es mayordomía. Es manejar el dinero que pertenece a Dios y usarlo conforme a sus instrucciones. Si no usamos el diezmo adecuadamente, desobedecemos. Si lo usamos para nosotros, robamos. Un creyente puede diezmar de buena voluntad, pero también puede hacerlo de mala gana. Sin embargo, debe diezmar porque el diezmo es de Dios y él ha ordenado que sea usado en su obra.

El dar es una cosa muy diferente. Podemos dar únicamente de lo que es nuestro. El diezmo es una exigencia. El dar es voluntario. Como «mayordomos», nosotros, y todo lo que tenemos, pertenecemos a Dios. Pero puesto que la mayordomía es una sumisión voluntaria, podemos decir que «damos» de lo que es «nuestro» cuando hacemos que «nuestras» nueve décimas estén disponibles para la obra de Dios. El pago de diezmos es compulsivo. El dar de nuestras nueve décimas es voluntario.

Había una necesidad en Jerusalén. Los creyentes estaban padeciendo. Por esto Pablo se hallaba recibiendo ofrendas para llevárselas. Los macedonios habían dado generosamente, y el apóstol estimula a los corintios, que abundaban «en todo . . . en fe, en palabra, en ciencia, en toda solicitud, y en . . . amor» (2 Corintios 8:7), para que abundaran en la gracia de dar como lo habían hecho los macedonios.

Fíjese en la desacostumbrada declaración respecto de la ofrenda de los macedonios:

Gran prueba ....abundancia de su gozo
Profunda pobreza ....riquezas de su generosidad

Los hombres no asocian muy a menudo la tribulación con el gozo, o la pobreza con las riquezas. Pero Pablo lo hacía, porque él conocía la Fuente del verdadero gozo y de las riquezas. La tribulación y la pobreza no pueden privar al creyente del gozo y de las riquezas, porque el gozo en el Espíritu Santo puede experimentarse en medio de la tribulación, y las riquezas mediante Cristo Jesús son espirituales y no materiales.

Dos cosas caracterizaron la ofrenda de los macedonios:

1. Dieron «más allá de sus fuerzas».
2. «A sí mismos se dieron . . . al Señor . . . y a nosotros».

¡Qué testimonio! Ellos eran como la viuda y su mísera ofrenda. ¡Dieron cuando no tenían nada que dar! Muy a menudo los que dan mucho son elogiados y aplaudidos, pero Dios no juzga del modo como lo hacen los hombres. Dios mira lo que el dador guarda para sí, y juzga de acuerdo con eso. Muchas grandes dádivas son consideradas «pequeñas» por Dios por el hecho de que son pequeñas comparadas con lo que el dador guarda para sí. Por otra parte, algunas «pequeñas» ofrendas Dios las juzga «grandes» por el hecho de que son grandes cuando se les compara con lo que el dador guarda para sí. Los macedonios dieron de lo que tenían, ¡pero también dieron de sí mismos! La ofrenda de sí mismo es la mayor de todas las ofrendas. La ofrenda de sí mismo es una prueba de amor. Algunos dan de su dinero para librarse de la necesidad de darse a sí mismos. Después de haber dado para una necesidad, ya no sienten ninguna obligación de involucrarse personalmente. ¡Han pagado su deuda! Pero hay algunas cosas que el dinero no puede comprar. El dinero no puede comprar el amor. Esa es la razón de que Jesús viniera personalmente a este mundo. Se dio a sí mismo, y al hacerlo enriqueció a muchos. «Por amor a vosotros se hizo pobre, siendo rico, para que vosotros con su pobreza fueseis enriquecidos» (2 Corintios 8:9). ¡Piense en ello! ¡Todo hombre salvado es un hombre rico! No hay «pobres» en la familia de Dios. No hay prisioneros ni hombres sin esperanza, pues nuestras riquezas no son contadas en oro, nuestra libertad es una libertad interior, y la fe es la substancia de las cosas que se esperan.

DISPOSICIÓN PARA QUERER

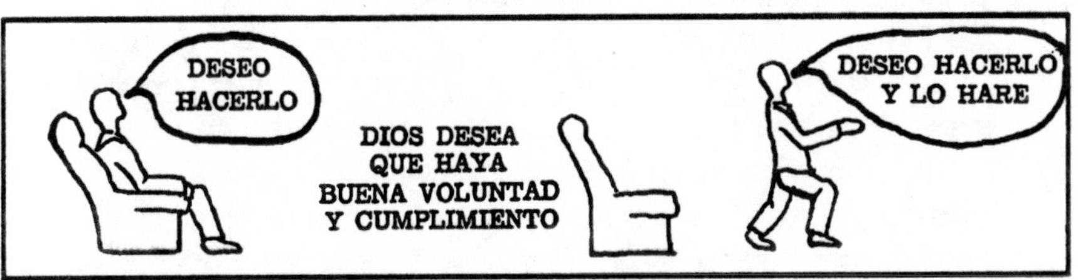

2 Corintios 8:10-15

10 Y en esto doy mi consejo; porque esto os conviene a vosotros, que comenzasteis antes, no sólo a hacerlo, sino también a quererlo, desde el año pasado.

11 Ahora, pues, llevad también a cabo el hacerlo, para que, como estuvisteis prontos a querer, así también lo estéis en cumplir conforme a lo que tengáis.

12 Porque si primero hay la voluntad dispuesta, será acepta según lo que uno tiene, no según lo que no tiene.

13 Porque no digo esto para que haya para otros holgura, y para vosotros estrechez,
14 sino para que en este tiempo, con igualdad, la abundancia vuestra supla la escasez de ellos, para que también la abundancia de ellos supla la necesidad vuestra, para que haya igualdad,
15 como está escrito: El que recogió mucho, no tuvo más, y el que poco, no tuvo menos.

Pablo habla ahora respecto de «cumplimiento». No es suficiente hablar respecto de lo que debiera hacerse. Es necesario que haya «cumplimiento» conforme a lo que tengamos (2 Corintios 8:11).

El cumplimiento requiere dos cosas:

1. La prontitud para querer (una mente dispuesta) (2 Corintios 8:11, 12).

2. Los recursos con los cuales llevar a cabo nuestra voluntad.

Pablo dice que Dios aceptará el deseo de un hombre de ayudar si es que no tiene los recursos para cumplir lo que desea hacer. Pero si tiene los medios, Dios no aceptará una mente dispuesta sin un cumplimiento.

Sin embargo, todo hombre tiene algo que dar. Todos pueden dar, pero la contribución de cada hombre será diferente. Algunos pueden dar cosas materiales. Otros pueden dar cosas espirituales. Una no es más importante que la otra. Si todo hombre está dispuesto, y cada uno da conforme a lo que tiene, entonces hay equidad, aun cuando las dádivas puedan ser diferentes (2 Corintios 8:14,15).

Es importante tomar en cuenta que la «igualdad» de la que habla Pablo no es igualdad en cuanto a lo que se da o a lo que se recibe. Él no hablaba de que todos dieran la misma cantidad. Ni decía tampoco que todos deberían recibir la misma cantidad. Pablo no decía que las posesiones de todos los creyentes fuesen puestas en un fondo común y que se dividieran por partes iguales a todos los hombres. Él reconocía que algunos tenían «abundancia» y que otros tenían «necesidad». Algunos que tenían necesidad material tenían abundancia espiritual. Algunos con abundancia material tenían necesidades materiales. Enseñó que todos los creyentes deberían ser generosos con aquello que tuviesen en abundancia, bien fuese material o espiritual.

ADMINISTRACIÓN HONRADA

¡NO SEAS LADRÓN!

¡DEJA DE TOMAR LO QUE PERTENECE A DIOS!

2 Corintios 8:16-24

16 Pero gracias a Dios que puso en el corazón de Tito la misma solicitud por vosotros.

17 Pues a la verdad recibió la exhortación; pero estando también muy solícito, por su propia voluntad partió para ir a vosotros.

18 Y enviamos juntamente con él al hermano cuya alabanza en el evangelio se oye por todas las iglesias;

19 y no sólo esto, sino que también fue designado por las iglesias como compañero de nuestra peregrinación para llevar este donativo, que es administrado por nosotros para gloria del Señor mismo, y para demostrar vuestra buena voluntad;

20 evitando que nadie nos censura en cuanto a esta ofrenda abundante que administramos,

21 procurando hacer las cosas honradamente, no sólo delante del Señor sino también delante de los hombres.

22 Enviamos también con ellos a nuestro hermano, cuya diligencia hemos comprobado repetidas veces en muchas cosas, y ahora mucho más diligente por la mucha confianza que tiene en vosotros.

23 En cuanto a Tito, es mi compañero y colaborador para con vosotros; y en cuanto a nuestros hermanos, son mensajeros de las iglesias, y gloria de Cristo.

24 Mostrad, pues, para con ellos ante las iglesias la prueba de vuestro amor, y de nuestro gloriarnos respecto de vosotros.

En estos versículos Pablo habla de la reputación de Tito y de la honrada administración del dinero que ellos colectaban para los santos en necesidad de Jerusalén. Tito fue elegido por las iglesias porque era digno de confianza. Tito era un hombre «cuya alabanza en el evangelio se oye por todas las iglesias» (v. 18) y del cual Pablo testifica diciendo: «Cuya diligencia hemos comprobado repetidas veces en muchas cosas» (v. 22). Pablo dijo: «En cuanto a Tito, es mi compañero y colaborador para con vosotros». Y respecto de los que acompañaban a Tito, él dijo: «Son mensajeros de las iglesias, y gloria de Cristo» (v. 23).

Cuán importante es designar a hombres honestos y de buena reputación para que manejen el dinero de la iglesia. Un tesorero de iglesia no debiera ser elegido por el hecho de ser el hombre de mayor antigüedad en la congregación. No debiera dársele el puesto de tesorero por el hecho de ser el hombre más popular dentro de la iglesia, o debido a su riqueza o influencia. Los requisitos para manejar las finanzas de la iglesia debieran estar basados en la espiritualidad de un hombre (alabanza en el evangelio) y en su integridad (cuya diligencia hemos comprobado). Ciertamente, debiera ser capacitado para el cargo, pero la honestidad es más importante que la habilidad para los negocios. La iglesia debiera procurar «hacer las cosas honradamente, no sólo delante del Señor sino también delante de los hombres» (v. 21) . El mal uso del dinero de la iglesia ha destruido la reputación de muchos predicadores y tesoreros de iglesia. Un hombre a quien no se le puede confiar dinero no se le puede confiar tampoco la predicación del evangelio.

2 CORINTIOS. . . NUEVE

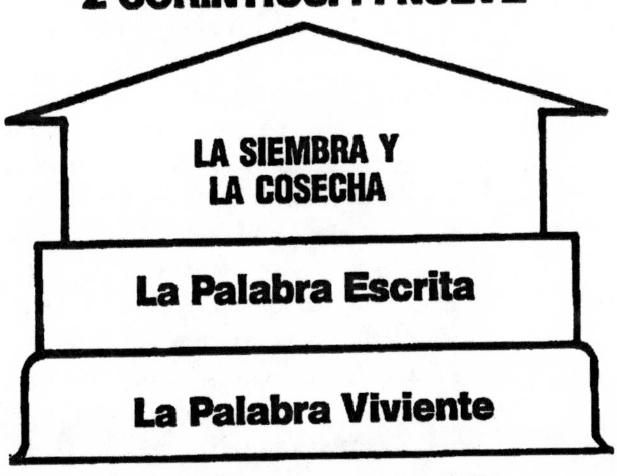

UN ASUNTO DE JACTANCIA

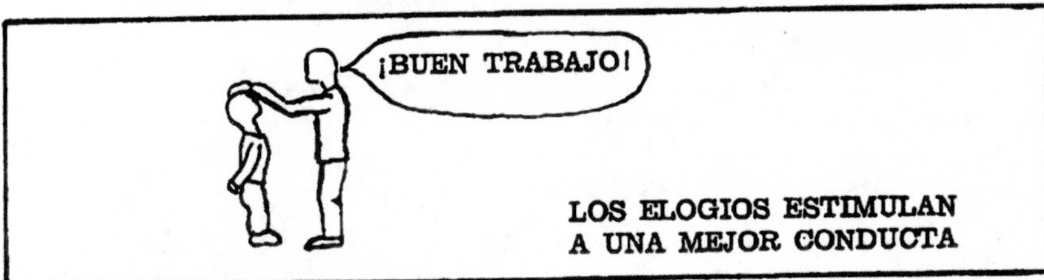

2 Corintios 9:1-4

Cuanto a la ministración para los santos, es por demás que yo os escriba;

2 pues conozco vuestra buena voluntad, de la cual yo me glorío entre los de Macedonia, que Acaya está preparada desde el año pasado; y vuestro celo ha estimulado a la mayoría.

3 Pero he enviado a los hermanos para que nuestro gloriarnos de vosotros no sea vano en esta parte; para que como lo he dicho, estéis preparados;

4 no sea que si vinieren conmigo algunos macedonios, y os hallaren desprevenidos, nos avergoncemos nosotros, por no decir vosotros, de esta nuestra confianza.

Había muchas cosas en la iglesia de los corintios respecto a las cuales el apóstol Pablo no podía gloriarse. Él no vaciló en corregir los errores de ellos y en exhortarles a una mejor conducta. Pero las debilidades que ellos tenían no lo encegueciero para impedirle ver lo que eran sus puntos meritorios, y tal como estuvo presto a reprocharles, también lo estuvo para reconocer lo bueno que hacían. En el último versículo del capítulo 8 y en los versículos 2, 3 y 4 de este capítulo, él habla de que se glorió de la liberalidad de ellos ante los creyentes de Macedonia y de Acaya.

Con mucha frecuencia pensamos de la gente como si todos fueran buenos o todos malos. Esto es erróneo. Nadie es perfecto, y nadie es totalmente malo. Tenemos tendencia a hablar de la mala conducta de nuestro hermano y a olvidarnos de su buena conducta. Una de las mejores maneras para estimular a la gente a una mejor conducta es hacerles saber que apreciamos las cosas buenas que ellos hacen. Esto no significa que debiéramos quedarnos callados en lo que se refiere a sus debilidades, pero podemos ayudarles tan solamente si reconocemos también y elogiamos lo que son sus cosas meritorias.

Jamás debiéramos gloriarnos respecto de nosotros mismos. Un cristiano debe ser modesto respecto de sus éxitos personales. Debiera también estar dispuesto a aceptar crítica y a procurar aprender de sus errores. Un creyente que no está dispuesto a ser corregido jamás mejorará su conducta.

UN ASUNTO DE LIBERALIDAD

2 Corintios 9:5-15

5 Por tanto, tuve por necesario exhortar a los hermanos que fuesen primero a vosotros y preparasen primero vuestra generosidad antes prometida, para que esté lista como de generosidad, y no como de exigencia nuestra.

6 Pero esto digo: El que siembra escasamente, también segará escasamente; y el que siembra generosamente, generosamente también segará.

7 Cada uno dé como propuso en su corazón: no con tristeza, ni por necesidad, porque Dios ama al dador alegre.

8 Y poderoso es Dios para hacer que abunde en vosotros toda gracia, a fin de que, teniendo siempre en todas las cosas todo lo suficiente, abundéis para toda buena obra;

9 como está escrito: Repartió, dio a los pobres; su justicia permanece para siempre.

10 Y el que da semilla al que siembra, y pan al que come, proveerá y multiplicará vuestra sementera, y aumentará los frutos de vuestra justicia,
11 para que estéis enriquecidos en todo para toda liberalidad, la cual produce por medio de nosotros acción de gracias a Dios.
12 Porque la ministración de este servicio no solamente suple lo que a los santos falta, sino que también abunda en muchas acciones de gracias a Dios;
13 pues por la experiencia de esta ministración glorifican a Dios por la obediencia que profesáis al evangelio de Cristo, y por la liberalidad de vuestra contribución para ellos y para todos;
14 asimismo en la oración de ellos por vosotros, a quienes aman a causa de la superabundante gracia de Dios en vosotros.
15 ¡Gracias a Dios por su don inefable!

En el versículo 6, Pablo establece la ley de la cosecha, y la aplica al dar. Cosechamos en proporción directa a lo que sembramos. Si sembramos poco, cosechamos poco. Si sembramos mucho, cosechamos mucho. Esa es la ley de la siembra y de la cosecha, y esa es también la ley de dar. El que da poco, recibe poco. El que da mucho, recibe mucho.

En el versículo 7 Pablo nos dice la manera en que debemos dar. Tenemos que dar de buena voluntad, no por tristeza, o por necesidad. Dios ama al dador alegre.

En el versículo 10 Pablo muestra cómo Dios recompensa al que da generosamente y con alegría. Toda buena dádiva y todo don perfecto desciende de lo alto (Santiago 1:17). Es Dios quien hace posible que podamos dar. Él es quien «da semilla al que siembra» (v. 10). Y es Dios quien nos recompensa por la buena mayordomía de los bienes que nos ha dado. ¿Y cuál es su recompensa? (v. 10).

1. Nos da pan para que nos alimentemos, esto es: suple nuestras necesidades.
2. Multiplica la semilla que sembramos, esto es: hace posible que podamos dar más.
3. Aumenta el fruto de nuestra justicia, esto es, hace que nuestra generosidad haga a los hombres volverse a Cristo y que nosotros seamos enriquecidos espiritualmente (vv. 10, 11).

De modo que, mediante una ofrenda alegre y generosa nos beneficiamos en forma personal y damos ocasión para la acción de gracias de muchos (v. 12), cuando los hombres ven nuestra sujeción (obediencia) al evangelio en el asunto de dar, y nuestra liberalidad.

1. Glorifican a Dios (v. 13).
2. Oran por nosotros (v. 14).
3. Buscan tener la misma gracia que ven en nosotros (v. 14).

¡Y todas estas bendiciones vienen a causa del «don inefable» de Dios, al darnos a Cristo! ¡Aleluya!

2 CORINTIOS. . . DIEZ

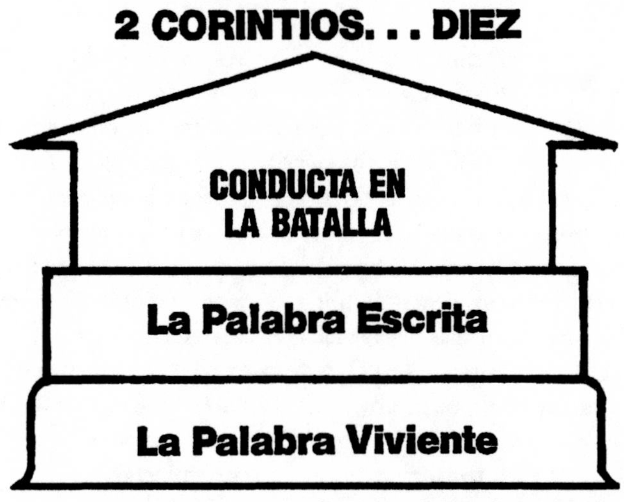

LAS ARMAS DE NUESTRA MILICIA

2 Corintios 10:1-6

**Yo Pablo os ruego por la mansedumbre y ternura de Cristo, yo
que estando presente ciertamente soy humilde entre vosotros, mas
ausente soy osado para con vosotros;**
**2 ruego, pues, que cuando esté presente, no tenga que usar de
aquella osadía con que estoy dispuesto a proceder resueltamente
contra algunos que nos tienen como si anduviésemos según la carne.**
3 Pues aunque andamos en la carne, no militamos según la carne;
**4 porque las armas de nuestra milicia no son carnales, sino
poderosas en Dios para la destrucción de fortalezas,**
**5 derribando argumentos y toda altivez que se levanta contra el
conocimiento de Dios, y llevando cautivo todo pensamiento a la
obediencia a Cristo,**
**6 y estando prontos para, castigar toda desobediencia, cuando
vuestra obediencia sea perfecta.**

Había quienes en la iglesia de Corinto consideraban que Pablo era un poderoso escritor de cartas, pero que estaban avergonzados de su apariencia corporal. «La presencia corporal débil, y la palabra menospreciable» (v. 10). No sabemos cuál era la apariencia de Pablo.

Sabemos que tenía un «aguijón en la carne», el que pudo haber afectado su rostro y su manera de hablar. Pablo nos advierte que no nos fijemos en la «apariencia» (v. 7) y que recordemos que nuestro cuerpo físico no es la fuente de nuestro poder para la batalla espiritual. «Pues aunque andamos en la carne, no militamos según la carne».

El cristiano camina en la carne, esto es, tiene la misma apariencia exterior de todos los demás hombres, aun cuando no es exactamente semejante a todos los demás hombres. Su fuerza no radica en el cuerpo o en la mente. Las armas de la batalla del creyente no son carnales. Son espirituales. Son poderosas en Dios. Superan ventajosamente cualquier tipo de armas que pueda producir el hombre. Hacen cosas que la sabiduría y el poder humanos no pueden llevar a cabo.

¿Qué pueden hacer las armas de nuestra milicia?

1. Pueden destruir fortalezas de:

A. Argumentos

B. Altiveces (v. 5)

2. Pueden llevar cautivo todo pensamiento a la obediencia a Cristo.

3. Pueden castigar toda desobediencia (v. 6).

La Iglesia de Jesucristo es un ejército en marcha. No es una fortaleza que se halla empeñada en resistir al enemigo. Es el enemigo el que se halla dentro de la fortaleza procurando resistir a la Iglesia. Jesús dijo: «Edificaré mi iglesia; y las puertas del Hades no prevalecerán contra ella» (Mateo 16:18). El diablo mantiene cautivos a los hombres dentro de las murallas de su fortaleza. Cierra las puertas de su fortaleza en un intento por mantener afuera al ejército de Dios. Pero no hay cerrojo que pueda prevalecer. Ninguna puerta es segura contra la Iglesia de Cristo. Las armas de nuestra milicia son «poderosas en Dios para la destrucción de fortalezas» (v. 4).

¿Dónde hallamos las fortalezas de Satanás? Se hallan en los bares, en los templos paganos, en casas de prostitución, en salas de juego, y en los pueblos en los que el evangelio no ha sido predicado. Pero estos son fortalezas debido únicamente a la gente que se halla en ellos. La verdadera fortaleza de Satanás se halla en el corazón del hombre. En todo lugar en que hay hombres incrédulos y rebeldes contra Dios se halla presente la fortaleza de Satanás. Del mismo modo que los edificios de iglesias hechos de ladrillo y piedra no son la verdadera Iglesia, así también estos lugares en los cuales se practica el pecado no son las verdaderas fortalezas de Satanás. La Iglesia de Cristo la forman los creyentes, y la fortaleza de Satanás son los incrédulos. ¡Gloria a Dios! ¡Las armas de nuestra milicia son poderosas en Dios para derribar las murallas de ignorancia y de superstición que Satanás ha colocado alrededor de los corazones de los hombres. Nuestras armas derriban «argumentos» (v. 5). La espada del Espíritu y la Palabra de Dios pueden derribar «toda altivez que se levanta contra el conocimiento de Dios». Hay muchos que tienen una «alta educación» y que rehusan creer en Dios. Muchas personas educadas dicen que el cristianismo es para los necios y los simples. Se exaltan a sí mismos contra el conocimiento de Dios. Los argumentos no lograrán convencerlos. La sabiduría natural fracasará en su empeño por hacerlos creer. Pero nuestras armas no son carnales. Si oramos y permitimos que el Espíritu use la Palabra de Dios, su espada, ni siquiera las puertas de la duda y de la incredulidad serán capaces de resistir a estas armas espirituales. Podremos llegar a lo más íntimo de su corazón y traer «todo pensamiento» cautivo a la Verdad. ¡Su rebelión se tornará en obediencia! (v. 5).

Finalmente, las armas de nuestra milicia serán usadas en el juicio final. Los que rehusen creer la Palabra de Dios ahora enfrentarán esa misma Palabra en el Gran Trono Blanco. Allí la desobediencia de ellos será revelada y castigada. No habrá escapatoria. En aquel día todos los ateos y los rebeldes llegarán a ser creyentes . . . pero será demasiado tarde. Hoy es el día de salvación. Ahora es el tiempo aceptable.

LA MEDIDA DEL MINISTERIO

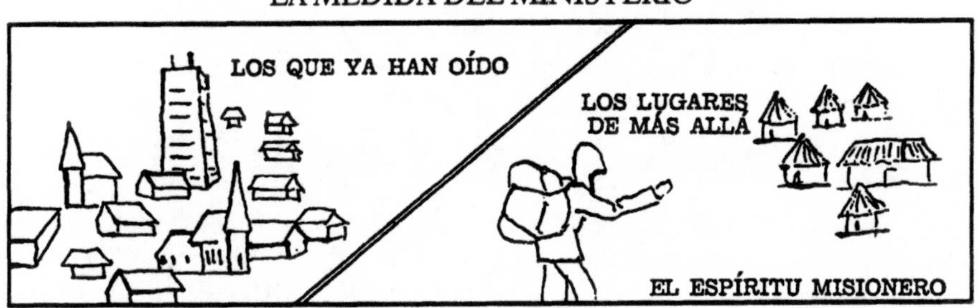

2 Corintios 10:7-18

7 Miráis las cosas según la apariencia. Si alguno está persuadido en sí mismo que es de Cristo, esto también piense por sí mismo, que como él es de Cristo, así también nosotros somos de Cristo.

8 Porque aunque me gloríe algo más todavía de nuestra autoridad, la cual el Señor nos dio para edificación y no para vuestra destrucción, no me avergonzaré;

9 para que no parezca como que os quiero amedrentar por cartas.

10 Porque a la verdad, dicen, las cartas son duras y fuertes; mas la presencia corporal débil, y la palabra menospreciable.

11 Esto tenga en cuenta tal persona, que así como somos en la palabra por cartas, estando ausentes, lo seremos también en hechos, estando presentes.

12 Porque no nos atrevemos a contarnos ni a compararnos con algunos que se alaban a sí mismos; pero ellos, midiéndose a sí mismos por sí mismos, y comparándose consigo mismos, no son juiciosos.

13 Pero nosotros no nos gloriaremos desmedidamente, sino conforme a la regla que Dios nos ha dado por medida, para llegar también hasta vosotros.

14 Porque no nos hemos extralimitado, como si no llegásemos hasta vosotros, pues fuimos los primeros en llegar hasta vosotros con el evangelio de Cristo.

15 No nos gloriamos desmedidamente en trabajos ajenos, sino que esperamos que conforme crezca vuestra fe seremos muy engrandecidos entre vosotros, conforme a nuestra regla;

16 y que anunciaremos el evangelio en los lugares más allá de vosotros, sin entrar en la obra de otro para gloriarnos en lo que ya estaba preparado.

17 Mas el que se gloría, gloríese en el Señor;

18 porque no es aprobado el que se alaba a sí mismo, sino aquel a quien Dios alaba.

Pablo habla ahora de su ministerio. Le recuerda él a los que lo han criticado, que él, igual como ellos, es uno de los que pertenecen a Cristo. Aun cuando su ministerio era algo especial, él era lo mismo que ellos: un creyente y seguidor del Señor (v. 7).

Pero en ministerios los creyentes son diferentes. Pablo no vaciló en declarar que él era un apóstol y que, como tal, tenía derecho a ejercer la autoridad que Dios le había dado. Dice, sin embargo, que la autoridad apostólica es dada para edificación y no para destrucción. ¡Los predicadores que ocupan puestos de autoridad debieran recordar eso! También declara que su ministerio apostólico es consistente, que a pesar de lo que la gente decía, él sería el mismo cuando estuviese presente con ellos que como lo era en las cartas que les escribía. De modo que, el ministerio apostólico es:

1. Para edificación (v. 8).
2. Consistente (v. 9).

El valor del ministerio de un hombre no debiera establecerse mediante la comparación con el ministerio de otro hombre (v. 12). Esto conduce únicamente al orgullo o a la humillación. Todo ministerio es importante si Dios nos ha conducido al mismo. Es Dios quien distribuye los ministerios a los creyentes (v. 13).

Pablo colocó una alta norma para su ministerio.

1. Él no deseaba recibir los honores por el trabajo que había hecho otro (v. 15).
2. No deseaba edificar sobre la obra de otro (v. 16).

Conviene recordar que Pablo no dijo que todos deberían tener la misma norma que él tenía para su ministerio. Siempre será malo recibir reconocimiento por la labor ejecutada por otra persona, pero no siempre resultará posible predicar donde ningún otro haya predicado antes. Después de todo, somos colaboradores y hasta el mismo Pablo reconoció que uno es el que planta y otro es el que riega. Por tanto, no hay nada de malo en ministrar en donde otros ya hayan ministrado, si es que recordamos las palabras de Pablo en el versículo 17: «El que se gloría, gloríese en el Señor».

No obstante, Pablo nos proporciona un buen ejemplo. Se ha dicho que ningún hombre tiene el derecho de oír el evangelio dos veces cuando hay quienes nunca lo han oído ni una vez. Pablo estaba decidido a ir a «los lugares más allá», donde la gente nunca había oído. Este es el verdadero espíritu de misiones. Esta es la tarea de la Iglesia. De modo que, mientras continuamos fortaleciendo a los creyentes «en casa», debiéramos capacitarlos para que alcancen a los perdidos que nunca han oído.

El versículo final de este capítulo es importante. Es Dios quien nos da el ministerio. Es Dios quien nos suple las armas de nuestra milicia. Nosotros somos tan solo sus soldados. No nos corresponde alabarnos a nosotros mismos. A nosotros nos corresponde obedecer. Si Dios nos alaba, tenemos toda la aprobación que necesitamos. Qué día será aquel en el cual Dios nos alabe y diga: «Bien, buen siervo y fiel ... entra en el gozo de tu Señor» (Mateo 25:23)

2 CORINTIOS. . . ONCE

REGISTRO DE LA CONDUCTA DE PABLO

La Palabra Escrita

La Palabra Viviente

APOSTOLADO AUTÉNTICO

2 Corintios 11: 1-11

¡Ojalá me toleraseis un poco de locura! Sí, toleradme.

2 Porque os celo con celo de Dios; pues os he desposado con un solo esposo, para presentarnos como una virgen pura a Cristo.

3 Pero temo que como la serpiente con su astucia engañó a Eva, vuestros sentidos sean de alguna manera extraviados de la sincera fidelidad a Cristo.

4 Porque si viene alguno predicando a otro Jesús que el que os hemos predicado, o si recibís otro espíritu que el que habéis recibido, u otro evangelio que el que habéis aceptado, bien lo toleráis;

5 y pienso que en nada he sido inferior a aquellos grandes apóstoles.

6 Pues aunque sea tosco en la palabra, no lo soy en el conocimiento; en todo y por todo os lo hemos demostrado.

7 ¿Pequé yo humillándome a mí mismo, para que vosotros fueseis enaltecidos, por cuanto os he predicado el evangelio de Dios de balde?

8 He despojado a otras iglesias, recibiendo salario para serviros a vosotros.

9 Y cuando estaba entre vosotros y tuve necesidad, a ninguno fui carga, pues lo que me faltaba, lo suplieron los hermanos que vinieron de Macedonia, y en todo me guardé y me guardaré de seros gravoso.

10 Por la verdad de Cristo que está en mi, que no se me impedirá esta mi gloria en las regiones de Acaya.

11 ¿Por qué? ¿Porque no os amo? Dios lo sabe.

Es evidente que la obra de los enemigos de Pablo estaba minando la efectividad de su ministerio. Él creyó necesario defender su apostolado con el fin de poner término a la obra maliciosa de sus enemigos. Por tanto, en los dos capítulos que vienen a continuación, Pablo habla respecto a sí mismo y al ministerio que Dios le había dado, aunque lo hace de muy mala gana. Presenta excusas una y otra vez por tener que hacerlo, pero no halló otro medio para establecer sus credenciales. Si los hombres cesaban de creer que él era un apóstol, no aceptarían las palabras que Dios le había dado para ellos, y caerían en el error. De modo que, para bien de ellos, Pablo habla de sí mismo (vv. 1-4).

Los que se oponían a Pablo argumentaban que él no estaba en la misma categoría que los otros apóstoles (v. 5). Algunos decían que el hecho de que él no tomara dinero de los corintios por su ministerio era prueba de que no era apóstol (v. 7). Pero Pablo dice que aceptó el dinero que le dieron otras iglesias para poder ministrarles a ellos sin serles una carga (vv. 8-9). ¿Fue porque no les amaba que rehusó el dinero de ellos? ¡No! Fue para demostrar su amor y para anular la acusación de que él predicaba por dinero (v. 11).

FALSO APOSTOLADO

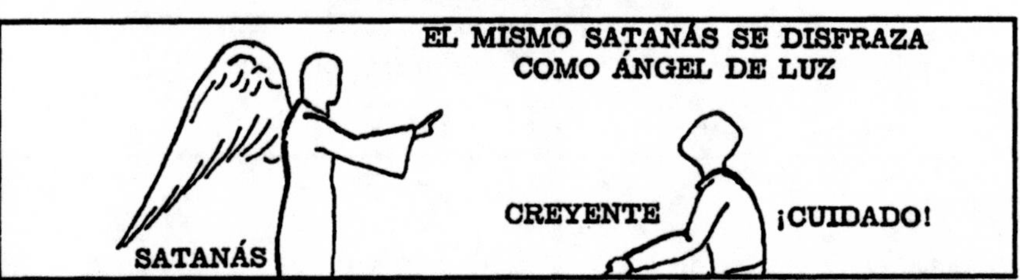

2 Corintios 11:12-20

12 Mas lo que hago, lo haré aún, para quitar la ocasión a aquellos que la desean, a fin de que en aquello en que se glorían, sean hallados semejantes a nosotros.

13 Porque éstos son falsos apóstoles, obreros fraudulentos, que se disfrazan como apóstoles de Cristo.

14 Y no es maravilla, porque el mismo Satanás se disfraza como ángel de luz.

15 Así que, no es extraño si también sus ministros se disfrazan como ministros de justicia; cuyo fin será conforme a sus obras.

16 Otra vez digo: Que nadie me tenga por loco; o de otra manera, recibidme como a loco, para que yo también me glorie un poquito.

17 Lo que hablo, no lo hablo según el Señor, sino como en locura, con esta confianza de gloriarme.

18 Puesto que muchos se glorían según la carne, también yo me gloriaré;

19 porque de buena gana toleráis a los necios, siendo vosotros cuerdos.

20 Pues toleráis si alguno os esclaviza, si alguno os devora, si alguno toma lo vuestro, si alguno se enaltece, si alguno os da de bofetadas.

El apóstol habla de los que se le oponen (v. 13).

Son falsos apóstoles.

Son obreros fraudulentos.

Se disfrazan como apóstoles.

Pablo compara a estos hombres con Satanás, quien se transforma en ángel de luz. Él advierte que estos hombres, igual como Satanás, serán juzgados conforme a sus malas obras (v. 15).

Una vez más Pablo se disculpa por hablar de esta manera. Sin embargo, puesto que los corintios habían sido tan crédulos, y habían creído con tanta facilidad la jactancia y la charla necia de estos falsos apóstoles, dijo Pablo que él también sería «loco» y se jactaría un poco (vv. 17-19). Estos engañadores habían esclavizado a los corintios. Habían tomado su dinero. Los habían tratado con rudeza. ¡Sin embargo los corintios les habían creído! Bien, si ese era el único lenguaje que entendían los corintios, entonces Pablo dijo que él usaría el mismo método para convencerlos de su apostolado (vv. 16-21).

CREDENCIALES APOSTÓLICAS

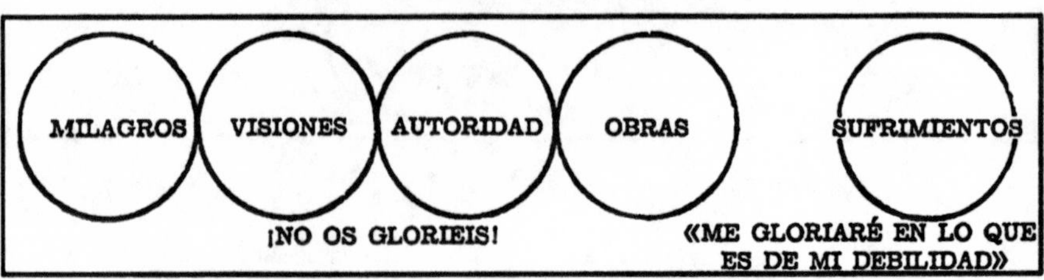

2 Corintios 11:21-33

21 Para vergüenza mía lo digo, para eso fuimos demasiado débiles. Pero en lo que otro tenga osadía (hablo con locura), también yo tengo osadía.

22 ¿Son hebreos? Yo también. ¿Son israelitas? Yo también. ¿Son descendientes de Abraham? También yo.

23 ¿Son ministros de Cristo? (Como si estuviera loco hablo.) Yo más; en trabajos más abundante; en azotes sin número; en cárceles más; en peligros de muerte muchas veces.

24 De los judíos cinco veces he recibido cuarenta azotes menos uno.

25 Tres veces he sido azotado con varas; una vez apedreado; tres veces he padecido naufragio; una noche y un día he estado como náufrago en alta mar;

26 en caminos muchas veces; en peligros de ríos, peligros de ladrones, peligros de los de mi nación, peligros de los gentiles, peligros en la ciudad, peligros en el desierto, peligros en el mar, peligros entre falsos hermanos;

27 en trabajo y fatiga, en muchos desvelos, en hambre y sed, en muchos ayunos, en frío y en desnudez;

28 y además de otras cosas, lo que sobre mí se agolpa cada día, la preocupación por todas las iglesias.

29 ¿Quién enferma, y yo no enfermo? ¿A quién se le hace tropezar, y yo no me indigno?

30 Si es necesario gloriarse, me gloriaré en lo que es de mi debilidad.

31 El Dios y Padre de nuestro Señor Jesucristo, quien es bendito por los siglos, sabe que no miento.

32 En Damasco, el gobernador de la provincia del rey Aretas guardaba la ciudad de los damascenos para prenderme;

33 y fui descolgado del muro en un canasto por una ventana, y escapé de sus manos.

«¿De modo que ustedes desean prueba de mi apostolado?» dice Pablo: «¡Bien, aquí está!» Hace una lista de las pruebas, pero vuelve a disculparse por hacer uso de un método tan necio para convencerlos (vv. 21-23).

1. Soy hebreo.
2. Soy de la simiente de Abraham.
3. Soy más ministro de Cristo de lo que son ellos.
4. Trabajo más que ellos.
5. He sido azotado más que ellos.
6. He estado en prisión más que ellos.
7. He estado cerca de la muerte con más frecuencia que ellos.

Pablo hace ahora una lista de sus sufrimientos por Cristo.

Cinco veces recibió treinta y nueve azotes.

Tres veces fue azotado con varas.

Una vez fue apedreado.

Tres veces padeció naufragio.
Pasó una noche y un día como náufrago en el mar.
Sus experiencias incluían:
Muchos viajes
Peligros de ríos
Peligros de ladrones
Peligros de los judíos
Peligros de los gentiles
Peligros en la ciudad
Peligros en el desierto
Peligros en el mar
Peligros entre falsos hermanos
Trabajos
Fatiga
Desvelos
Hambre y sed
Ayunos
Frío y desnudez

Y junto a todas las cosas que experimentó desde el exterior, él tenía la carga interior de la preocupación por todas las iglesias, una carga que nunca le dejó (v. 28). Las cargas de los creyentes en las iglesias eran las cargas de Pablo también. «¿Quién enferma y yo no enfermo? ¿A quién se le hace tropezar, y yo no me indigno?» (v. 29). ¡Qué corazón tan amoroso tenía Pablo! Si un hermano sufría, Pablo sufría con él. Si un hermano estaba enfermo, el corazón de Pablo ardía con deseos de ayudarle. ¡Su gran amor por ellos era una de las pruebas más grandes de su apostolado!

Es significativo que Pablo no se gloriara de sus éxitos sino mas bien en sus sufrimientos (v. 30). ¡Qué diferentes somos nosotros! Nosotros nos gloriamos de nuestros éxitos. Damos a conocer los triunfos conseguidos. ¿Pero qué es lo que hacemos respecto de nuestros sufrimientos? Nos quejamos, le echamos la culpa a otras personas, ¡culpamos aun a Dios! ¡Oh, cuánto tenemos que aprender del apóstol Pablo! En estos días en que las publicaciones se glorían por los éxitos conseguidos, en un mundo que desea tan solo relatos de éxitos, vida abundante, liberación y sanidad, ¿hay lugar para un hombre como Pablo? ¿Hay lugar para un hombre con un aguijón en la carne del cual no puede ser liberado? ¿Hay lugar para un hombre pobre e impopular? ¿Hay lugar para hombres que se glorían en sus debilidades antes que en sus éxitos y triunfos? ¿No es verdad que parece extraño que Jesús y Pablo no podrían hallar lugar para su estilo de vida en mucho del «evangelio» que se predica en la actualidad? ¡Que Dios nos ayude! Hay una prosperidad del alma que hace que un hombre cante estando en prisión. Hay una provisión de gracia que pone una luminosidad en el rostro del pobre. ¡Que tome nota el que mide las bendiciones de Dios por la abundancia de las cosas que posee!

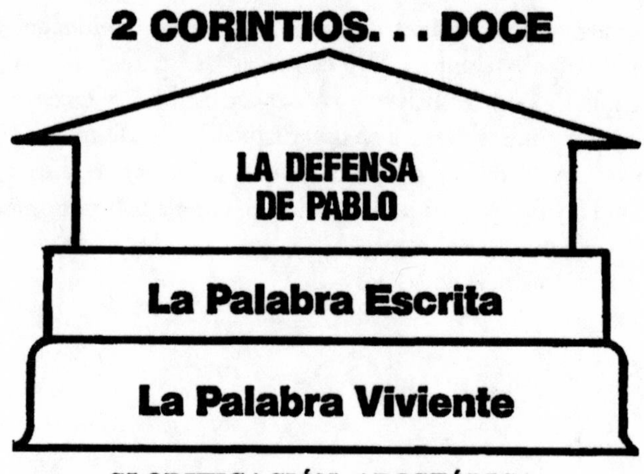

GLORIFICACIÓN APOSTÓLICA

2 Corintios 12:1-6 .

Ciertamente no me conviene gloriarme; pero vendré a las visiones y a las revelaciones del Señor.
2 Conozco a un hombre en Cristo, que hace catorce años (si en el cuerpo, no lo sé; si fuera del cuerpo, no lo sé; Dios lo sabe) fue arrebatado hasta el tercer cielo.
3 Y conozco al tal hombre (si en el cuerpo, o fuera del cuerpo, no lo sé; Dios lo sabe),
4 que fue arrebatado al paraíso, donde oyó palabras inefables que no le es dado al hombre expresar.
5 De tal hombre me gloriaré; pero de mí mismo en nada me gloriaré, sino en mis debilidades.
6 Sin embargo, si quisiera gloriarme, no sería insensato, porque diría la verdad; pero lo dejo, para que nadie piense de mí más de lo que en mí ve, u oye de mí.

De mala gana, Pablo continúa el relato de sus experiencias. Confiesa que preferiría no «gloriarse» en las cosas que está a punto de decir. Pero siente que debe hacerlo, para probar sus reclamaciones al apostolado.

Habla ahora de visiones y revelaciones tales como ningún hombre había tenido. No dice cuándo le sucedieron. Puede haber sido en una de esas ocasiones en que sus perseguidores lo dieron por muerto. Pablo tiene dificultades para determinar si fue llevado corporalmente al cielo o si su espíritu abandonó su cuerpo cuando estas cosas le fueron reveladas. Lo que importa es que sucedió en verdad y Pablo se halla relatando cosas que efectivamente experimentó.

Fue llevado al «tercer» cielo. Tenemos que el primer cielo es el lugar en donde están las nubes encima de la tierra. Luego está el cielo de las estrellas. Ese es el segundo cielo. Y finalmente está el cielo donde se halla el trono de Dios. Ese es el tercer cielo. ¡Pablo fue arrebatado hasta el tercer cielo!

¿Qué fue lo que vio? ¿Qué fue lo que oyó? Pablo no quiso decirlo. ¿Interesante, no es cierto, que mientras que mencionó revelaciones que le fueron hechas, él habla tanto de lo que oyó como de lo que vio? ¿Consiste la gloria del cielo en lo que sabemos más bien que en lo que vemos? Cristo dijo que «ésta es la vida eterna: que te conozcan a ti, el único Dios verdadero, y a Jesucristo, a quien has enviado» (Juan 17:3). Ciertamente, el cielo no es un paraíso de placeres carnales experimentado por la posesión de cosas materiales. Jesús habló de mansiones y de calles de oro, pero esto no va a ser la fuente de nuestro placer allí. «Cosas que ojo no vio, ni oído oyó . . . son las que Dios ha preparado para los que le aman». De modo que no será semejante a nada que hayamos visto u oído en la tierra. ¿A qué será semejante, entonces?

Pablo dijo que sería ilegal que él hablara de ello. Posiblemente no tenemos palabras que podrían describirlo adecuadamente. Sea lo que fuere, es mucho mejor que acá, y Pablo estaba verdaderamente deseoso de que llegara el día cuando acabara su carrera acá y llegara al cielo. «Para mí el vivir es Cristo, y el morir es ganancia . . . teniendo deseo de partir y estar con Cristo, lo cual es muchísimo mejor» (Filipenses 1:21-23).

AGUIJÓN EN LA CARNE

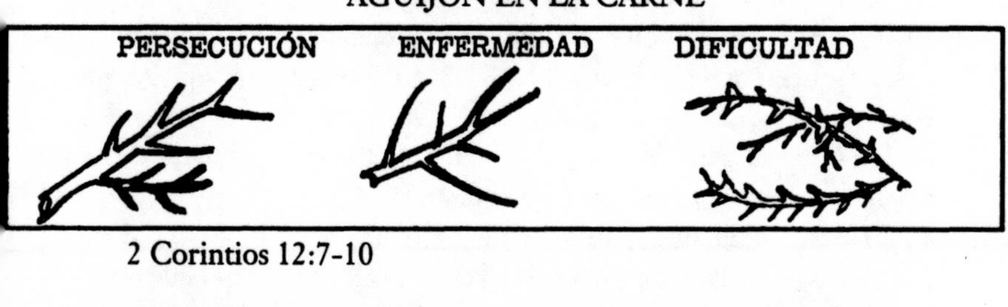

PERSECUCIÓN **ENFERMEDAD** **DIFICULTAD**

2 Corintios 12:7-10

7 Y para que la grandeza de las revelaciones no me exaltase desmedidamente, me fue dado un aguijón en mi carne, un mensajero de Satanás que me abofetee, para que no me enaltezca sobremanera;

8 respecto a lo cual tres veces he rogado al Señor, que lo quite de mí.
9 Y me ha dicho: Bástate mi gracia; porque mi poder se perfecciona en la debilidad. Por tanto, de buena gana me gloriaré más bien en mis debilidades, para que repose sobre mi el poder de Cristo.
10 Por lo cual, por amor de Cristo me gozo en las debilidades, en afrentas, en necesidades, en persecuciones, en angustias; porque cuando soy débil entonces soy fuerte.

Los hombres con grandes dones tienen grandes tentaciones. Satanás sabe que si puede hacer caer a un hombre cuyo ministerio es tan poderoso, muchos serán los que caigan con él. Dios permitió que Pablo oyera lo que ningún otro hombre había oído, y «para que la grandeza de las revelaciones» no lo exaltase desmesuradamente (v. 7) Dios dio a Pablo «un mensajero de Satanás que me abofetee. . .»

Pablo sabía por qué Dios permitía que él tuviese ese aguijón. Pero eso no hacía que fuese más fácil soportarlo. Tres veces Pablo oró que Dios se lo quitara, y tres veces Dios le respondió: «Bástate mi gracia; porque mi poder se perfecciona en la debilidad».

¡Fue maravillosa la manera en que Pablo aceptó el aguijón! Tal vez haya algunos que digan que no debemos aceptar la debilidad, que no debemos aceptar la enfermedad, que no debemos aceptar la pobreza, que no debemos aceptar aguijones. ¿Pero cuál fue la actitud de Pablo una vez que reconoció que no era la voluntad de Dios sanarlo? El dijo: «De buena gana me gloriaré más bien en mis debilidades» ¿De buena gana? ¿Gloriarse de buena gana en la debilidad? ¿ Gloriarse de buena gana en aguijones? Sí, eso es lo que dice. Si el sufrimiento y la autonegación hacen que la potencia de Dios se perfeccione, entonces nos gloriaremos de buena gana en las debilidades!

Esto no quiere decir que no debiéramos orar para conseguir liberación de la enfermedad y las aflicciones. Muchas veces es la voluntad de Dios sanar y conceder liberación. Otras veces sucede lo contrario. Lo importante es orar que se cumpla la voluntad de Dios. Debiéramos desear aquello que trae gloria a Dios. Debiéramos desear aquello que hace que su potencia se perfeccione. La voluntad de Dios y la gloria de Dios son lo que importa, y debiéramos hacer «de buena gana» aquello que cumple con esta finalidad.

Si las cosas que Pablo había oído en el cielo le hubiesen envanecido y exaltado, entonces el aguijón era la mejor cosa que podía sucederle. Si la sanidad y la prosperidad nos hacen ser egoístas y orgullosos, entonces la enfermedad y el fracaso son lo mejor que puede sucedernos.

No se necesita mucha gracia para gloriarse en la prosperidad y en la liberación. Para lo que sí se necesita gracia es para decir juntamente con Pablo: «Me gozo en las debilidades, en afrentas, en necesidades, en persecuciones, en angustias; porque cuando soy débil, entonces soy fuerte» (v. 10).

¿Está usted enfermo? ¿Está atribulado? ¿Tiene necesidad? Ore pidiendo sanidad. Ore para ser liberado. Ore pidiendo el pan cotidiano. Dios ha prometido suplir todas nuestras necesidades. Pero si Dios en su sabiduría ve una necesidad mayor en nosotros que el sufrimiento puede suplir, entonces podría ser que sea su voluntad decir: «Mi respuesta es "no", ¡mi gracia debe bastarte !»

LAS SEÑALES DE UN APOSTOL

2 Corintios 12:11-12

11 Me he hecho un necio al gloriarme; vosotros me obligasteis a ello, pues yo debía ser alabado por vosotros; porque en nada he sido menos que aquellos grandes apóstoles, aunque nada soy.
12 Con todo, las señales de apóstol han sido hechas entre vosotros en toda paciencia, por señales, prodigios y milagros.

Pablo hace una nueva mención de su derecho al apostolado, pero una vez más con apologías. No fue Pablo quien eligió proceder de esta manera, sino que ellos lo obligaron a esto. Él menciona otras señales de un apóstol y dice que en ninguna de ellas ha quedado atrás de los otros apóstoles. Estas señales son:

1. Paciencia.................................... (fruto del Espíritu)
2. Señales
3. Prodigios
4. Milagros.................................... (dones del Espíritu)

5. Ayuda de las iglesias......................... (el derecho a ser sostenido)

Esta última «señal» era la única que Pablo no había ejercido, es decir, no había sido sostenido financieramente por la iglesia de Corinto (v. 13). «¡Perdónadme este agravio!», dijo Pablo

GASTAR Y SER GASTADO

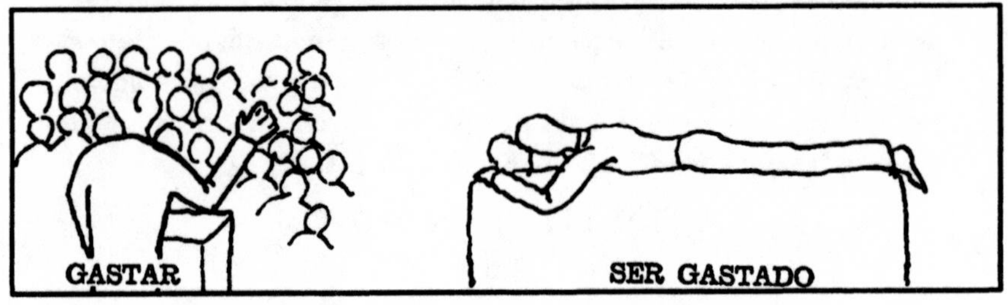

2 Corintios 12:13-21

13 Porque ¿en qué habéis sido menos que las otras iglesias, sino en que yo mismo no os he sido carga? ¡Perdonadme este agravio!

14 He aquí, por tercera vez estoy preparado para ir a vosotros; y no os seré gravoso, porque no busco lo vuestro, sino a vosotros, pues no deben atesorar los hijos para los padres, sino los padres para los hijos.

15 Y yo con el mayor placer gastaré lo mío, y aun yo mismo me gastaré del todo por amor de vuestras almas, aunque amándoos más, sea amado menos.

16 Pero admitiendo esto, que yo no os he sido carga, sino que como soy astuto, os prendí por engaño,

17 ¿acaso os he engañado por alguno de los que he enviado a vosotros?

18 Rogué a Tito, y envié con él al hermano. ¿Os engañó acaso Tito? ¿No hemos procedido con el mismo espíritu y en las mismas pisadas?

19 ¿Pensáis aún que nos disculpamos con vosotros? Delante de Dios en Cristo hablamos; y todo, muy amados, para vuestra edificación.

20 Pues me temo que cuando llegue, no os halle tales como quiero, y yo sea hallado de vosotros cual no queréis; que haya entre vosotros contiendas, envidias, iras, divisiones, maledicencias, murmuraciones, soberbias, desórdenes;

21 que cuando vuelva me humille Dios entre vosotros, y quizá tenga que llorar por muchos de los que antes han pecado, y no se han arrepentido de la inmundicia y fornicación y lascivia que han cometido.

Estos últimos versículos del capítulo doce revelan el corazón de pastor que había en Pablo. Él era un verdadero pastor. Las ovejas no existían para él, era él quien existía para las ovejas.

Les dijo que iba a volver a Corinto. No volvía con el fin de obtener algo de ellos. Lo hacía con el fin de compartir algo con ellos. Él no buscaba lo que ellos tenían sino que los buscaba a ellos (v. 14).

Dice él: «Soy astuto, os prendí por engaño». ¿Qué quiso decir? Quiso decir que mientras que otros procuraron ganarlos mediante una demostración de autoridad apostólica e hicieron grandes demandas sobre ellos, porque eran «apóstoles», Pablo había venido en amor y mansedumbre y los había ganado para Cristo sin exigir lo que por derecho le pertenecía y dándoles a ellos de lo suyo. ¡Qué «llave» para ganar las almas!

Cuando Tito vino a ellos, ¡hizo lo mismo que había hecho Pablo! De modo que ni Pablo ni Tito se habían lucrado con ellos. En contraste con los falsos «apóstoles», Pablo y Tito habían hecho «todo . . . para vuestra edificación» (v. 19).

Concluye el capítulo con una incitación a que pongan en orden las cosas de la iglesia, para que cuando él venga no encuentre los mismos males que había entre ellos cuando les escribió la primera carta, y así no tenga que reprenderlos y corregirlos de nuevo (vv. 20, 21).

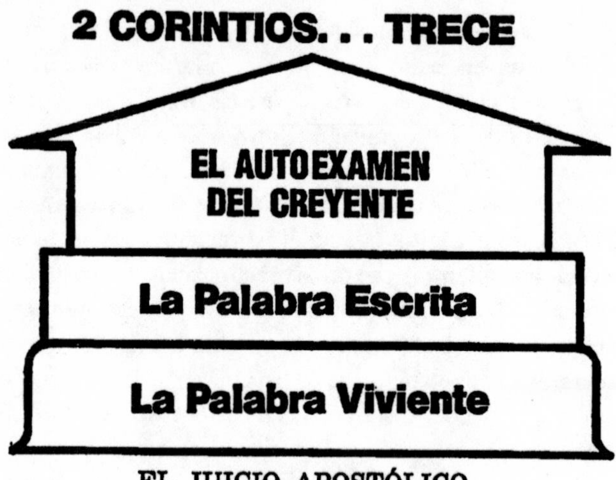

EL JUICIO APOSTÓLICO

BASE DE JUICIO

¡CULPABLE!

POR BOCA DE DOS O DE TRES TESTIGOS SE DECIDIRÁ TODO ASUNTO

2 Corintios 13:1-4

**Esta es la tercera vez que voy a vosotros. Por boca de dos o de
tres testigos se decidirá todo asunto.
2 He dicho antes, y ahora digo otra vez como si estuviera presente, y ahora ausente lo escribo a los que antes pecaron, y a todos
los demás, que si voy otra vez, no seré indulgente;
3 pues buscáis una prueba de que habla Cristo en mí, el cual
no es débil para con vosotros, sino que es poderoso en vosotros.
4 Porque aunque fue crucificado en debilidad, vive. por el
poder de Dios. Pues también nosotros somos débiles en él, pero
viviremos con él por el poder de Dios para con vosotros.**

Nos hallamos estudiando ahora el capítulo final de 2 Corintios. En 1 Corintios, Pablo había reprendido severamente a los corintios por su carnalidad y había mencionado sus pecados uno por uno y había dado instrucciones para que fuesen corregidos.

Ellos respondieron favorablemente a su autoridad apostólica y se encargaron de ese asunto de pecado que había en medio de ellos. Sin embargo, no todos los componentes de la asamblea estaban felices por la carta de Pablo. Había quienes estaban influenciados por falsos apóstoles que declaraban que Pablo no tenía derecho a hablar en calidad de apóstol. De modo que la segunda carta de Pablo fue para elogiarlos por su arrepentimiento y para presentar una defensa de su apostolado.

Concluye su segunda carta con la noticia de que piensa visitarlos por tercera vez. Les advierte que cuando llegue hará averiguaciones respecto de los que han estado causando problemas, y «por boca de dos o de tres testigos se decidirá todo asunto». Pablo esperaba que los que hacían las acusaciones presentaran testigos, y que si el testimonio de dos o de tres testigos coincidía, eso sería suficiente para establecer cuál era la verdad. Una vez que estuviera seguro de los hechos, Pablo prometió que no sería indulgente. Él trataría el asunto con los culpables.

Él reconoció que algunos podrían cuestionar su autoridad en base a su debilidad física. Les recuerda que Cristo mismo tenía apariencia débil cuando fue a la cruz, pero que se levantó con poder de entre los muertos. «Soy débil en él, pero ustedes sentirán el poder de él en mí cuando hable con ustedes».

LA AUTOCRITICA

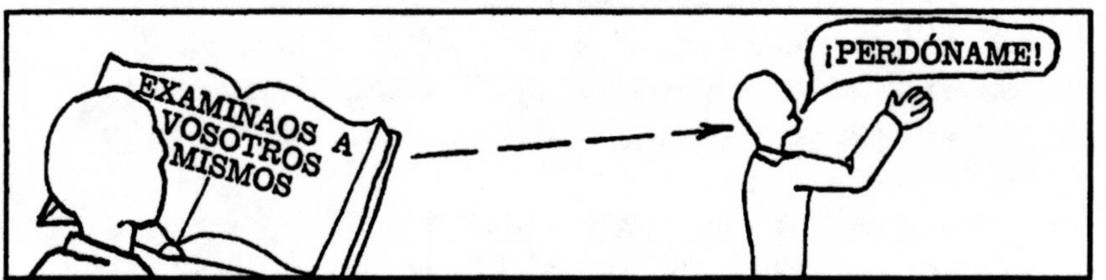

2 Corintios 13:5-14

5 Examinaos a vosotros mismos si estáis en la fe; probaos a vosotros mismos. ¿O no os conocéis a vosotros mismos, que Jesucristo está en vosotros, a menos que estéis reprobados?

6 Mas espero que conoceréis que nosotros no estamos reprobados.

7 Y oramos a Dios que ninguna cosa mala hagáis; no para que nosotros aparezcamos aprobados, sino para que vosotros hagáis lo bueno, aunque nosotros seamos como reprobados.

8 Porque nada podemos contra la verdad, sino por la verdad.

9 Por lo cual nos gozamos de que seamos nosotros débiles, y que vosotros estéis fuertes; y aun oramos por vuestra perfección.

10 Por esto os escribo estando ausente, para no usar de severidad cuando esté presente, conforme a la autoridad que el Señor me ha dado para edificación, y no para destrucción.

11 Por lo demás, hermanos, tened gozo, perfeccionaos, consolaos, sed de un mismo sentir, y vivid en paz; y el Dios de paz y de amor estará con vosotros.
12 Saludaos unos a otros con ósculo santo.
13 Todos los santos os saludan.
14 La gracia del Señor Jesucristo, el amor de Dios, y la comunión del Espíritu Santo sean con todos vosotros. Amén.

Tras haber dado una advertencia semejante, Pablo les muestra un camino por el cual ellos pueden evitar ser juzgados por él. «Examinaos a vosotros mismos», dice él, «si estáis en la fe; probaos a vosotros mismos. ¿O no os conocéis a vosotros mismos, que Jesucristo está en vosotros, a menos que estéis reprobados?»

Si los corintios estaban dispuestos a examinarse y a juzgarse a sí mismos, no sería necesario que Pablo los juzgara. No debiéramos esperar hasta ser sorprendidos para arrepentirnos de nuestros pecados. Debiéramos examinar nuestros corazones cada día y confesar nuestras faltas unos a otros y a Dios. De este modo podemos mantener limpia nuestra conciencia y vivir en paz con nuestros hermanos. Podemos mirarlos directamente a los ojos sin sentirnos culpables. Si pecamos, debiéramos confesar nuestros pecados y no esperar hasta que alguien tenga que juzgarnos. «Si confesamos nuestros pecados, él es fiel y justo para perdonar nuestros pecados, y limpiarnos de toda maldad» (1 Juan 1:9).

Pablo les insta a que se examinen a sí mismos, no por causa de él, sino por causa de ellos mismos. No le importaba lo que ellos pensaran de él, aun cuando ellos cuestionaban su autoridad y aun su salvación. Lo que a ellos cabría hacer era examinar sus corazones y asegurarse de que estaban bien con Dios. Ellos podían cuestionar su autoridad, pero nada podían hacer en contra de la verdad. A pesar de todo lo que se había dicho en contra de él, deseaba que los corintios supieran que su principal preocupación era el bien de ellos. «Por lo cual nos gozamos de que seamos nosotros débiles, y que vosotros estéis fuertes; y aun oramos por vuestra perfección» (v. 9).

Él les insta a que se examinen a sí mismos de modo que él no tenga que usar el poder que Dios le ha dado para corregirlos (v. 10).

Pablo concluye su carta con palabras de exhortación respecto de la conducta del creyente:

1. Perfeccionaos
2. Consolaos
3. Sed de un mismo sentir
4. Vivid en paz

Podemos ser perfectos al permitir que la justicia perfecta de Cristo nos cubra mediante la fe.

Podemos ser consolados al saber que no hay condenación para los que están en Cristo Jesús.

Podemos ser de un mismo sentir si determinamos no permitir que las diferencias que hay entre nosotros nos dividan o destruyan nuestro amor de los unos por los otros.

Podemos vivir en paz porque pertenecemos a un reino caracterizado por la justicia, la paz y el gozo en el Espíritu Santo.

Así es como Pablo envía los saludos de los santos en las iglesias a los santos en Corinto, y concluye con la bendición: «La gracia del Señor Jesucristo, el amor de Dios, y la comunión del Espíritu Santo sean con todos vosotros. Amén» (v. 14).

El mensaje de 1 y 2 Corintios es este: La conducta del creyente no es un asunto de opinión personal. El hombre no puede ser su propio dios y establecer sus propias normas. La existencia misma de Dios lo prohibe.

La conducta de la criatura debe estar basada en la voluntad del Creador. Debe comenzar con un encuentro personal con el Señor. Un creyente no puede comportarse adecuadamente hasta tanto no haya aceptado a Cristo como Salvador y como Señor. Esto debe ser el FUNDAMENTO de todo lo que haga.

La voluntad de Dios está revelada en la Biblia. Por consiguiente, al haber aceptado a Cristo como Salvador y Señor, el creyente mira la PALABRA ESCRITA para que esta le muestre la voluntad de Dios, y hace que la PALABRA DE DIOS se constituya en su norma y autoridad de conducta.

De este modo, la conducta del creyente está basada en un encuentro personal con la PALABRA VIVIENTE, que llega a ser el Salvador y Señor del creyente. Al haber nacido del Espíritu, el creyente camina mediante el poder del Espíritu conforme a la PALABRA ESCRITA, la BIBLIA. ¡Que todos los hombres lleguen a ser creyentes, y que todos los creyentes lleguen a ser semejantes a Cristo! ¡Esta es la voluntad de Dios para nosotros!

Nos agradaría recibir noticias suyas.
Por favor, envíe sus comentarios sobre este libro
a la dirección que aparece a continuación.
Muchas gracias.

Editorial Vida
7500 NW 25 Street, Suite 239
Miami, Florida 33122

Vidapub.sales@zondervan.com
http://www.editorialvida.com